미래교육,
전문적학습공동체로 답하다

전우열, 강신혁, 강재원, 상정희, 장원경 지음

작가의 말

전우열

"미래는 무엇을 가르쳐야 하나요?"

맥킨지 리차드 돕스는 "미래의 속도"라는 저서에서 '미래의 속도는 산업혁명보다 10배 더 빠르고, 300배 더 크고, 3000배 더 강하다'라고 평하며, 모든 것이 바뀌고 있다고 합니다. 흔히 변화의 물결이 가장 늦게 찾아오는 학교도 미래에는 그 속도가 매우 클 수밖에 없고, 교사가 가르쳐야 할 내용도 계속 바뀔 수밖에 없을 것입니다. 이러한 급변하는 미래에 학교에서는 무엇을 가르쳐야 할 것인가에 대한 논의 또한 계속 이어져 왔고, 여럿의 학자들이 끊임없이 해답을 제시하기도 하지만 그 누구도 정답을 명확히 내놓기는 어려운 상황입니다.

그럼에도 불구하고 학교에서는 무엇인가를 가르쳐야 하며, 변화의 흐름에 민감하게 대응할 필요가 있습니다. 그러나 교사 혼자만의 능력으로 대응하기에는 다소 부족할지 모릅니다. 교사 혼자가 아닌 '급변하는 미래교육'에 대해 함께 연구하기 위한 동료의 필요성이 여기에 있습니다. 함께 연구하고 연구한 결과를 함께 실천하는 동료, 그리고 그러한 동료들이 존재하는 공동체. 이것이 전문적학습공동체가 미래교육에 반드시 필요한 이유입니다.

전문적학습공동체에 속한 교사는 학생들에게 초점을 맞추며 앞으로 이들에게 필요한 교육에 대해 끊임없이 탐구하게 됩니다. 새로운 교육이론, 새로운 교육방법, 새로운 세상에 맞게 필요한 역량에 대한 이해 등 다양한 교육적 시선으로 연구하게 되고, 이를 바탕으로 실제 학생들에게 적용해 봄으로써 학생들의 교육적 변화를 관찰하게 됩니다. 이러한 결과는 다시 전문적학습공동체 속에서 나눔을 통해 공유하게 됨으로써 공동체에 속한 교사들은 자연스럽게 성장하게 되고 미래교육에 대응할 수 있는 능력을 가지게 됩니다. 따라서 미래교육에 모든 질문은 전문적학습공동체로 답할 수 있습니다.

강신혁

교사의 주요 업무를 세 가지 꼽으라면 수업, 생활지도, 행정 업무를 들 수 있습니다. 행정 업무의 경우에는 전임 업무를 맡은 교사의 인수인계나 교육청에서 제공하는 안내서를 참고하여 일을 처리할 수 있습니다. 이미 정해진 규칙과 틀이 있어서 교사의 전문성보다는 행정적 절차를 잘 이해하고 수행하면 큰 문제없이 처리할 수 있습니다. 반면에 수업지도와 생활지도 능력은 개인 차원의 적극적인 노력이 수반되어야만 전문성을 신장할 수 있습니다.

2015년 이전의 환경에서는 학교 밖에서 실시하는 연수를 통해 교사의 전문성 신장과 자기 개발이 이루어졌다면 2015년 이후에는 학교 안 공동체와 함께 배우고 나눔을 통해 전문성을 신장할 수 있는 '학교 안 전문적 학습 공동체'가 만들어지고, 현장에서 '전학공'이라고 불리며 실시되고 있습니다. 사실 '전학공'은 2015년 이전에도 존재했습니다. 동학년 교사들과 함께 수업에 대한 고민과 생활지도의 어려움을 나누며 부족한 점을 보완하고 더 나은 방법으로 가르치기 위해 협의하는 모습이 있었습니다. 이러한 현장 모습을 조금 더 구체화하고 협의 시간을 명시적으로 확보할 수 있도록 한 것이 '전문적 학습 공동체'입니다. '전문적 학습 공동체'는 구성원의 역량과 환경에 따라 다양한 모습으로 나타납니다. 이 책에서는 다양한 환경에서 적용한 사례를 살펴보고 이것을 참고하여, 소속 집단에 맞게 수정·보완할 수 있도록 구성하였습니다. 이 책을 통해 선생님들의 '전문적 학습 공동체'에 대한 이해를 높이고 도움이 될 수 있기를 기대합니다.

강재원

교직에 첫 발을 내딛고 10여년이 지난 지금에도 수업은 여전히 저를 고민하게 만들고, 학생들과의 관계는 마음대로 되지 않을 때가 많습니다. 교사로서 아직 부족한 저의 모습을 보며 학생의 배움에 끝이 없는 것처럼 교사로서의 배움도 끝이 없다고 느낍니다. 하지만 이러한 부족함을 혼자만의 고민이 아닌 우리의 고민으로 함께 생각하고 서로 조언하며 같이 해결해 나가는 전문적학습공동체를 통해 보다 지혜롭게 채워가고 있습니다. 함께 보다 나은 수업을 고민하고, 더 좋은 교육 방법과 프로그램을 연구하고 배우는 전문적학습공동체, 이를 통해 저 뿐 아니라 같이 참여하는 동료 교사들도 함께 성장하고 있음을 느낍니다. 이 책을 읽는 선생님들께서도 다양하게 열려있는 전문적학습공동체를 통해 교사의 성장을 경험해 보시기 바랍니다. 성장해 가는 교사의 모습, 그 과정에는 전문적학습공동체가 있습니다.

상정희

요즘 학교 현장의 교사들은 아주 스마트하고 트렌드에 명민해야 합니다. 몇 년 전만 해도 생각지도 않은 다양한 교육과 이슈들이 넘쳐납니다. 시대와 학생들은 빠르게 변화하고 있습니다. 교육도 역시 그에 따라 다양한 맞춤형 교육으로 변화해야 합니다. 그러기 위해서는 교사의 역량이 그 어느 때보다 중요한 시기가 되었습니다.

교사의 전문성을 키울 수 있는 단연 최고의 방법은 '전문적학습공동체'입니다. 많은 기관에서 다양한 방법으로 교사의 역량을 키우고자 노력합니다. 그렇지만 교사 스스로 자발적으로 적극성을 띄지 않는다면, 그 연수와 교육은 의미 없게 됩니다. 전문적학습공동체는 이런 점에서 아주 좋은 방법입니다. 교사의 관심사에 맞는 주제를 자발적으로 선택하여 함께 성장해 나가는 과정에서 주제에 대한 깊이뿐만 아니라 다른 요소까지 함께 얻게 됩니다. 뿌리 깊은 학교문화에 기인해 평소에는 알 수 없었던 서로에 대한 깊은 신뢰, 동료성, 리더쉽, 성찰 등의 요소까지 전문적학습공동체로 얻을 수 있습니다. 특히 중요한 것은 교사의 성장입니다. 교사의 성장은 곧바로 학생의 배움으로 직결됩니다. 전문적학습공동체의 참여와 확대는 곧 학생 배움의 깊이입니다.

전문적학습공동체가 자리 잡은 지 오래 되었지만, 이 책만큼 구체적이고 실제 현장의 사례를 담은 책은 없습니다. 실제 교사들이 전문적학습공동체를 오랫동안 참여하고 배우고 느낀 점을 모두 담았습니다. 교사의 역량 강화는 어렵지 않습니다. 이 책을 통해 전문적학습공동체를 익히고 느껴 학교 현장에서 많은 동료들이 성장으로 행복한 교직생활을 영위하기를 바랍니다.

장원경

전문적학습공동체가 학교 안에서 자리 잡은 지도 제법 많은 시간이 흘렀습니다. 학교 현장에서는 업무의 하나로 인식되거나, 전문성 성장을 위한 공동체로서 기능하거나 혹은 한 사람이나 몇몇의 사람들이 주도하는 형태로 운영되는 등 그 형태는 천차만별입니다. 지금 우리는 맞는 길을 가고 있는지 고민하는 전문적학습공동체도 있을 겁니다.

이 책은 교사 공동체의 전문성 성장을 위한 전문적학습공동체에 관한 이야기입니다. 학교 안과 학교 밖 전문적학습공동체를 정확하게 이해하고 전문적학습공동체의 실천을 위해 교사들이 할 수 있는 것, 나아가야 할 교직 문화의 모습을 살펴보고 어떻게 공동 성장을 이룰 수 있는지 여러 형태의 전문적학습공동체의 구체적인 사례를 통해 이야기 해보려 합니다. 이 책을 통해 보다 많은 교사 공동체가 교실의 벽을 허물고 마음을 나누는 진실한 공동체로 거듭나서 학교 현장에서 학생과 교사 모두가 행복한 교육을 꿈꾸는 데에 도움이 되셨으면 합니다.

차례

3부 전문적학습공동체 운영 주제별 사례

4부 전문적학습공동체 운영의 발전방향

1부

전문적학습공동체
기본 소양 이해

제1장 전문적학습공동체 이해

1.
전문적학습공동체 이해

　　최근 전문적학습공동체는 매우 익숙해지고 있는 용어이며, 실제 학교 현장에서도 전문적학습공동체를 운영하는 경우가 많습니다. 그럼에도 불구하고 전문적학습공동체가 무엇을 의미하는지를 정확히 알지 못하고 지금까지 우리가 알던 교사 연구회나 교사 자율동아리와의 차이도 정확히 구분하지 못하는 경우가 많습니다. 전문적학습공동체를 명확히 이해하기 위해서는 정의와 주요 개념을 살펴볼 필요가 있습니다.

2.
전문적학습공동체 정의

　먼저 전문적학습공동체가 무엇인지 정의에 대해 살펴볼 필요가 있습니다. 전문적학습공동체가 무엇일까요? 전문적학습공동체는 단위 학교 교원들이 동료성을 바탕으로 함께 수업을 개발(공동 연구)하고 함께 실천(공동실천)하며, 교육활동에 대해 대화 및 협의하는 과정에서 함께 성장(집단 성장)하는 학습공동체 활동이라고 볼 수 있습니다.

　최근 전문적학습공동체는 매우 익숙해지고 있는 용어이며, 실제 학교 현장에서도 전문적학습공동체를 운영하는 경우가 많습니다. 그럼에도 불구하고 전문적학습공동체가 무엇을 의미하는지를 정확히 알지 못하고 지금까지 우리가 알던 교사 연구회나 교사 자율동아리와의 차이도 정확히 구분하지 못하는 경우가 많습니다. 전문적학습공동체를 명확히 이해하기 위해서는 정의와 주요 개념을 살펴볼 필요가 있습니다.

3.
전문적학습공동체의 정의로 본 주요 개념

이러한 전문적학습공동체 정의를 살펴볼 때 전문적학습공동체는 1) 단위학교 교원, 2) 동료성 바탕, 3) 함께 수업을 개발(공동연구), 4) 함께 실천(공동실천), 5) 함께 성장(집단 성장), 6) 학습 공동체 활동, 6가지 주요 개념을 확인할 수 있습니다.

1. 단위학교 교원

가장 먼저 전문적학습공동체를 정의하기 위해서는 누가 전문적학습공동체를 이루는 가를 살펴보아야 합니다. 전문적학습공동체는 단위학교 교원들이 구성하게 되는데 이때 단위학교 교원은 전문적학습공동체를 소극적으로 정의하느냐 적극적으로 정의하느냐에 따라 다르게 구분 지을 수 있습니다. 전문적학습공동체를 소극적인 형태로 정의하면 교사 관점으로 학교에 근무하는 교사로 한정 지을 수 있습니다. 반면 전문적학습공동체를 적극적인 형태로 정의하면 학교에 근무하는 일반직 직원에도 적용될 수 있습니다. 또한 단위학교 교원을 동일 학교 근무하는 교원과 다른 학교에 근무하는 교원, 두 가지로 나눌 수 있어 전문적학습공동체를 구성하는 교원은 전문적학습공동체를 어떻게 보는가에 따라 달라질 수 있습니다.

2. 동료성 바탕

전문적학습공동체를 정의하는 두 번째 개념 중의 하나는 동료성을 바탕으로 둔다는 것입니다. 전문적학습공동체는 개인의 학습공동체가 아닙니다. 학습공동체 성격으로 집단적인 성격을 가지고 있어 운영하는 데 있어 동료성이 바탕이 되는 것은 당연할지도 모릅니다. 교사들 간의 상호 친밀함을 기반으로 동료성을 형성하고 이는 전문적학습공동체를 운영하고 발전시키는 원동력이 될 수 있습니다. 만약 동료성이 형성되지 않게 되면 전문적학습공동체는 제 기능을 발휘하지 못하게 됩니다. 왜냐하면 운영하는 과정동안 형식적인 피드백이 오고 가거나 비난적인 피드백만 오고 갈 수 있기 때문입니다. 전문적학습공동체가 성공적으로 운영되기 위해서는 동료성을 바탕으로 하고 이러한 동료성은 전문적학습공동체를 정의하는 주요한 개념이 됩니다.

3. 함께 수업을 개발(공동연구)

다음으로 전문적학습공동체를 정의하는 세 번째 특징은 함께 수업을 개발하는 공동연구의 성격을 띤다는 것입니다. 전문적학습공동체에서 연구는 개인 수업 연구에 머물지 않고, 동료들과 함께 수업에 관해 연구하며 서로에 대해 조언을 아끼지 않는 공동 연구의 형태를 가지게 됩니다. 같은 주제에 대해 공동 연구를 할 때는 하나의 주제를 심도 있게 연구하게 되며, 다른 주제를 공동 연구하게 될 때면 여러 주제를 폭넓게 연구하는 장점이 있습니다. 연구의 범위도 다양한데 작게는 수업에 관한 연구이며 크게는 학생 교육과 관련한 모든 주제가 공동 연구의 주제가 될 수 있습니다. 연구 주제는 교사가 관심 있는 주제라면 어떠한 것이든 상관없으나 되도록 현장에 필요한 주제로 선정하는 것이 전문적학습공동체가 지속적으로 운영하는 데 효과적입니다.

4. 함께 실천(공동실천)

전문적학습공동체의 네 번째 특징은 함께 수업을 개발하는 공동연구에 이어 함께 실천하는 공동실천의 성격을 지닌다는 것입니다. 실천하는 유형은 두 가지 형태로 나눌 수 있습니다. 하나는 전문적학습공동체에 속한 구성원들이 각자 실천한 후에 결과를 나누는 병렬 실천이 있을 수 있고, 다른 하나는 공동연구 순서에 따라 실천 결과를 나누고, 시사점을 개선 실천하거나 결과를 다시 나누는 형태, 즉 직렬 실천 유형이 있을 수 있습니다. 전문적학습공동체는 단순하게 교사의 학습으로 그치지 않고 반드시 현장에 실천하는 것을 전제로 하고 있어 공동 실천은 전문적학습공동체의 주요한 요소라고 할 수 있습니다.

5. 함께 성장(집단성장)

다섯 번째 전문적학습공동체의 정의 요소는 함께 성장하는 집단 성장에 있습니다. 전문적 학습공동체가 개인보다는 공동체를 중시하기 때문에 개인의 성장에 그치지 않고 각 개인의 성장이 모여 공동 성장을 이루는 것을 목표로 하고 있습니다. 공동연구와 공동실천을 하게 되면 이러한 집단 성장은 의도하지 않아도 필연적으로 수반될 수밖에 없습니다. 이러한 공동 성장은 교사 개별 성장에도 시너지 효과를 불러일으킬 수 있어 전문적학습공동체의 주요한 요소가 될 수 있습니다.

6. 학습공동체 활동

　마지막으로 전문적학습공동체를 학습공동체 활동으로 정의하는 것은 전문적학습공동체가 취미나 친목 활동이 아님을 분명히 나타내기 위함입니다. 전문적학습공동체는 학습의 요소가 필수적이며 이 학습은 학생 교육과 직·간접적으로 관련 있는 내용이어야 합니다. 개인 차원의 학습이 아닌 공동체 차원의 학습을 하는 것, 전문적학습공동체가 지녀야 할 핵심 요소라고 할 수 있습니다.

제 1 부　전문적학습공동체 기본 소양 이해

4.
전문적학습공동체 역사

전문적학습공동체 정의를 통해 전문적학습공동체가 어떤 특징을 이루고 있는지 확인할 수 있었습니다. 그렇다면 이러한 전문적학습공동체는 언제부터 존재해 있었던 걸까요? 이번에는 전문적학습공동체의 역사에 대해 자세히 살펴보도록 하겠습니다.

1. 학습공동체 역사

일제 강점기 시대를 거치고 해방 이후부터 교사 학습공동체는 존재하고 있었습니다. 교사 조직에서 이뤄지는 다양한 학습공동체가 교육 현장에서 많은 성과를 이루어 왔습니다. 시기별로 교육연구회, 교사연구회, 교과연구회 등 다양한 이름으로 운영됐습니다. 그러나 이러한 교사 학습공동체는 일부 관심 있는 교사 중심으로 운영되었다는 한계점이 있습니다. 결국 일부 교사들에 의해 운영되는 교사 학습공동체는 일반화되지 못하고 학교 현장에 뿌리를 내리지 못하게 됩니다.

2. 공식 용어 사용

그러다 2015년 경기도교육청에서 학교 안 전문적학습공동체 운영을 제도화함으로써 전문적학습공동체 용어가 공식적으로 사용되기 시작했습니다. 2015년 이후에는 전국 시도교육청으로 확산하여 운영되었는데, 지역별로 다른 용어를 사용하기는 했지만, 기본적으로 공동연구, 공동실천, 집단성장이라는 가치는 동일하게 가지고 있습니다.

3. 도입배경

　전문적학습공동체가 도입된 가장 큰 이유는 교사 개인 성장에 그치는 한계를 극복하기 위해서입니다. 한 명의 뛰어난 교사는 학교를 변화시키는 데 제한적이며 학교에 한 명만 뛰어난 교사의 형태로 남게 됩니다. 학교를 변화시키기 위해서는 교직 문화가 변화되어야 합니다. 경쟁하는 교직 문화에서 동료성을 바탕으로 협력하는 문화로 변화될 때 학교 현장이 변화될 수 있습니다. 수년간 주장되어온 학교 혁신은 동료성을 지니고 공동체 단위의 성장과 변화가 있을 때만 가능합니다.

5.
전문적학습공동체 필요성 - 변화의 요구

학교 문화를 변화시키는 데 전문적학습공동체는 필수요소라고 볼 수 있습니다. 학교 문화가 변화되는 데는 최소 3년 이상 지속적인 노력이 필요합니다. 교사 한 명의 성장으로는 이러한 변화를 끌어낼 수 없기에 공동체 전체의 성장만이 진정한 변화를 끌어낼 수 있습니다.

1. 상호불간섭주의 교실 문화

특히 초등교사들에게는 상호불간섭주의 문화가 팽배해져 있습니다. 학급이라는 물리적인 공간 구분에 따라 서로 간의 영역을 건들이지 않은 범위 내에서 서로의 수업, 교육철학, 전문성을 존중하는 문화를 가지고 있습니다. 그러나 일부 교사의 경우에는 책무성이 없을 때가 있고 책무성이 부재한 경우 교사의 성장은 정체될 수밖에 없습니다. 많은 동료가 있음에도 교실 속에서 홀로 외로움을 느낄 수 있는 것이 교직 사회입니다.

2. 권위주의 문화

이러한 상호불간섭주의 교실 문화는 권위주의 문화라는 부작용을 낳기도 합니다. 상호불간섭주의 교실 문화가 오래 지속되면 동료성이 없는 관계, 상호 신뢰가 없는 관계로 교사 관계가 변질할 수 있습니다. 이럴 때 관리자 혹은 경력 교사의 권위주의가 나타나게 되면 학교에는 민주주의가 사라지고 비민주적인 학교, 수직적인 명령 체계만 남는 학교 조직으로 변모하게 됩니다.

3. 정보의 폐쇄성 문화

또한 경쟁하는 학교 문화였으면 서로 간의 정보 교류마저도 꺼리는 경우가 생깁니다. 폐쇄적인 집단 문화가 존재할 때 더욱 그러한데 이런 경우에는 정보가 부재한 것을 넘어 집단 외 사람마저도 배제 문화가 팽배해질 수 있습니다.

4. 비교 경쟁 평가 문화

게다가 경쟁하는 학교 문화의 부작용은 비교와 경쟁의식이 끊임없이 악순환되면서 재생산 되는 데 있습니다. 동료 교사로서 서로 돕기보다는 상대 교사보다는 내가 더 인정받아야 한다는 비교 경쟁 평가 문화가 생겨날 수밖에 없습니다.

5. 행정업무 관료제 중심 학교운영 문화

게다가 이러한 비교 경쟁 평가 문화는 교사들에게 당장 성과를 보일 수 있는 행정업무 관료제 중심 학교 운영 문화를 만드는 데 일조하게 됩니다. 학교는 학생들의 성장을 목표로 두고 이를 위해 수업 연구에 노력을 기울여야 함에도 오직 드러내는 성과 위주의 행정업무 처리를 우선하고 행정업무처리 능력이 뛰어난 교사가 인정받는 본래의 학교 조직 문화가 변질하는 경우가 발생하게 됩니다.

6.
전문적학습공동체 모습

이러한 학교 문화가 변화하기 위해서 전문적학습공동체는 꼭 필요합니다. 개인이 아닌 동료와 함께 연구하는 학습공동체가 운영될 때 비교 경쟁 평가하는 문화를 벗어날 수 있습니다. 또한 연구 주제는 학생 교육과 관련 있는 연구 주제로 제한함으로써 행정업무 관료제 중심 문화를 벗어날 수 있습니다. 전문적학습공동체를 통해 공동연구와 공동실천을 수행 할 때 상호불간섭주의 문화나 권위주의 문화, 폐쇄적인 문화를 긍정적으로 변화시킬 수 있게 됩니다.

1. 배구를 좋아하는 교사 배구 모임?

그렇다면 배구를 좋아하는 교사 배구 모임은 전문적학습공동체가 될 수 있을까요? 그렇지 않게 됩니다. 왜냐하면 연구 주제가 학생의 교육과는 무관한 교사 동호회 형태이기 때문에 전문적학습공동체가 될 수 없습니다. 만약 전문적학습공동체가 되려면 학생 체육 수업 배구 지도를 위한 교사 배구 모임의 형태로 운영되어야 합니다. 전문적학습공동체의 중심에는 학생의 성장을 목표로 한다는 것을 잊어서는 안 됩니다.

2. 자격증 취득 혹은 시험준비 모임?

그렇다면 교사의 성장을 위해 자격증을 취득하기 위하거나 시험을 준비하는 모임은 전문적학습공동체로 적용될 수 있을까요? 이러한 모임 역시도 전문적학습공동체가 될 수 없습니다. 앞서 말한 것과 같이 교사의 개인 성장은 전문적학습공동체에서 추구하는 목표가 될 수 없습니다. 학교 현장에 필요한 학생들의 성장을 위한 연구 주제가 아닌 교사 본인을 위한 학습 스터디는 전문적학습공동체로 받아들일 수 없습니다.

3. 교육이론 공부를 위한 모임?

교육이론을 위한 공부모임의 경우에는 전문적학습공동체로 인정할 수 있을까요? 이때에는 운영하는 목적이 무엇이냐에 따라 다를 수 있습니다. 학생 교육 및 실천을 위한 교사 역량 강화 목적이라면 당연히 전문적학습공동체로 인정받을 수 있지만, 단순히 정보나 지식을 얻고 교류하는 수준에서 그친다면 이는 전문적학습공동체가 될 수 없습니다. 전문적학습공동체는 공동 연구에 이어 공동 실천을 전제로 하기 때문입니다.

4. 연수에 개인이 참여하고 실천?

다양한 교육 연수에 개인적으로 참여하고 실천하는 것은 전문적학습공동체가 될 수 있을까요? 이 또한 전문적학습공동체가 될 수 없습니다. 마찬가지로 전문적학습공동체는 공동 연구와 공동 실천을 전제로 하는 데 자기 연찬을 위한 개인 학습의 수준으로는 전문적학습공동체로 볼 수 없습니다.

5. 전문적학습공동체가 친목 중심으로 운영된다면?

만약 전문적학습공동체를 운영하는 데 친목 중심으로 운영된다면 이 또한 전문적학습공동체로 받아들일 수 없습니다. 전문적학습공동체는 학생 성장을 목표로 교육과 관련된 연구 주제를 중심으로 공동연구, 공동실천, 집단성장을 전제로 하므로 단순히 친목 중심으로 운영되는 것은 목적에 부합되지 않습니다. 이는 전문적학습공동체의 형태는 갖추었으나 실제로는 친목 모임으로 인정할 수밖에 없습니다.

지금까지 살펴본 것처럼 전문적학습공동체의 진정한 모습은 정의에서 언급한 대로 단위 학교 교원들이 동료성을 바탕으로 함께 수업을 개발(공동연구)하고 함께 실천(공동실천)하며, 교육활동에 관해 대화 및 협의하는 과정에서 함께 성장(집단성장)하는 학습공동체의 모습임을 명심해야 합니다.

제2장 전문적학습공동체 유형과 특성

1.
전문적학습공동체 유형과 특성

전문적학습공동체는 단위 학교 교원들이 동료성을 바탕으로 함께 수업을 개발(공동연구)하고 함께 실천(공동실천)하며, 교육활동에 관해 대화 및 협의하는 과정에서 함께 성장(집단 성장)하는 학습공동체입니다. 이러한 전문적학습공동체는 단위 학교 안인지 단위 학교 밖인지 운영되는 범위에 따라 3가지 유형으로 구분되며, 그에 따른 구성원과 결합 방식이 달라지는 특성이 있습니다.

전문적 학습공동체 3가지 유형

2.
전문적학습공동체 유형

1. 학교 안 전문적학습공동체

가장 일반적인 형태는 단위학교 안에서 운영되는 학습공동체로 학교 안 전문적학습공동체를 살펴볼 수 있습니다. 경기도교육청에 의해 학교 운영 제도화 이후 전국적으로 확산하고 있는 학교 안 전문적학습공동체는 운영된 지 수 년이 지난 지금 학교 문화로 정착되고 있습니다. 특히 경기도의 경우 전문적학습공동체는 공식적인 직무연수로 인정되어 연수 시간을 인정해주고 있어 운영 안정화에 접어들었고 여기에는 비공식적인 교사학습공동체 연구모임도 포함되어 있습니다.

2. 학교 밖 전문적학습공동체

두 번째 유형은 학교 밖 전문적학습공동체로 의미 그대로 단위 학교를 벗어나 여러 학교 사람들이 관련된 전문적학습공동체 유형으로 보시면 됩니다. 일반적으로 운영되는 교육연구회나 교사연구회와 유사하며, 역사적으로는 해방 이후부터 관심 있는 교사들 중심으로 운영됐던 전통적인 형태라 볼 수 있습니다. 여기에는 비공식적인 학습공동체 연구모임을 비롯한 공식적인 학습공동체 연구모임도 함께 포함됩니다.

3. 학교 간 전문적학습공동체

마지막 전문적학습공동체 유형은 학교 간 전문적학습공동체가 있습니다. 학교 간 전문적학습공동체의 경우 학교와 학교 간 구성원들 운영 학습공동체로써 학교 안 전문적학습공동체와의 가장 큰 차이점은 학교 직위, 업무 등의 대표성을 가지고 있다는 점입니다. 예를 들어, 각 학교의 학교장들끼리 모여서 학교 간 전문적학습공동체를 구성한다거나 각 학교의 교감들이 모여 학교 간 전문적학습공동체를 구성할 수 있습니다. 또 각 학교 업무 부장별 전문적학습공동체를 이룰 수 있습니다. 이를테면 학교별 연구부장 전문적학습공동체, 학교별 교무부장 전문적학습공동체 등이 있을 수 있습니다.

이처럼 학교 간 전문적학습공동체는 해당 학교의 학교장 지구 장학, 교감 협력 장학, 학교 업무부장별 전문적학습공동체 등과 같이 각 학교에 같은 직위를 가진 분들이 함께 모여 전문적학습공동체를 이루게 됩니다. 학교 간 전문적학습공동체는 일반적으로 지역별로 공식적으로 운영되게 됩니다.

3.
전문적학습공동체 용어적 의미

앞서 전문적학습공동체는 단위 학교 교원들이 동료성을 바탕으로 함께 수업을 개발하고 함께 실천하며, 교육활동에 관해 대화 및 협의하는 과정에서 함께 성장하는 학습 공동체를 의미한다고 하였습니다. 이번에는 전문적학습공동체 용어가 가진 의미를 통해 보다 전문적학습공동체를 명확하게 이해하고자 합니다.

1. 전문적학습공동체에서 '전문적'의 의미

먼저 전문적학습공동체에서 '전문적'이라는 말은 전문적학습공동체를 주로 이루고 있는 교사를 교육 전문가로서 인정한다는 의미를 뜻합니다. 이는 교사의 경험과 가치, 판단을 존중한다는 것으로 이때의 '전문적'은 교육에 대한 전문가 집단이라는 집단적인 가치에 더 중점을 둡니다. 물론 교사가 관심 있어 하는 특별한 주제에 대한 전문가의 의미도 함께 포함하고 있습니다.

2. 전문적학습공동체에서 '학습'의 의미

전문적학습공동체에서 '학습'은 어떤 의미가 있을까요? 학습은 어학적 의미 그대로 배워서 익힌다는 뜻이 있습니다. 전문가 교사가 학습하는 내용은 교육에 대한 학문적인 내용이라기 보다는 교육 현장에서 일어나는 다양한 교육 현상이나 교육 문제들을 해결하는 데 필요한 방안이나 아이디어에 관한 연구를 의미합니다. 다시 말해 실제 경험한 교육 현장의 내용들을 바탕으로 주변 동료 교사와의 관계 맺음을 통해 스스로 성장해 나가는 실행학습이라고 할 수 있습니다.

  실행학습이라고 함은 단순하게 학습으로만 그치지 않고 실천까지 이어지는 학습을 의미합니다. 즉 문제해결에 도움이 되는 이론이나 방법을 학습하는 수동적 학습이 아닌, 문제해결을 위해 더 나은 방법을 찾아 실천하는 능동적 학습의 형태라 볼 수 있습니다. 이러한 능동적 학습의 실행학습은 개인 학습보다 집단 학습일 때 그 효과가 훨씬 크다고 할 수 있습니다.

3. 전문적학습공동체에서 '공동체'의 의미

  마지막으로 전문적학습공동체에서 '공동체'의 의미는 개인이 아닌 집단에서의 교사 연구 모임을 의미합니다. 이는 전문적학습공동체가 상호 존중, 배려, 인정 등의 '동료성'을 기반으로 하고 있기 때문입니다. 개인의 성장이 아닌 함께 공동연구하고 그 내용을 공동실천하며 집단성장을 이루는 것이 전문적학습공동체에서 공동체를 의미하는 부분입니다.

전문적 학습 공동체

4.
전문적학습공동체 학습조직화 의미

전문적학습공동체는 학교의 교직 문화를 변화시키는 데 목적을 두고 있습니다. 이는 학교 교직 문화를 학습조직화로 변화시킨다고 볼 수 있는데, 구체적으로 어떠한 의미를 담고 있는지 살펴보도록 하겠습니다.

1. 학교의 학습조직화

전문적학습공동체를 통한 학습조직화에 대해 알아보기에 앞서 먼저 과거 학교 조직의 문제점을 살펴볼 필요가 있습니다. 학교가 학습조직화 되지 못했던 문제에서 가장 많이 언급되는 이야기는 학교가 교무업무 행정 중심의 조직이라는 것입니다. 교무업무, 행정 처리에 시간이 너무 많이 소요되어서 연구할 시간이 부족하다는 이야기가 있습니다. 그런데 정말로 행정업무로 인해 수업을 준비하거나 교재를 연구할 시간이 부족할까요?

여기에 대한 답변은 교사마다 다를 수 있지만 대부분은 그렇지 않다는 내용이 더 많을 것입니다. 행정업무 처리에 주어지는 시간이 수업 연구를 못 하게 할 만큼 문제가 되지는 않기 때문이죠. 이어서 두 번째 질문을 나눌 수 있습니다.

그렇다면 교사 전문성은 무엇을 바탕으로 하냐는 것입니다. 교무업무에 대한 행정 처리 능력이 뛰어나 업무를 매끄럽게 처리하는 것이 교사의 전문성을 나타낼까요? 아니면 수업과 생활교육을 탁월하게 잘하는 것이 교사의 전문성을 의미할까요? 혹은 교직 내에서 관계를 잘해서 사람들과 원만한 관계를 잘 유지하는 것이 전문성을 나타낼까요?

이 질문에 대한 답변도 교사마다 다를 수 있어 조금 간단하게 재질문해 볼 필요가 있습

　　　　　　　　　　　　　　　　　　　　제1부 전문적학습공동체 기본 소양 이해

니다. 과거의 학교에서는 어떤 모습을 보며 교사의 전문성이 뛰어나다고 판단했을까요? 수업 연구하는 교사들과 교무업무에 대해 행정적으로 처리하는 교사, 두 종류의 교사가 있다면 어디에 무게추가 있었을까? 간단하게 다시 질문해볼 수 있습니다. 반추해보면 아마 과거에는 행정업무 중심 운영하는 모습에서 전문성을 찾았다고 볼 수 있습니다. 전문적학습공동체를 통한 학습조직화는 이러한 전문성에 대한 영역의 변화를 의미합니다.

학교 교육의 본질에 대한 의문이 제기됨에 따라 교사의 전문성을 행정업무하는 교사에서 수업 연구하는 교사로 전환해야 할 필요가 생겼습니다. 이러한 학교 교육 본질의 전환은 학교 조직 성격의 전환을 가져오게 되었고, 교무업무 행정조직에서 수업 연구 학습조직이라는 조직적인 변화를 꾀하게 되었습니다.

2. 학교의 학습조직화 변화 요구

학교 조직이 학습조직화 변화를 위해서는 어떠한 요건들이 필요할까요? 가장 먼저는 학습 조직화에 대한 교원들의 인식이 변화되어야 합니다. 기존의 교무업무 행정처리가 교사의 전문성의 본질적인 부분이 아니며 수업 연구, 생활 연구 등 학생의 삶에 직접적인 영향을 주는 부분이 교사의 전문성임을 인식하고 이를 수용해야만 합니다.

또한 학습조직화에 대한 교원의 인식이 변화되면 학교 민주주의가 조금씩 싹트게 됩니다. 교무행정처리에 중요성이 줄어듦에 따라 부장과 일반교사, 관리자와 교사 등 수직관계를 벗어나게 되고 권위주의를 탈피하게 됩니다. 또한 전문가와 비전문가 제자 형태의 도제형태를 벗어나 수평적인 관계, 상호 협력 단계를 가지게 됩니다. 이러한 수평적인 관계, 상호 협력 단계가 올바른 전문적학습공동체의 모습이며 학교 민주주의가 정착되기 위한 필수적인 요소라고 볼 수 있습니다.

학습조직화에 대한 교원의 인식이 변화되고 학교 민주주의가 정착되면서 학교 조직을 운영하는 방법에도 변화가 일어납니다. 업무 중심 운영에서 수업과 학습 중심의 상시 학습이 가능한 학년, 교과 중심으로 바뀌게 됩니다. 이러한 학교 조직 운영 방법의 변화는 일반적 조직이라는 형태를 벗어나 교육을 위한 학교 조직만의 고유성이 나타나게 됩니다.

5.
전문적학습공동체 운영 원리

학교가 학습조직화로 변화되는 데 있어 전문적학습공동체의 역할은 매우 중요하며 필수적이라 볼 수 있습니다. 그렇다면 전문적학습공동체를 운영하는 기본적인 원리는 무엇일까요?

1. 자율성

전문적학습공동체를 운영하기 위한 가장 기본적인 원리는 타의가 아닌 자의적 참여를 위한 자율성입니다. 전문적학습공동체가 성공적으로 운영되기 위한 핵심 성공 요인으로 자율성이 전제되지 않으면 전문적학습공동체는 형식적으로 운영되거나 학교 조직의 변화를 이끌어낼 수 없게 됩니다. 자율성을 가지기 위해서는 리더 교사의 역할이 매우 중요한데, 리더 교사는 전문적학습공동체에 참여하는 교사들의 자발성을 이끌어 내기 위해서 동기를 부여하거나 참여 요인을 제공할 필요가 있습니다. 가장 좋은 동기요인이자 자발성의 핵심은 동료 교사들에게 성장의 모습을 보여주는 것입니다. 교사들은 기본적으로 성장의 욕구를 가지고 있습니다. 주변에 가까운 동료교사의 성장을 직접 볼 때 '같이 나도 하고 싶다'는 참여 동기를 쉽게 불러 일으킬 수 있고 전문적학습공동체의 가장 핵심 성공 요인인 '자율성'을 가지게 됩니다.

2. 책무성

두 번째 전문적학습공동체 운영을 위한 기본 원리는 책무성입니다. 교사 전문성 성장은 짧은 시간 안에 극적인 변화를 보여주지 않습니다. 전문성이 성장될 수 있는 충분한 시간이 필요하기 때문에 전문적학습공동체 운영을 위해 시간을 확보하는 것은 필수적인 요소라고 할 수 있습니다. 그런데 업무를 경감하거나 공문없는 날 같은 제도적인 지원으로 전문적학습공동체 운영 시간을 충분히 확보했을지라도 책무성이 없게 되면 이 시간은 전문성 성장의 시간이 될 수 없습니다. 오히려 전문성 성장을 위한 연구시간으로 사용하지 않고 교사에게 주어진 여가시간으로 오용해서 사용할 가능성이 있습니다. 따라서 시간 사용에 대한 교사로서의 책임의식을 가지는 책무성은 전문적학습공동체 운영에 있어 주요한 원리라고 할 수 있습니다.

3. 전문성

세 번째 전문적학습공동체 운영의 원리는 전문성입니다. 전문적학습공동체는 교사 전문성을 위한 조직입니다. 따라서 전문적학습공동체는 교사 역량을 향상하는 데 방향을 잡고 있으며 이러한 역량 향상은 교육 현장에서 교사들이 맞닥뜨리는 다양한 문제를 해결하는 데 도움을 주게 됩니다. 교육 현장은 한 가지 원리나 방식으로 적용될 수 없습니다. 교육에 참여하는 교사, 학생, 학부모 구성원들이 모두 다르고 환경이나 문화도 모두 다릅니다. 이렇게 다양하고 변화가 많은 교육현장에 대응하기 위해서는 교사의 역량을 향상시키는 전문성이 필연적으로 요구됩니다. 전문적학습공동체는 학교 조직의 변화를 목표로 삼고 있어 개인적인 전문성을 포함하여 공동체 전체의 전문성 향상도 포함하고 있습니다. 따라서 전문적학습 공동체 운영을 위한 전문성은 매우 중요한 원리라 볼 수 있습니다.

4. 공동체성(동료성)

전문적학습공동체 운영의 네 번째 원리는 공동체성, 다시 말해 동료성을 말합니다. 학교 조직은 교실상호불간섭주의나 폐쇄주의적 성향이 강한 편입니다. 교사 개인의 전문성 성장은 개인 성향에 철저히 맡겨질 수밖에 없으며 이 성향 또한 시간이 흐름에 따라 점차 성장보다는 안정을 추구하는 것으로 변화됩니다. 전문적학습공동체는 학교 조직의 변화를 목표로 함으로써 교사 개인이 아닌 공동체 전체의 성장을 추구합니다. 이를 위해서는 교원간의 상호 신뢰를 바탕으로 하는 정서적인 공동체성, 교원간의 상호 협력을 바탕으로 행동하는 공동체성이 반드시 필요합니다. 전문적학습공동체는 공동연구 실천과 결과에 대한 집단성장과 함께 공동 책임 문화를 키워나감으로써 전문성 성장의 집단지성의 힘을 발휘하는 형태라 볼 수 있습니다.

5. 다양성

전문적학습공동체를 운영하는 마지막 원리는 다양성입니다. 공동체성을 위해 집단적인 성격만을 강요하게 되면 전문적학습공동체 구성원들의 관심이나 개성을 고려하지 않게 되고 이는 전문적학습공동체 참여 의지를 낮추게 됩니다. 교원의 다양한 생각과 가치를 존중하는 가운데 정답을 학습하는 활동이 아닌 합의된 최선의 답을 찾는 것이 전문적학습공동체를 운영하는 기본 방안임을 명심해야 합니다. 전문적학습공동체는 동일성을 추구하지 않는 탈표준화를 지향하므로 수업 모형이나 이론, 교육 철학과 가치 등에 있어서 대화와 협의를 통해 다양하게 추구되어야 합니다.

제3장 전문적학습공동체와 학교문화

1.
전문적학습공동체와 학교문화

전문적학습공동체는 교원들의 연구 모임이라는 성격을 벗어나 진정한 학교문화를 변화시킬 수 있는 열쇠입니다. 학교문화를 긍정적으로 바꾸기 위해 Top-Down 형식의 여러 가지 정책과 노력이 있었음에도 그 실제 효과는 미비한 편이었습니다. 그러나 전문적학습공동체는 Bottom-up 형태로 학교 내 교원들이 중심이 되어 함께 연구하고 실천함으로써 학교 문화를 변화하는데 매우 효과적이라 볼 수 있습니다. 이처럼 전문적학습공동체가 가지는 다양한 장점과 학교 문화 변화단계, 그리고 일부 잘못 알려진 전문적학습공동체의 오해를 해결하고 개선 방향에 대해 알아보고자 합니다.

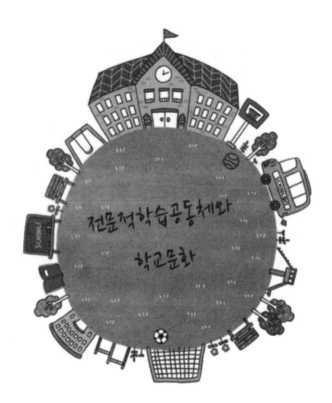

2.
전문적학습공동체 장점

전문적학습공동체가 가지는 장점은 교사 전문성의 효과적 성장, 교육의 질 향상과 만족도 향상, 함께 연구하는 동료, 교사 자존감 향상, 교육 공동체 변화 등 크게 5가지 정도 있습니다.

1. 교사 전문성의 효과적 성장

먼저 전문적학습공동체의 가장 큰 장점은 교사 전문성의 효과적인 성장이라 할 수 있습니다. 전문적학습공동체는 연구하는 교사로 거듭나게 하는데, 크게 3가지 영역에서 성장을 가져옵니다. 첫 번째는 수업에 대한 연구 영역, 두 번째는 생활교육에 대한 연구 영역입니다. 마지막으로 학생 교육 관련 전반에 대한 다양한 주제 연구 영역입니다. 전문적학습공동체가 정하는 주제에 따라 각 연구 영역이 달라질 수밖에 없지만 연구하는 교사로 성장한다는 데는 공통점이 있습니다.

또한 전문적학습공동체가 가져오는 성장의 효과는 각 교사 개인이 혼자서만 하는 성장보다도 더 클 수밖에 없습니다. 각 개인이 연구할 수 있는 범위와 수준은 한계가 있지만 함께 연구하는 전문적학습공동체의 경우 서로의 부족한 부분을 채울 수 있어 각 교사 개인별로 연구한 총량보다 그 정도가 더 클 수밖에 없습니다. 함께 연구하는 동료가 있기에 각종 조언과 피드백을 받을 수 있으며 이를 통한 성찰이 이뤄질 수 있어 연구 성과가 체득되는 데도 효과적일 수밖에 없습니다.

2. 교육의 질 향상과 만족도 향상

두 번째 전문적학습공동체의 장점은 교육의 질 향상과 그에 따른 교육 공동체의 만족도를 높일 수 있다는 점입니다. 전문적학습공동체를 통한 연구는 단순한 이해의 수준에서 벗어나 현장에 바로 적용하고 실천함으로써, 수업과 교육 전반에 즉각적인 변화를 가져오게 됩니다. 예를 들어, 전문적학습공동체를 통해 '그림책을 활용한 교육 방법'에 대해 연구가 이뤄졌다고 가정한다면, 전문적학습공동체의 참여하는 교사들은 교실로 돌아가 '그림책을 활용한 수업'을 곧바로 진행하게 됩니다. 이러한 수업을 실천한 경험을 다시 전문적학습공동체로 가져와 각 수업에 대한 경험을 나누고 반성과 성찰을 통해 교육 전반에 대한 질을 높이게 됩니다.

교육과정 분석을 통해 학습자들의 수준에 가장 적절하고 효과적인 수업 방법에 대한 고민, 즉 수업 연구는 교육의 질을 제고하고, 이는 학습의 효과는 물론 학생들의 만족도 또한 향상될 수밖에 없습니다. 학생들의 수업에 대한 만족이 높아지면 학부모들의 반응 또한 긍정적으로 변화하게 되고, 이는 학부모의 교사에 대한 신뢰도가 높아지는 결과를 가져오게 됩니다. 교사는 긍정적인 학생, 학부모의 반응과 피드백으로 자신감과 만족을 얻을 수 있으며, 학교 공동체 측면에서도 신뢰받는 교육 요람으로 평가받을 수 있어 만족도가 향상된다고 볼 수 있습니다.

3. 함께 연구하는 동료

세 번째 전문적학습공동체의 장점은 바로 함께 연구하는 동료의 존재입니다. 학교 현장에서는 교실이라는 공간으로 구분되어 있고 학급 단위라는 공동체 특성상 물리적인 공간 단절이 심리적으로 적용하여 폐쇄적인 문화, 교사 상호간 불간섭 주의가 팽배할 수 있습니다. 특히 해당 학교의 교직문화가 폐쇄적이고 부정적인 경우라면 함께 성장하고 배울 수 있는 기회를 박탈당하게 됩니다. 이러한 폐쇄적인 문화를 변화시킬 수 있는 것이 바로 전문적학습공동체입니다. 전문적학습공동체를 통해 함께 연구하는 동료를 만들 수 있고 이들과 함께 교육가치, 교육철학을 공유할 수 있습니다. 교육가치와 교육철학을 공유하는 동료 교사의 존재는 학생 중심 교육을 가능하게 하고, 학생, 교사 모두의 동반 성장이 이뤄지게 합니다.

교사 혼자만의 성장은 다른 주변 동료 교사나 선후배 교사로부터 시기와 질투를 받거나 경쟁 상대로 여겨지게 마련입니다. 그러나 전문적학습공동체를 통한 동반 성장은 경쟁이 아닌 협력의 관계가 이뤄지게 되며 경쟁 속에서 고립되는 것을 방지하고 지지해주는 동료의 존재는 상호불간섭주의, 무관심을 극복할 수 있는 핵심이 될 수 있습니다.

4. 교사 자존감 향상

전문적학습공동체를 통한 네 번째 장점은 교사의 자존감이 향상된다는 점입니다. 연구하는 교사로 변화됨은 전문성 성장을 경험하게 됩니다. 전문성의 성장은 교사 효능감의 상승을 가져오며 이러한 효능감 상승은 성장의 기쁨이며 동시에 성장 욕구를 긍정적으로 강화하는 피드백 효과를 가져오게 됩니다. 교사 스스로 '나는 전문성이 높은 교사'라고 믿으며 수업을 하는 경우와 자신의 능력을 불신하며 수업을 하는 경우 따로 비교하지 않아도 학습 효과의 차이가 날 수밖에 없습니다. 학습 효과뿐만 아니라 학생 학부모와의 상담에서도 '전문성 높은 교사'라는 마음가짐은 신뢰도를 높여 교사의 교육 활동 전반에 지지를 얻을 수 있게 됩니다.

이러한 교사 효능감과 관련 깊은 자존감 향상은 학생과 학부모로부터 전문성 있는 교사로 인정받게 되고, 학생과 학부모의 존경을 받을 수 있습니다. 이는 교사에게 '나는 존경받는 교사이다'라는 긍정적인 피드백으로 작용하게 되며, 교사의 자존감 향상을 가져오는 선순환이 일어나게 됩니다.

5. 교육 공동체 변화

마지막 전문적학습공동체의 장점은 교육 공동체의 긍정적인 변화입니다. 교사 개인의 변화를 가져오는 전문적학습공동체가 교사가 속한 집단, 학교 단위 전체의 변화를 일으키게 됩니다. 전문적학습공동체가 아닌 교사 개인으로써의 성장과 변화는 학교 문화 속에 포함되어 있어 혼자만의 노력만으로 교직 분위기나 문화를 바꿀 수 없습니다. 오히려 주변 동료들에게 '왜 혼자 그렇게 해?'라는 질책과 비난을 받을 수도 있으며, 교사 개인의 변화는 오직 교사가 담당하고 있는 학급에서만 한정되는 경우가 많습니다.

그러나 전문적학습공동체에서 교사의 변화는 교사 개인의 성격을 벗어나 주변 교사들에게 자극과 동기를 부여하는 역할을 하게 됩니다. 같은 전문적학습공동체 속에서 교사의 노력과 성장하는 모습을 직접 살펴본 동료교사는 더 이상 질책과 비난하지 않게 됩니다. 그들은 교사의 변화되는 모습을 보며 스스로 '변화'에 대한 동기를 가지게 됩니다.

학년의 동료 교사의 경우 학년이 동일하기에 동일한 교육과정을 기반으로 수업을 진행하게 됩니다. 교사마다 교육과정을 재구성해서 수업을 하기는 하지만 해당 학년의 성취기준이 동일하기에 큰 틀에서는 유사한 교육과정을 준비하고 실천한다고 보아도 틀린 말이 아닙니다. 동학년 교사가 연구하는 모습을 보고, 연구한 수업 자료를 동학년 교사에게 공유하게 되면 "선생님, 함께 준비하고 노력해요!"라는 직접적인 언어로 표현하지 않아도 '나도 준비하고 노력해야겠다!'라는 마음을 먹게 됩니다. 가장 가까운 동료 교사의 긍정적인 성장의 모습은 가장 먼저 동학년의 변화를 가져오게 됩니다.

학년이 변화하게 되면 학년 분위기는 저절로 좋아질 수밖에 없습니다. 함께 성장한다는 기쁨으로 웃음꽃이 피어나고, 모두가 한 뜻으로 열심히 하는 동학년 전문적학습공동체의 모습은 다른 학년 교사들, 학교에 소속된 모든 사람들에게 긍정적인 메시지를 주게 됩니다.

'같은 학교 생활을 하는 동료 교사인데, 어떻게 저들은 저렇게 즐거울까?'라는 궁금증도 생길 것이고, '나는 왠지 소외되고, 혼자 있는 마음이 큰 데, 어떻게 저들은 저렇게 함께 기뻐하고 있을까?'라는 부러움도 생길 수 있습니다. 그러다 그 비밀이 전문적학습공동체에 있음을 알게 된다면, 다른 학년 전문적학습공동체 또는 학교 전체에 속한 전문적학습공동체는 '우리도 함께 성장해야지!'라는 공동의 목표를 가지고 서로 노력하게 됩니다.

다시 말해, 교사의 노력과 성장이라는 기본적인 형태는 동일할지라도 그 교사가 전문적학습공동체에서의 성장이냐, 아니면 교사 개인적인 성장이냐에 따라 즐겁고 성장하는 기쁨이 넘치는 학교 전체의 변화를 가져오거나 아니면 교사 혼자 외로이 질책과 비난으로 끝나 더 이상 노력하지 않은 교사로 변화될 수 있습니다. 전문적학습공동체라는 조직에서의 교사의 성장은 결국 함께 연구하는 학교로 변화시키는 데 필수적인 요소이며, 경직된 학교 문화를 변화시키는 데 탁월한 효과를 가지는 것으로 볼 수 있습니다.

3.
전문적학습공동체 학교문화 변화

전문적학습공동체의 장점을 바탕으로 학교 문화가 변화되는 단계에 대해 자세히 살펴보도록 하겠습니다. 먼저 전문적학습공동체 학교 문화 변화의 첫 출발은 교사 간 자발성과 교육 철학을 공유하는 데 있습니다.

1. 교사간 자발성과 교육철학 공유 단계

전문적학습공동체가 온전하게 정착되고 운영되기 위해서는 가장 기본적으로 전문적학습공동체에 대한 자발성이 형성되어야 합니다. 그동안 교사의 성장을 위해 학교 현장에서는 여러가지 제도와 지원을 해왔지만 대부분 하나의 업무나 일처럼 여겨져 왔습니다. 전문적학습공동체 또한 자발성이 형성되지 않는다면 형식적이고 하나의 업무처럼 전락할 수밖에 없습니다. 형식적인 전문적학습공동체를 벗어나고 극복하기 위해서는 가장 먼저 자발성을 회복하고 형성하는 데 있습니다. 자발성을 형성하기 위해서는 성장에 대한 의지가 있어야 하는데, 이러한 의지의 부족은 성장을 한 번도 경험해보지 못한 무성장 경험으로 인함입니다. 현실 안주에 만족하는 교사에게는 이러한 자발성이 부족할 수밖에 없고, 자발성을 가지게 하기 위해서는 성장의 경험을 가장 가까운 곳에서 보여주고 느낄 수 있도록 해야 합니다.

그러기 위해서는 성장에 대해 교육가치를 공유하는 것이 우선되어야 합니다. 매년 쳇바퀴처럼 반복되는 학교 일상은 교사에게 더 이상 자극이 될 수 없으며 성장에 대한 욕구를 떨어뜨립니다. 신규교사를 벗어나 중견교사로 넘어갈 때쯤이면 대부분의 교사는 '성장'보다는 '안주'하기를 원하는 경우가 많습니다. 이러한 성장에 대한 가치를 공유하지 않고 전문적학습공동체가 시작될 경우 원활히 운영되기가 어렵습니다. 가장 먼저 학생의 성장과 배움을 위한 교사의 전문성 신장에 대해 서로 대화와 토론을 통해서 그 가치를 함께 공유하는 것이 중요합니다.

성장에 대한 교육 철학이 공유 되었다면 동료성 형성이 되는 기반을 마련해야 합니다. 그것은 바로 같은 곳을 바라보는 마음이 맞는 교사를 찾는 것입니다. 이러한 마음이 맞는 동료는 여러 명일 필요 없이 오직 단 한 사람이라도, 자신과 동일한 교육철학을 공유하고 성장의 욕구가 있다면 그것으로 충분합니다. 자신을 제외한 단 한 명의 동료 교사라 할지라도 연구에 대해 함께 나눌 수 있고 서로 피드백 할 수 있기 때문에 전문적학습공동체가 올바로 정착되는 데 큰 도움이 됩니다.

이 때 학생의 성장과 배움을 통한 교사 전문성 성장이라는 기본적인 교육철학에서 벗어나 단순히 자신의 커리어를 쌓기 위해 전문적학습공동체에 참여하려는 경우에는 전문적학습공동체가 시작은 될 수 있지만 학교 문화를 변화시키는 궁극적인 결실을 얻기에는 부족합니다. 스펙을 추구하는 교사는 전문적학습공동체에서 동료와 함께 성장하고 노력하기 보다는 본인의 성장에만 집중할 수밖에 없으며 이는 전문적학습공동체가 가지는 가장 기본적인 동료성 형성에 부정적인 영향을 줄 수밖에 없습니다. 따라서 전문적학습공동체는 교사 스스로 성장과 함께 노력한다는 자발적인 교육철학을 공유하는 것에서부터 시작된다고 볼 수 있습니다.

2. 공동연구, 공동실천 단계

전문적학습공동체가 학교문화를 변화시키기 위해서는 두 번째로 공동연구와 공동실천 단계가 반드시 필요합니다. 만약 공동으로 연구하지 않게 된다면 교육철학을 공유하는 수준에서 끝나게 되고, 성장에 대한 노력이나 동기가 처음에는 크더라도 끝까지 유지되기가 어렵습니다. 따라서 공동연구를 통해서 전문적학습공동체가 계속적인 성장이 이뤄질 수 있도록 해야 합니다. 이 때 이뤄지는 공동연구는 교사 개개인의 경쟁적인 비교연구가 아니라 서로 협력적 성격을 띤 공동연구여야 합니다. 예를 들어 교사 개인마다 연구 프로젝트를 진행하는 것이 아니라 공통적인 주제의 프로젝트를 적용하되 교사 특성에 맞게 연구를 적용한다는 것입니다.

협력적 공동연구를 통해 알게 된 여러 가지 연구 내용들은 단순히 문헌으로 남겨두거나 서로 이해하는 수준에서 벗어나 교육 현장에 즉각적으로 실천해야 합니다. 한 사람의 실천이 아닌 전문적학습공동체에 소속된 교사들 모두의 공동실천만이 교육현장을 변화시킬 수 있으며 전문적학습공동체가 지속적으로 운영, 유지될 수 있게 됩니다.

3. 근무학교의 변화 단계

전문적학습공동체가 온전히 정착되고 운영되기 시작하면 그 속에 속한 교사들은 전문성이 성장하는 경험을 얻게 됩니다. 기본적인 공동연구와 공동실천을 통해 교사들의 수업에 대한 전문성, 생활교육에 대한 전문성, 학생생활 관련 전반에 대한 전문성 등 다양한 성장의 경험을 얻게 됩니다. 이러한 경험은 동료성을 더 강화하게 되고, 이는 연구하는 교직문화로 서서히 바뀌는 계기가 됩니다.

전문적학습공동체가 정착되고 성장하는 모습을 바라보는 미참여 교사에게는 다음과 같은 자극이 일어나게 됩니다. 첫 번째는 적극적인 관심입니다. 전문적학습공동체 활동에 직접 참여하기를 희망하게 되고, 그 성장에 대한 동기와 경험을 함께 하기를 원하게 됩니다. 두 번째 반응은 소극적인 관심입니다. 마음에는 동기가 부여되면서 전문적학습공동체에 참여하는 것에 긍정적이나 소극적인 경우를 말합니다. 이 두가지 모두는 전문적학습공동체를 긍정적으로 바라보는 시각이므로 전문적학습공동체에 참여하기를 권면하면 참여를 쉽게 이끌어낼 수 있으며 전문적학습공동체가 더 크게 성장하는 데 밑거름이 됩니다.

　세 번째 경우는 무관심입니다. 전문적학습공동체에 대해 참여는 커녕 관심도 전혀 가지지 않는 경우입니다. 네 번째 반응은 적대적인 관심입니다. 전문적학습공동체가 정착되기 시작하면서 서로 연구하고 격려하는 모습, 함께 성장하는 모습을 다소 비관적으로 여기고, 무관심의 수준에서 벗어나 비방과 부정적 언행도 함께 할 수 있습니다. 이럴 경우 친절하게 전문적학습공동체에 참여하기를 권면하되, 부정적 인식과 반응은 곧바로 바뀌지 않으므로 시간이 걸리더라도 포기하지 않고 기다려주며 변화 가능성을 계속해서 살펴보아야 합니다.

4. 주변학교의 변화 단계

　전문적학습공동체가 온전히 정착되고 운영되면 해당 학교문화는 긍정적으로 변화될 수밖에 없습니다. 동료성을 기반으로 함께 연구하고 실천하는 학교문화의 모습은 바로 인근 학교로 자연스럽게 전해질 수밖에 없습니다. 전문적학습공동체가 제대로 운영되는 곳에서 학생과 학부모들의 만족도는 높을 수밖에 없으며 지역사회에도 알려질 수밖에 없기 때문입니다. 이러한 전문적학습공동체를 통한 변화는 다른 주변 학교의 전문적학습공동체에도 자극을 주게 되고, 자극을 통해서 주변 학교 전문적학습공동체도 변화되는 동기를 부여하게 됩니다.

　또한 전문적학습공동체의 성공적인 운영 사례는 연수와 홍보, 사례 나눔의 기회를 통해 다른 학교로 전해질 수 있으며 공식적인 공유가 아니더라도, 전문적학습공동체 소속 교사들의 개인적인 성장 경험을 공유함으로써 비공식적으로도 전문적학습공동체의 중요성과 이를 바탕으로 성장할 수 있음에 대해 궁극적으로는 학교 문화가 바뀔 수 있음을 전할 수 있게 됩니다.

4.
전문적학습공동체에 대한 오해

전문적학습공동체가 가지는 다양한 장점과 긍정적인 학교 변화라는 핵심에도 불구하고 아직까지 잘못 알려져 있는 사실들이 몇 가지 있습니다. 그 중 대표적인 오해 3가지 경우를 살펴보도록 하겠습니다.

1. 전문적학습공동체는 혁신교육이 만들었다는 오해

전문적학습공동체의 대표적인 오해 중 하나는 바로 전문적학습공동체를 혁신교육에서 만들었다는 이야기입니다. 혁신교육의 일환으로 전문적학습공동체를 개념화하고 용어화해서 사용한 것은 맞지만, 전문적학습공동체라는 조직은 혁신교육 이전부터 교육 현장에 다양한 형태로 존재해 왔습니다. 교사연구회와 같은 형태가 바로 전문적학습공동체의 다른 모습이라고 할 수 있습니다. 따라서 전문적학습공동체를 혁신교육에서 새롭게 만들어낸 형태와 조직이라고 할 수는 없습니다.

2. 전문적학습공동체는 효과가 없다는 오해

두 번째로 많이 이야기되는 전문적학습공동체의 오해는 효과에 대한 의문입니다. 현재 전문적학습공동체는 제도화되고 많은 학교에서 필수적으로 운영하고 있습니다. 그러나 대부분의 학교에서는 전문적학습공동체가 업무처럼 운영되고 형식적인 형태로만 존재하는 경우가 더러 있습니다. 이것은 전문적학습공동체가 가장 우선적으로 갖추어야 할 자발성이 형성되지 않았고 교육철학이 공유되지 않았기 때문입니다. 또한 공동연구와 공동실천이 선행되지 않았기에 전문적학습공동체가 온전히 정착되지 못한 결과를 가져오게 되었습니다. 성공적으로 정착된 전문적학습공동체의 효과는 교사의 성장은 물론 학교문화를 변화시키는 극적인 효과를 가져올 수 있음을 명심해야 합니다.

3. 전문적학습공동체는 능력있는 교사가 있어야 한다는 오해

전문적학습공동체에 대한 또 다른 오해는 바로 능력있는 교사가 반드시 존재해야 한다는 것입니다. 물론 능력있는 리더 교사가 있으면 전문적학습공동체를 조직하는 데 유리한 것은 사실입니다. 능력있는 리더교사가 충분한 연구 역량을 바탕으로 전문적학습공동체에 참여하는 여러 교사들에게 도움을 줄 수 있기 때문입니다. 그러나 능력있는 교사가 아니더라도 기본적으로 모든 교사들은 전문성을 가지고 그 역량 또한 우수하다는 것을 잊어서는 안됩니다. 성장에 대한 욕구가 점차 줄어들었을 뿐 모든 교사는 공동연구와 공동실천을 통해 전문성을 성장시킬 수 있으며 전문적학습공동체를 통해 함께 성장할 수 있는 역량을 갖추고 있습니다. 만약 능력있는 리더교사가 학교에 없다고 하더라도 학교밖 우수 외부자원을 전문적학습공동체에 강사로 활용할 수 있고, 주변에 체계화된 우수 전문적학습공동체에 동시에 참여함으로써 학교내 전문적학습공동체의 수준을 높일 수 있게 됩니다. 따라서 전문적학습 공동체에 능력있는 교사의 존재는 필수가 아니라 할 수 있습니다.

5.
전문적학습공동체 개선 방향

전문적학습공동체에 대한 여러 가지 오해에도 불구하고 여전히 전문적학습공동체가 정착되기 어려운 문제나 상황이 있습니다.

1. 형식적 운영 전문적학습공동체

가장 대표적인 전문적학습공동체의 문제는 형식적인 운영에 있습니다. 앞서 설명한 것과 같이 학교 업무의 하나로 인식하고 구성원 참여 의지는 부족한 경우입니다. 전문적학습공동체 시간을 준수해야 하는 현재의 상황상 진행은 하나 그 시간이 되면 대부분의 교사는 연구에 힘쓰기 보다는 단순히 시간을 보내는 형태로 전락하는 경우가 많습니다. 전문적학습공동체 시간이 되면 다른 업무를 처리한다거나 스마트폰을 확인하거나 아니면 전문적학습공동체와 관련없는 다른 활동을 하게 되는 경우가 많습니다. 또 전문적학습공동체 시간에 연구는 전혀 하지 않고 단순히 친목의 시간으로 활용하는 경우도 있습니다. 수업 공동연구의 형태를 하나의 행사 혹은 통과의례처럼 진행하면서 수업을 공개했다고 자족하는 경우도 더러 있습니다.

이러한 형식적인 운영을 탈피하기 위해서는 구성원들의 자발성을 이끌어내기 위해 구성원이 관심 있어 하는 연구 주제를 선정하는 것이 좋습니다. 동학년 형태의 전문적학습공동체도 좋지만 관심 있는 주제를 몇가지 선정하여 학년에 구분없이 관심 주제별로 전문적학습공동체를 운영할 때 참여도를 좀 더 이끌어 낼 수 있습니다. 또한 전문적학습공동체에 리더교사가 있다면 리더 교사의 전문성 성장에 대한 도전과 가치를 함께 공유함으로써 동료 교사들의 동기를 부여하거나 성장 욕구를 자극할 수도 있습니다. 방법적인 측면에서는 전문적학습공동체 운영시 소그룹별로 참여하고 발표하는 형태로 운영하는 것도 효과적입니다. 전문적학습공동체에 참여하는 인원이 많은 경우 일명 무임승차와 같이 적당히 참여하는 경우가 더러 생기므로 소그룹별로 운영하게 될 경우 이러한 문제점을 사전에 차단할 수 있습니다.

전문적학습공동체 모임을 가진 후에는 다음 모임 때까지 과제를 부여하여 수업 연구를 계속적으로 할 수 있도록 하고 실행연구의 성격으로 전문적학습공동체를 운영하는 것이 좋습니다. 게다가 전문적학습공동체 운영을 시작하기 전에 단기적인 계획, 장기적인 공동연구 계획을 수립하고 그 과정에 맞게 진행하면 전문적학습공동체가 형식적으로 운영되는 것을 최소화 할 수 있습니다.

2. 소수의 교사가 소진하는 전문적학습공동체

두 번째 전문적학습공동체의 문제 상황은 소수의 교사에 의해 전문적학습공동체가 운영되는 경우를 말합니다. 소수 교사에 의한 전문적학습공동체 운영은 과도한 업무와 책임의 집중으로 중심 리더 교사의 소진을 발생시킬 수 밖에 없습니다. 소수 교사를 제외한 나머지 대부분의 교사들은 무임승차를 하게 되는 환경이 만들어지게 되면 열심히 참여만 하는 경우가 발생합니다. 공동연구를 통해 공동실천하기보다는 단지 그 활동에 참여하는 것으로 충분하다고 생각하는 다수의 교사들이 있게 되면 전문적학습공동체는 유지는 될 수 있겠지만 더 성장하거나 학교 문화를 바꾸는 긍정적인 변화를 가질 수 없습니다.

이를 해결하기 위해서는 전문적학습공동체 업무와 책임이 소수의 교사에게 집중되지 않도록 균등한 배분이 선행되어야 하며 고른 역할 배분으로 책무성을 다수 교사에게 부여해야 합니다. 그리고 소수의 교사가 아닌 전문적학습공동체 모두의 성장을 위해서는 먼저 참여하기전 교사들의 자발성과 교육철학과 가치의 공유를 통한 동료성 형성 등과 같이 선행되어야 할 조건들을 우선 갖추는 것이 필요합니다.

3. 뛰어난 리더 중심의 전문적학습공동체

세 번째 전문적학습공동체의 상황은 문제 상황은 아니지만 뛰어난 리더 교사가 분명하게 있는 경우를 말합니다. 뛰어난 리더 교사가 있는 전문적학습공동체는 올바른 전문적학습공동체로 정착될 수 있는 가능성이 매우 높습니다. 뛰어난 리더교사를 따라 많은 다수의 교사들이 열심히 참여할 수 있으며 리더교사가 있는 수업 연구 체계나 다양한 연구의 형태들을 교사들이 동일하게 모델링 할 수 있기 때문입니다.

이러한 경우 우수한 리더 자원이 있기 때문에 구성원들의 열정적인 참여로 큰 성장이 가능한 동력을 가진 것은 분명하지만, 리더교사가 자신의 전문성을 구성원들이 그대로 모방하는 형태는 경계해야 합니다. 뛰어난 리더교사 중심으로만 전문적학습공동체가 성장할 경우 리더교사가 부재하게 되면 전문적학습공동체가 더 이상 운영되지 못하는 경우가 더러 있기 때문입니다. 따라서 뛰어난 리더교사가 있는 경우라면 리더 교사의 전문성을 구성원들이 따라 하는 수준에서 그치지 않고 각자 자신만의 연구로 발전시켜서 개인이 뛰어난 리더교사로 성장할 수 있도록 이끌어 주어야 할 것입니다.

제4장 교사 교육과정과 전문적학습공동체

1.
교사 교육과정과 전문적학습공동체

    최근 학교 현장에서는 전통적인 국가 교육과정의 일괄적 적용에서 탈피하여 학교 단위 자율 교육과정, 나아가 교사 교육과정으로 점점 자율성을 띤 교육과정 형태로 강조되고 있습 니다. 공동연구와 공동실천을 기반으로 하는 전문적학습공동체는 교육과정과 밀접한 관련이 있어 변화되는 교육과정에 따라 그 역할과 중요성도 함께 변화되고 있습니다.

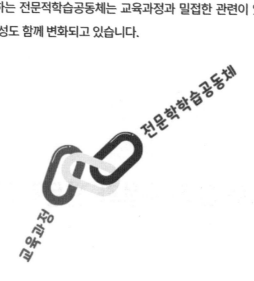

2.
전문적학습공동체와 교육과정 재구성의 이해

1. 전문적학습공동체 공동연구, 공동실천 활동

    기본적으로 전문적학습공동체는 공동연구에 따른 공동실천 활동을 기반으로 하고 있습니다. 수업에 대한 공동연구와 공동실천은 교육과정을 재구성하는 것을 수반합니다.

교육과정을 재구성하는 이유는 교육이라는 의미가 이제 더 이상 교과서를 잘 가르치는데 머물지 않기 때문입니다. 수업은 교과서 내용만이 아니라 학생의 삶과 밀접한 관련이 있게 학생의 상태 등 종합적으로 반영하여 이뤄져야 합니다. 따라서 수업 연구 또한 교과서 내용의 한계를 벗어나는 형태로, 학생의 삶을 고려하고 교사의 철학이 담긴 교육과정 재구성이 필요로 하게 됩니다.

또한 공동연구와 공동실천은 개인이 아닌 공동체 단위로 이뤄지기 때문에 교육과정 재구성 또한 교사 개인이 아니라 공동체 단위로 이뤄지게 됩니다. 교사 각 개인이 교육과정 재구성 또한 중요하지만 이를 바탕으로 공동체 단위로 교육과정을 재구성 할 때 효과 면에서 더 낫다고 볼 수 있습니다. 교사 개인이 교육과정 재구성을 바탕으로 수업을 실천했을 때 반성하거나 보완해야 할 부분이 있을 수 있습니다. 이 때 공동연구의 형태라 한다면 다음 수업에서는 동료 교사가 먼저 수업을 실천했던 교사의 부족한 부분에 대해 충분한 피드백 과정을 거친 후 실천할 수 있으므로 수업의 완성도가 높아질 수 밖에 없기 때문입니다.

게다가 교육과정 재구성이 필요한 가장 큰 이유 중의 하나는 학생들의 다양성 때문입니다. 과거와 달리 요즘 아이들의 특성은 몇 가지 특성이나 유형으로 분류하기가 어렵습니다. 가정환경이 다르며 학생마다 가지고 있는 경험이 다르기 때문에 동일한 교과서 내용이라고 할지라도 학생들의 실태에 맞게 다양하게 적용되어야 하기 때문입니다. 다양한 학생들에게 적용할 수업 방법도 교수학습 과정의 형태나 심지어 발문마저도 재구성이 필요합니다.

마지막으로 교과서 중심의 현장 교육으로 인해 동질한 교육이 이뤄진다는 점에서 교육과정의 재구성이 필요합니다. 한번 만들어진 교과서는 쉽게 내용을 변경하기 어렵습니다. 오늘날 사회의 변화 속도는 이루 말할 수 없어 교과서 내용은 앞으로 다가올 미래 사회를 준비할 학생들에게는 적합하지 않을 수 있습니다. 교과서 내용을 기반으로 하여 동질성을 확보하되 즉각적으로 변화되는 사회의 움직임에 맞추어 교육과정 재구성을 통해 교육과정의 다양성을 추구할 필요가 있습니다.

2. 교사 교육과정의 의미

전문적학습공동체에 있어 교육과정 재구성이 반드시 선행되어야 합니다. 이 때 전문적학습공동체 공동연구, 공동실천에서 이뤄지는 다양한 교사별 교육과정을 교사 교육과정이라고 합니다. 교사 교육과정은 교사별 교육과정, 교사수준 교육과정 등 다양한 명칭으로 불리었는데 이는 특별하게 새롭게 생긴 개념이 아니라 그동안 교사가 스스로 해왔던 교육과정 재구성을 전문적학습공동체 속에서 공동연구와 공동실천이라는 요소를 담아 재정의하는 형태이기 때문입니다. 학생의 수준과 실태를 반영하여 교사가 가르치고자 하는 수업을 위해 교과 교육과정을 재구성 하는 것, 이를 교사 교육과정이라고 할 수 있습니다.

3.
교사 교육과정 필요성

전문적학습공동체에서 새롭게 교사 교육과정을 이야기하는 이유는 무엇일까요? 그것은 앞서 언급했던 내용처럼 오늘날 사회가 기존과는 다르게 빠르게 변화되고 학생들의 환경도 매우 다양해졌기 때문입니다.

1. 초연결 미래사회의 변화

4차산업 미래사회에 진입한 오늘날은 하루가 아니게 급변하고 있습니다. 과학기술의 변화 뿐만 아니라 현재는 코로나19로 인한 팬데믹이 사회 전반을 변화시키고 있습니다. 가장 늦게 변화될 것 같았던 교육 환경도 온라인 수업으로의 수업 방법의 변화, 비대면 학생 다모임으로 전환, 온라인 학교행사 등 가장 빠르게 변화되고 있다고 해도 과언이 아닙니다. 수업 방법의 변화가 아니더라도 학교에 등교하여 대면 수업에서 이뤄지는 수업형태도 짝 활동이나 모둠 활동을 벗어나 개별 활동으로밖에 진행할 수 없게 되었습니다. 더 이상 교과서 중심의 교육으로는 한계에 봉착할 수밖에 없으며 무엇보다 교과서 중심 교육으로는 대응력이 현저히 떨어질 수밖에 없습니다.

2. 동일하지 않은 학생 환경

또한 학생들의 환경도 매우 달라지게 되었습니다. 과학기술의 발달과 코로나19 팬데믹 사태로 인해 학생들은 뜻하지 않게 온라인 환경과 컴퓨터, 태블릿과 같은 주변 기기에 익숙해 질 수밖에 없고 이로 인해 학생들의 가치관과 생활 습관도 크게 변화되었습니다.

게다가 학교를 등교하지 못할 경우 비대면 수업이라고 할 지라도 아직은 어린 학생들의 경우 가정의 돌봄이 필수적으로 필요로 하지만 형편상 가정의 돌봄을 받지 못해 배워야 할 때 제대로 배우지 못하는 경우가 늘어나게 되었습니다. 학생들의 학력 편차 문제가 오늘날 교육 현장의 가장 큰 문제로 대두되고 있는 현실 속에서 교과서 중심으로 교육이 이뤄진다면 누구에게는 너무 어렵고 누구에게는 너무 쉬운 수업으로 전락해 학생 한 명, 한 명에게 의미있는 배움이 되지 못하는 한계를 가지게 됩니다.

이러한 이유로 교사 교육과정은 이제는 선택이 아니라 필수가 되었다고 해도 과언이 아닙니다.

4.
교사 교육과정의 정의

교사 교육과정의 필요성에 대한 충분한 공감을 바탕으로 경기도 교육청에서 정의하는 교사 교육과정을 엄밀하게 살펴보도록 하겠습니다. 경기도교육청에서는 교사 교육과정을 1. 학생의 삶을 중심으로, 2. 국가, 지역, 학교 수준 교육과정을, 3. 공동체성에 기반하여 교사가 적극적으로 해석하고, 4. 학생의 성장 발달을 촉진하도록 편성·운영하는 교육과정이라고 정의 합니다.

1. 학생의 삶을 중심

교사 교육과정을 정의할 때 가장 먼저 언급되고 강조되는 부분은 바로 학생의 삶입니다. 학생의 삶을 첫 번째 핵심 축으로 이야기 하는 이유는 학생마다 각자의 환경이 다르고 이에 따른 실태 분석을 통해 그들의 요구나 필요한 부분에 대한 맥락적인 이해가 요구되기 때문입니다. 교사 교육과정에 필요성에서도 언급한대로 학생에 대한 충분한 이해를 바탕으로 교육과정을 재구성 해야 하며 이 때 학생을 일괄적으로 적용하는 대상으로 보는 시혜적 관점이 아닌 한 명의 인격으로 대하는 것이 중요합니다.

2. 국가, 지역, 학교 수준 교육과정 기반

교사 교육과정이라고 해서 교사가 가르치고 싶은 것을 임의로 가르치는 교육과정이 아닙니다. 국가교육과정, 지역 시도교육과정, 학교교육과정에 기반하여 교육과정을 재구성하는 형태이지 이러한 범위를 벗어나서 마음대로 구성해서는 안 됩니다. 다시 말해, 국가 및 지역, 학교 교육과정에 위배 되지 않은 범위 내에서 교사의 주도적인 교육과정 재구성이라고 할 수 있습니다. 교사가 임의로 교육과정을 구성하게 되면 학생의 수준이나 기본적으로 학생들이 갖춰야 할 학습적인 부분이 일부 누락될 위험이 있습니다. 따라서 교사의 주도적인 교육과정 재구성이라고 할지라도 국가, 지역, 학교 수준 교육과정을 바탕으로 해야 함을 잊어서는 안 됩니다.

3. 공동체성에 기반한 교사의 적극적 해석

교사 교육과정의 두 번째 핵심 축은 바로 교사의 적극적 해석 부분이라고 할 수 있습니다. 이 때 교사 개인의 해석이라기 보다는 전문적학습공동체 속에서 공동체를 기반으로 해석한다는 점이 중요합니다. 교사관이 과거에는 교과 지식을 전달하는 수동적 전달자의 경우라면 지금은 교육철학을 가지고 학생들에게 필요한 교과 내용으로 교육과정을 재구성해 수업하는 능동적 전달자의 형태라고 할 수 있습니다. 따라서 공동체성을 기반으로 하는 교사의 적극적 해석이 교사 교육과정에서 매우 중요하다고 할 수 있습니다.

4. 학생성장 발달 촉진 교육과정

교사 교육과정은 처음과 끝이 획일적으로 정해져 있고, 경직된 교육과정이 아닙니다. 오히려 학생의 상황에 맞게 교과 내용, 수업시기, 수업 방법 등이 변하는 유연한 교육과정이라고 할 수 있습니다. 과거에는 교육과정을 학년 초 시작되기 전에 미리 계획적으로 예측할 수 있었으나, 지금은 코로나19로 인하여 사회의 변화가 매우 가변적이고 학생들의 성장 변화도 일정하지 않고 변동이 클 수밖에 없습니다. 따라서 학년 초에 완성된 교육과정으로 구성하기 보다는 계속해서 만들어가는 교육과정 형태라고 보면 정확합니다.

5.
교사 교육과정과 학급 교육과정과의 비교

그렇다면 교사 교육과정과 학급 교육과정은 어떤 점에서 차이가 있을까요? 일정 부분은 비슷해보이지만 분명한 차이가 존재합니다.

1. 학급 교육과정

먼저, 학급 교육과정의 경우 연간 일정이 결정되어 있고 상세하게 나타나 있습니다. 학기 초에 교사 주도하에 학급운영 일년에 해당되는 교육과정을 미리 재구성하여 정하는 형태라고 할 수 있어 교육과정을 보다 구체적이면서 체계적으로 적용할 수 있습니다. 일반적으로 교과서 순서대로 수업을 진행하는 형태로 교과 내용을 학생들에게 어떻게 하면 잘 전달할 수 있을까? 잘 전달하는 데 초점이 잡혀 있다고 볼 수 있습니다.

2. 교사 교육과정

반면, 교사 교육과정은 교육과정을 결정하기 보다는 열려 있는 형태로 대강화되어 있고 유연하게 운영한다는 점에서 학급 교육과정과는 큰 차이점이 있습니다. 왜냐하면 교사 교육과정은 교사의 철학과 학생의 필요, 학생의 수준을 수시로 반영하면서 변경 운영하는 형태이기 때문입니다. 게다가 교과 내용을 교과서 순서대로 구성하기 보다는 학생 관계성 속에서 전달하는 데 초점이 잡혀있다는 점에서 학급 교육과정과 차이가 있다고 볼 수 있습니다.

6.
전문적학습공동체 교사 교육과정 의의

그렇다면 전문적학습공동체 교사 교육과정 의의는 무엇일까요? 교사 교육과정 정의에 포함된 요소를 이해했다면 전문적학습공동체 교사 교육과정에 대한 의의를 명확히 이해할 수 있습니다.

1. 공동체 속에서 교사의 전문성 인정

전문적학습공동체 교사 교육과정이 가지는 첫 번째 의의는 바로 교사의 교육철학과 가치를 인정받는 점에 있습니다. 교사가 교육과정의 능동적인 운영자로써 학생들의 교육 전반을 책임지고 있는 전문가로서 책무성과 함께 전문성을 인정받을 수 있습니다.

2. 교사가 생각하는 교육을 함께 실천

전문적학습공동체 교사 교육과정이 가지는 두 번째 의의는 교사가 가지고 있는 교육 철학을 담은 교육, 교사로서 꿈꾸고 생각하던 교육을 동료교사와 함께 실천할 수 있다는 점입니다. 이 때에도 국가와 지역, 학교 교육과정 범위 안에서 실천해야 함은 당연합니다. 공동체 속에서 서로가 생각하는 교육을 실현하면서 피드백과 조언을 통해 교육의 질도 함께 제고될 수 있습니다.

3. 학생의 필요를 반영한 교육과정

전문적학습공동체 교사 교육과정이 가지는 세 번째 의의는 학생 개별 역량을 함양하는 교육과정을 실천함으로써 학생들이 필요로 하는 요구와 수준에 맞게 교육과정을 운영할 수 있다는 점입니다. 전문적학습공동체에 속한 교사마다 해당 반 학생들의 상황이나 배경, 환경이 다를 수밖에 없으므로 이에 대한 최선의 교육과정을 구성할 수 있습니다.

4. 급변하는 미래 사회 요구 대응

마지막으로 전문적학습공동체 교사 교육과정이 가지는 의의는 바로 미래 사회 요구에 빠르게 대응할 수 있다는 점입니다. 4차 미래사회의 도래, 코로나19로 인한 교육 환경의 변화로 경직된 교육과정으로는 시대와 사회가 요구하는 교육과정을 운영하기 어렵고, 학교 공동체 단위의 교사 교육과정으로 변화된 교육과정을 운영할 때 비로소 교육의 역할을 제대로 수행할 수 있습니다.

7.
전문적학습공동체
교사 교육과정 운영의 어려움

　전문적학습공동체 교사 교육과정의 필요성에 공감하더라도 실제 운영하는 과정 가운데 교사 교육과정을 적용하기에는 몇 가지 어려움이 따릅니다.

1. 교사의 무관심

　가장 먼저, 기존 교육과정에 대한 인식이 너무 강하여 교사 교육과정의 필요성에 공감하지 못하는 경우입니다. 일종의 무관심의 형태라 볼 수 있는데 교육과정 교과 내용만 학생들에게 잘 전달하면 된다는 인식이 강하여 교사 교육과정이 불필요하다고 보는 형태입니다. 또한 교사 교육과정 필요성에 대해 의문을 가지고 있는 형태가 있습니다. 꼭 그렇게까지 할 필요가 있을까? 라는 의문을 제기하면서 교사 교육과정은 불필요한 것이며 교사를 소진시키는 힘든 교육과정이라고 인식하는 경우입니다.

2. 교사의 교육과정 이해나 재구성 역량 부족

　교사 교육과정을 운영하기 어려운 이유 두 번째는 바로 교사의 교육과정에 대한 역량이 부족할 때입니다. 특히 교육과정을 읽고 이해하는 문해력이 부족하거나 교육과정 전체를 보는 조망능력이 부족할 때 어떻게 교사 교육과정을 재구성해야 할지 어려워하며 엄두를 내지 못합니다. 또한 학생들에게 필요한 내용이 무엇인지 파악하여 교육과정을 재구성하는 경험이 부족한 경우에도 교사 교육과정을 적극적으로 운영하는 데 어려움을 갖게 합니다.

3. 교사 교육철학의 부재

세 번째로 전문적학습공동체 교사 교육과정을 운영하기 힘든 이유는 바로 교사의 교육철학 부재입니다. 교육과정에 대한 교사 철학이 없는 경우에는 그저 교과서 내용이나 잘 전달하면 된다는 생각을 하기 쉽습니다. 또 교육철학을 수업에 담아내는 경험이 부족할 때에도 교과서를 벗어나서 교과 내용 재구성을 하기 두려워하고 낯설어 할 수 있습니다. 교사가 반드시 명심해야 할 부분은 교과서는 절대적인 기준이 아니라 교육과정 운영의 좋은 기준이라는 인식의 전환이 필요합니다.

4. 학생 삶에 대한 맥락적 이해 부족

마지막으로 교사 교육과정의 운영이 어려운 경우는 학생 삶에 대한 맥락적 이해가 부족한 경우입니다. 교과 지식 전달 수업에 익숙해져 있어, 학생의 삶이나 필요상황을 고려하지 않고, 학생에게 지식을 잘 전달하기만 하려고 하는 경우입니다. 교사가 겪었던 학생 시절의 경험을 바탕으로 지금의 학생이 가지고 있는 환경을 전혀 고려하지 않고 일반적인 형태로만 적용하는 경우도 있습니다.

또 교사와 학생간의 인격적인 신뢰 관계를 형성하려고 하지 않고, 관계성 없는 수업만 지향하게 되면 지식 전달만 되고 학생 삶의 의미있는 변화를 가져오기는 어렵습니다. 이런 경우에도 교사 교육과정을 운영하는 데 어려움을 갖게 됩니다.

8.
전문적학습공동체 교사 교육과정의 역할

교사 교육과정을 운영하기 힘든 여러 가지 어려움을 극복하는데 있어 전문적학습공동체는 매우 큰 역할을 담당하고 있습니다.

1. 동료 교사를 통한 교사 스스로에게 주는 질문의 기회

가장 먼저, 바로 동료 교사를 통해 교사 스스로 반성할 수 있는 기회를 얻게 됩니다. '나는 교과서 지식을 잘 전달하는 교사로 만족할 것인가?', 아니면 '나는 나만의 교육철학과 전문성을 가지고 학생들의 삶에 의미 있는 변화를 주는 교육과정을 운영하는 교사가 될 것 인가?'라는 질문을 스스로에게 갖게 할 수 있습니다. 전문적학습공동체가 가지는 동료성이 바로 이런 부분에서 큰 역할을 수행하게 됩니다.

2. 전문적학습공동체 공동연구, 공동실천

교사 교육과정을 운영하기 힘들게 하는 부족한 교육과정 역량에 대한 부분에 대해서도 전문적학습공동체는 긍정적인 역할을 수행합니다. 공동연구와 공동실천이라는 경험을 통해 교사의 부족한 교육과정 문해력을 향상시킬 수 있으며, 특히 교육철학을 수업에 녹여 수업하는 즐거움과 성장하는 기쁨을 공동체 속에서 지켜볼 수 있으며 나중에는 직접 실천함으로써 경험할 수 있게 됩니다.

3. 자신의 교사 교육과정 운영 성찰

전문적학습공동체에서 교사 교육과정을 운영하게 되면 자신의 교사 교육과정에 대한 피드백을 즉각적으로 받을 수 있는 장점이 있습니다. 특히 자신만이 가지고 있는 교육철학이나 교수학습 내용에 대한 부분을 피드백해 객관적으로 성찰할 수 있으며 좋은 점은 서로 나누고, 개선할 점은 보완하면서 더 완성도 있는 교사 교육과정을 운영하는 경험을 하게 됩니다.

4. 교육과정과 수업에 대한 자극, 가치의 변화

또한 전문적학습공동체를 통해 동료교사의 수업연구와 실천에 자극을 받을 수 있고, 이는 교사 교육과정 운영에 대한 필요성과 장점을 깊이 있게 공감할 수 있게 됩니다. 교과서 지식만 잘 전달한다고 생각했던 교육과정에 대한 생각이 전문적학습공동체를 통해 변화되고 교사 교육과정에 능동적으로 다가가게 해줍니다.

5. 교사의 소진을 예방

끝으로 전문적학습공동체를 통해 교사 교육과정을 운영하게 되면 교사 개인적으로 운영할 때에 비해 훨씬 더 부담감을 덜 수 있습니다. 공동연구와 공동실천을 통해 함께 연구하고 실천하므로 교사 교육과정에 대한 불안감을 최소화할 수 있으며 공동연구와 공동실천이 가지는 교육적 효율성도 훨씬 더 크다고 볼 수 있습니다. 무엇보다 전문적학습공동체 속에서 서로에 대한 정의적 신뢰와 지지는 교사로써 교육과정을 운영하는 데 있어 든든한 기반이 될 수 있다는 점에서도 전문적학습공동체가 교사 교육과정에 미치는 역할을 매우 크다고 볼 수 있습니다.

제5장 실행학습과 전문적학습공동체

1.
실행학습과 전문적학습공동체

전문적학습공동체 활동은 실행학습을 통해 이루어집니다. 우리가 전문적학습공동체 활동을 이해하기 위해서는 먼저 실행학습이 무엇인지 이해해야 합니다. 여기서 실행학습이란, 공동체의 실행연구를 바탕으로 하는 활동을 의미합니다.

실행학습?

공동체의 실행연구를 바탕으로 하는 활동

2.
실행연구와 실행학습

Reason과 Bradbury에 의하면, 실행연구란 역사의 현시점에서 발현하고 있다고 믿는 참여적 세계관을 기반으로 하여, 인간에게 가치 있는 목적을 추구하는 데 필요한 실천적 지식을 획득해 가는 참여적이고 민주적인 과정을 의미합니다. 이러한 실행연구는, 실천가가 자신이 처한 현실을 더 잘 이해하고 개선하는 활동을 추구하면서 수행하는 연구입니다. 즉, 현장에서 발생하는 문제와 그 해결을 위해 새로운 기술이나 접근방법을 개발한 뒤 현장에서 직접 적용하여 효과를 알아보는 연구라고 할 수 있습니다. 전문적학습공동체 활동에서 이루어지게 되는 교육 현장에서의 실행연구란 교원들이 교육과정과 수업 개선 및 전문성 신장을 위해 학교와 교실 수업의 상황에서 발생하는 문제점을 파악하고, 이를 해결하기 위한 전략을 연구하며 실행하는 일련의 연구 활동입니다. 그리고 앞서 이야기한 바와 같이 전문적학습공동체는 실행연구의 공동체적 접근과 협력적 학습을 강조한 실행학습을 그 중심활동으로 정하고 있습니다.

Liberman과 Miller의 '교사리더십'에 따르면, '실행학습이란 특정 상황이나 현장의 문제를 파악하여 그 문제를 해결하기 위해서 학습하는 것으로, 실제 문제를 통해 공동으로 협력하고 구성원을 개발하는 방법'이라 말하고 있습니다. 이러한 실행학습에서는 학습이 일어나는 동시에 실제 문제에 대한 가능한 해결책도 함께 찾게 됩니다. 이는 지식이나 기능의 효과적 학습에 유의미한 맥락이 중요하다는 점을 의미합니다. 즉, 실행학습이란 교육과정과 수업 개선을 위한 교원 전문성 신장을 목표로 하여 학교와 교실 수업의 상황에서 발생하는 문제점을 파악하고, 동료와 공동연구하면서 해결 전략을 세우고 실행하며, 이렇게 익힌 실천적 지식을 공동체와 함께 나누는 공동 실행연구 활동이라 할 수 있습니다.

이러한 실행학습의 과정은 문제상황에서 ① 주제 선정 → ② 실행적 문제 탐구 → ③ 문제 해결책 구안 → ④ 협력적 실행 및 공동실천 → ⑤ 환류로 이루어집니다.

먼저, 주제 선정 단계에서는 공동체가 처한 상황 속에서 발생하고 있는 문제 혹은 개선하고자 하는 문제를 함께 고민하면서 주제를 선정합니다.

실행적 문제 탐구 단계에서는 구성원들과 해당 문제들에 대한 관련 경험과 생각을 나눈 후 현재 상황에 맞는 문제들을 정리하고 분석하여 문제를 탐구하게 됩니다.

문제 해결책 구안 단계에서는 문제와 그 해결 방법에 관련된 선행연구물 탐구, 전문가 조언, 집단지성을 통한 경험의 재구성, 사례 공유 등을 통해 문제 상황을 해결 혹은 개선할 수 있는 적합한 해결책을 탐색합니다.

협력적 실행 및 공동 실천 단계에서는 위 과정을 바탕으로 탐색한 해결책을 학교 현장에서 구성원들과 함께 교육 현장의 맥락에 맞도록 고려하여 실행합니다.

마지막 환류 단계에서는 그 과정과 결과를 공동체가 함께 공유 및 성찰하면서 해결 방안이 의미 있는 변화를 가져오는지 검토하고 성찰한 후, 이를 다시 피드백하여 점진적으로 문제를 개선하고 해결해나가는 과정을 거칩니다.

전문적학습공동체 활동은 활동의 전 과정에서 이러한 실행학습이 기반이 되어 이루어집니다.

3.
전문적학습공동체 운영 과정

전문적학습공동체 활동은 교육 기법의 고안, 교육이론의 연구 등 이론적인 연구에만 머무르는 활동이 아닙니다. 구성원의 공동연구를 통해 설계한 교육활동을 학교 현장에서 직접 실행하고 대화와 성찰을 거치며 당면한 교육 현장의 문제점들을 계속해서 개선해나가도록 노력하는 활동이라 할 수 있습니다.

이러한 전문적학습공동체 운영 과정은 크게 ① 주제 탐구, ② 공동 연구 및 공동 실천, ③ 연구 결과 공유로 이루어집니다. 이러한 운영 과정은 그 순서가 고정된 것이 아니라 활동 상황에 맞게 계획할 수 있습니다.

첫째, 주제 탐구는 전문적학습공동체 구성원들이 학교의 현안과 상황을 인식하고 공동의 문제를 해결하기 위한 주제 혹은 학교 발전을 위한 내용의 주제를 탐구하는 과정입니다. 이러한 주제 탐구의 방법으로는 주제와 관련된 문헌 탐구, 연구물 조사, 독서토론 등을 진행하고 자체 토론회로 연구 주제를 탐구하거나, 혹은 외부전문가 연수를 활용할 수 있습니다. 이를 통해 구성원들의 주제 탐구에 도움이 되도록 합니다. 그런데 만약 전문적학습공동체 활동이 정착되지 않은 학교에서는, 주제 탐구 과정에서 전문적학습공동체를 운영하여야 하는 이유와 목적에 대해 충분히 논의하여 구성원들이 그 필요성을 느끼도록 하는 것이 중요합니다.

둘째, 공동 연구는 학습공동체 구성원들의 집단지성을 통해 경험을 재구성하는 것입니다. 교육과정 재구성, 공동수업안 개발, 교재 및 교구 개발, 평가문항 개발 등의 문제 해결을 목적으로 합니다. 이를 위해 선행연구물과 문헌 조사, 선진사례 연구를 위한 강연을 듣거나 세미나, 토론 등의 활동으로 구성할 수 있습니다.

셋째, 공동 실천은 교실수업 개선을 위해 실제 교육과정을 재구성하고 수업을 개발하는 것입니다. 교육과정 재구성 협의, 공동수업 개발, 수업 공개 및 참관, 수업 나눔, 수업 성찰과 대화 등 실제로 교육 현장에서 그동안 함께 탐구해 온 연구 내용을 실천하는 활동으로 이루어집니다. 여기서 중요한 것은, 공동 연구와 공동 실천은 두 영역이 개념상으로는 구분되나 실제로는 분리되어 운영되는 것이 아니라 연속적으로 이루어지는 활동이라는 점입니다. 따라서 공동 연구와 공동 실천은 실천적이고 경험적인 전문성을 바탕으로 하여 공동의 작업과 같이 유기적인 과정 속에서 이루어져야 합니다.

마지막으로 연구 결과 공유는 크게 두 가지 유형의 활동으로 구분할 수 있습니다. 연구 실천사례를 일상적으로 나누는 활동과 학교 단위 컨퍼런스 운영입니다. 일상적인 연구 실천 나눔은 교과, 학년 단위의 학습공동체별로 이루어지는 정기적 또는 비정기적으로 이루어지는 교수학습 활동입니다. 예를 들어 정기 워크숍, 공동연구 발표회, 교육과정 세미나, 교육과정 평가회 등이 있습니다. 학교 단위 컨퍼런스는 학기말 또는 학년말에 학습공동체들이 모두 모여 학교 단위로 교과, 학년 학습공동체의 연구 결과를 함께 공유하는 활동입니다.

전문적학습공동체는 연구 결과를 공유함으로써 함께 성찰하는 경험을 갖게 됩니다. 또한 다른 전문적학습공동체의 발표를 통해 새로운 해결책들을 얻을 수도 있습니다. 연구 결과가 성공적일 수도 있고 실패의 경험이 될 수도 있지만, 연구 결과 공유는 한 학기 혹은 1년간의 짧은 기간 동안 최고의 결과물을 낸 후 이를 공유하는 것을 목적으로 하지 않습니다. 전문적학습공동체의 연구 결과 공유는 전문적학습공동체 활동의 성공 경험 뿐만 아니라 실패 경험도 함께 공유하며 성찰하는 것을 통해 공동체와 구성원이 계속해서 함께 연구의 실패를 두려워하지 않고 안전하게 성장하는 과정에 초점을 맞추고 있습니다.

4.
사례로 살펴보는
전문적학습공동체 운영 과정

1. 주제 탐구 - A초등학교 2학년 교사들의 사례

먼저 A 초등학교 2학년 교사들의 주제 탐구 사례를 살펴보겠습니다. A 초등학교의 2학년 교사들은 독서를 좋아하는 아이들이 예전보다 많지 않다는 것을 교실에서 확인하였습니다. 또한 국민 독서 실태조사에서도 초등학생들이 읽은 책의 권 수가 점차 감소하고 있다는 결과가 나왔습니다. 그 이유는 휴대전화, 인터넷 게임, 유튜브 등 독서보다 더 자극적인 활동에 시간을 사용하기 때문이었습니다. 저학년 시기의 독서의 중요성과 그 필요성에 대해 공감하던 2학년 교사들은 어떤 방법을 활용하면 아이들이 보다 흥미를 느끼고 즐겁게 독서할 수 있는지에 대해 고민하였습니다. 이들은 온 작품 읽기, 하브루타 독서, 독서 비주얼씽킹, 독서연극 등 다양한 주제들을 문헌, 실천사례, 교사 누리집, 다른 학교 선후배 교사들의 관련 정보 등을 통해 계속해서 찾아보았습니다.

그러던 중 독서교육 인식에 대한 학생, 학부모 설문조사 결과, 책 활용 수업에서 가장하고 싶은 활동으로 독서 체험이 꼽혔으며, 독서교육에 대한 학부모 인식에서는 책을 읽는 분위기가 독서교육 활성화를 위한 중요 요소라고 인식하고 있다는 점을 확인하였습니다. 조사 결과를 토대로 통합교과를 주제 중심 체험활동으로 구성하고 독서교육과 연계하여 학생들이 책의 내용을 생생하게 체험하며 생활과 밀접하게 느낄 수 있도록 하는 체험 중심의 독서교육을 계획해보자는 의견에 2학년 담임교사 모두 동의하였습니다. 그리하여 책 읽기를 싫어하고 독서습관이 정착되지 않은 학생들이 재미있고 생활과 밀접하게 책을 접할 수 있는 통합교과 연계 체험 중심 독서교육을 전문적학습공동체 활동의 주제로 결정하였습니다.

이를 통해 우리는 주제 탐구 과정이란 공동체의 교사들이 지금 현장에서 느끼는 공통적인 문제의식에서 시작하여 다양한 자료와 정보를 수집하고 교사들이 의견을 함께 나누는 과정을 거치면서 최선의 문제 해결 방법을 찾아가는 과정이라는 것을 알 수 있습니다.

2. 공동연구 및 공동실천 - B초등학교 5,6학년 교사들의 사례

이번에는 B 초등학교 5, 6학년 교사들의 공동연구 및 공동실천 사례를 살펴보겠습니다. B 초등학교는 매월 2주에 1회씩 전문적학습공동체의 날을 운영하고 있습니다. 당시 5, 6학년 전문적학습공동체는 탐구 주제를 과학, 실과, 미술 교과를 연계한 소프트웨어 교육 기반의 4차 산업 혁명 핵심기술 적용 수업으로 정하였습니다. 이들은 공동연구와 공동실천을 위해 매월 계획된 전문적학습공동체의 날과 방과후 자투리 시간을 활용하였습니다.

공동연구 과정에서는 먼저 절차적 사고력을 수업 과정에 녹이기 위한 보드게임과 언플러그드 활동에 대해 탐구하였습니다. 그리고 4차 산업 혁명의 핵심 기술과 관련된 교구인 3D 프린터와 드론, 햄스터봇, 아두이노 등의 교구들을 체험하였습니다. 그 후 해당 내용들을 어떻게 교육과정 속에 녹여내고 수업에 적용할지에 대한 방안과 기초 ICT 교육 단계별 학습 내용을 함께 연구하였습니다. 또 구글 워크스페이스의 기초 사용법을 함께 익히고 이를 이용하여 학생들이 모둠별 보고서를 작성할 수 있도록 하는 방법에 대해서도 공동연구를 진행하였습니다.

공동연구를 바탕으로 과학, 실과, 미술 등의 교과에서 3D프린터를 이용한 캐릭터 출력하기, 아두이노를 활용한 나만의 신호등 만들기, 3D펜을 활용한 입체 모형물 만들기 등을 주제로 교육과정과 수업을 재구성하여 수업 실천을 진행하였습니다. 그리고 구성원들과 수업 나눔, 수업성찰을 하며 실제로 효과적이었던 점, 아쉬웠던 점과 새로운 아이디어 등을 함께 나누면서 공동실천을 해 나갔습니다.

이러한 사례에서 나타나듯이, 공동연구와 공동실천은 교육과정과 수업을 변화시키기 위해 여러 가지 주제와 이론들을 탐구한 후 이를 직접 실행에 옮기면서 이루어집니다. 공동연구와 공동실천이란 완벽한 결과를 내는 것이 목적이 아닌 수업의 변화를 위한 과정이라는 점을 강조하고 있습니다. 만약 B 초등학교의 교사들이 완벽한 결과를 만드는 데 초점을 두고 함께 연구를 실행했다면, 전문적학습공동체의 연구가 다른 사람들에게 보여주기 위한 공개수업에서 벗어나지 못한 채 형식적인 활동이 될 가능성이 높았을 것입니다.

3. 연구 결과 공유 - C초등학교의 사례

마지막으로, C 초등학교의 연구 결과 공유 사례를 살펴보겠습니다. C 초등학교에서는 전문적학습공동체의 연구 결과 공유를 위해 매월 월례회를 운영하고 있습니다. 월례회란 학년공동체의 교육과정 운영에 대해 함께 성찰 및 공유하는 시간을 뜻합니다. 구성원들은 월례회를 통해 다른 학년의 전문적학습공동체에서 교육과정이 어떻게 운영되고 있는지 공유하며 서로 배움을 주고받고 있습니다.

또한 C 초등학교는 학기별로 전문적학습공동체를 운영하면서 학기의 마지막에 컨퍼런스를 통해 각 공동체에서 운영 결과를 발표하고 공유합니다. 이러한 컨퍼런스를 통해 다른 학년 전문적학습공동체의 성과를 학교 구성원들이 공유하는 기회를 가지는 동시에, 각자 속한 공동체의 활동 내용에 내실을 다지게 하는 동기를 강화시키고 있습니다.

앞서 이야기한 바와 마찬가지로, C 초등학교의 전문적학습공동체들도 연구 내용을 공유하면서 한 학기의 연구가 반드시 성공적일 것이라는 생각은 하지 않습니다. C 초등학교의 구성원들은 잘 만들어진 결과를 발표하는 기회가 아닌 수업의 변화와 교사의 전문성 성장을 위한 기회로써 월례회와 컨퍼런스를 받아들이고 있기 때문입니다.

제6장 전문적학습공동체 종류와 특징

1.
전문적학습공동체의 종류

전문적학습공동체는 공동체의 운영 주체와 참여자에 따라 크게 두 가지 형태로 나뉩니다. 단위 학교 안의 구성원들이 운영하고 참여하는 학교 안 전문적학습공동체와 여러 학교의 구성원들이 운영하고 참여하는 학교 밖 구성원들 전문적학습공동체의 두 가지 형태로 구분할 수 있습니다.

2.
학교 안 전문적학습공동체의 정의

학교 안 전문적학습공동체란 단위 학교를 중심으로 학교 내 교원들로 구성하여 운영하는 학습공동체로써 동료성을 바탕으로 함께 수업을 개발(공동연구)하고, 함께 실천(공동실천)하며, 교육활동에 대하여 대화하고 협의하는 과정 속에서 함께 성장(집단성장)하는 학습공동체를 의미합니다. 간단하게 말하자면 학교 내에서 이루어지는 전문적학습공동체라고 할 수 있습 니다.

3.
학교 안 전문적학습공동체의 특징

학교 안 전문적학습공동체는 학교 안이라는 특성에 의해 공동체 활동에 유리한 특징과 불리한 특징들이 나타납니다.

1. 전문적학습공동체 활동을 하기에 유리한 특징

학교 안 전문적학습공동체가 공동체 활동을 하기에 유리한 특징들은 다음과 같습니다. 첫째, 구성원들이 공통된 환경을 공유하고 있습니다. 학교 안 전문적학습공동체는 단위 학교 내에서 같은 시간과 장소를 공유하고 동시에 그 안에서 공통된 학교문화 및 유사한 교육 환경을 공유합니다. 그래서 학교 상황에 맞는 공동의 문제를 인식하여 공통된 연구목표를 세울 수 있습니다. 다만 학교의 분위기나 상황 등에 의해 참여가 강제되는 환경 속에서는 반의무적인 공동체가 형성될 수 있으니 전문적학습공동체에 대한 학교의 분위기가 어떤지에 대해 주의할 필요가 있습니다.

둘째, 전문적학습공동체 활동의 높은 접근성과 융통성을 들 수 있습니다. 학교 안에서 이루어지는 전문적학습공동체 활동은 협업과 작업의 조율이 편리합니다. 또한 교내의 공간을 활용할 수 있어 시간과 장소의 제약에서 상대적으로 자유롭습니다. 그리고 구성원들의 요구에 따른 활동을 선택하여 즉각 활동을 수정하고 피드백할 수 있어 전문적학습공동체 활동을 함에 있어 큰 융통성을 발휘할 수 있습니다.

셋째, 깊은 동료성을 기반으로 한 공동 성장이 가능합니다. 학교 안 전문적학습공동체는 학교 내에서 동일한 비전과 가치를 공유하고, 그 활동 과정과 결과를 학교 내 다른 구성원들과 함께 나누고 성찰하면서 다른 구성원들도 함께 성장할 수 있는 기회를 마련하게 됩니다. 또한, 구성원들이 공동체 활동 외에도 매일 학교라는 같은 장소에서 함께 근무하기에 매사에 일상의 경험을 같이 나누고 서로를 격려하면서 깊은 동료성을 형성할 수 있습니다. 학교 안 전문적학습공동체는 이러한 동료성을 바탕으로 구성원 개개인과 공동체가 함께 성장할 수 있는 특징을 가지고 있습니다.

2. 전문적학습공동체 활동을 어렵게 만드는 특징

학교 안 전문적학습공동체가 공동체 활동을 하기에 불리한 특징들은 다음과 같습니다.

첫째, 구성원들의 개인주의와 교실주의 성향이 강하게 나타납니다. 학교 조직 문화는 협동성보다 교실 간 폐쇄성과 단절성이 짙습니다. 교실에서 일어나는 교육활동과 관련된 문제들을 학교 내의 다른 구성원에게 개방하는 것은 어려운 일입니다. 많은 교사들이 교실을 개방하고 수업을 공개하였을 때 다른 동료 교사들로부터 평가와 비난, 공격을 받을 것이라는 생각에 두려움을 느끼기 쉽습니다. 이러한 현상에서 오는 폐쇄성과 단절성은 전문적학습공동체 조직과 활동을 저해하는 가장 큰 요소 중 하나입니다.

둘째, 수직적인 학교문화를 들 수 있습니다. 학교문화는 계속해서 발전해왔으나 여전히 학교장 중심에서 부장교사, 평교사로 이어지는 업무 하달 구조의 수직적인 문화를 띄는 경우가 많습니다. 이는 학교 안 전문적학습공동체 활동에서도 교사들이 자발성을 발휘하지 못하게 되는 이유 중 하나가 됩니다. 학교 안 전문적학습공동체 활성화를 위해서는 수평적이고 민주적인 학교문화를 형성하고 리더십을 공유하는 등 학교 내 문화의 변화가 필요합니다.

셋째, 업무 중심의 조직 구조로 인한 어려움이 존재합니다. 학교 내의 조직 구조는 여전히 업무 중심적으로 이루어져 있어서 교사들이 수업보다 업무에 몰두하게 됩니다. 이로 인해 수업과 교육의 변화를 위한 활동에 자발성을 가지기 어려운 경우가 많습니다. 교육과정의 충실한 계획 및 실행보다 예산의 집행, 각종 법 개정 등에 의한 불필요한 행정업무 증가

등 교사들의 노력이 교육이 아닌 행정업무에 다수 소비되도록 하는 환경이 학교에 계속 남아 있습니다. 이 또한 학교 안 전문적학습공동체 활동에 구성원들이 에너지를 쏟지 못하게 만드는 이유입니다.

넷째, 인사이동으로 인해 공동체의 연속성이 단절될 수 있습니다. 현재 학교 구성원들과 전문적학습공동체 활동이 잘 이루어진다고 해도 아직 문제가 남아있습니다. 일반적으로 교사는 한 학교에 근무할 수 있는 기간이 제한되어 있습니다. 이로 인해 인사이동이 있을 때마다 전문적학습공동체의 연속성이 끊어질 가능성이 높습니다. 또한, 매년 학년 혹은 교과가 정해지면 그에 따라 새로운 구성원들과 전문적학습공동체를 구성하게 되는 경우가 많은데, 이로 인해 공동체 활동이 1년이 넘는 장기간으로 이어지기 어렵습니다.

4.
학교 안 전문적학습공동체 구성 형태

학교 안 전문적학습공동체의 구성 형태에는 학년 단위 공동체, 교과 단위 공동체, 학년군 단위 공동체, 주제 중심 단위 공동체, 학교 단위 공동체가 있습니다.

학년 단위 공동체는 학년을 중심으로 구성원이 참여하는 형태로, 학년 내에서 공유할 수 있는 주제를 가장 밀접하게 느끼고 있는 동학년 구성원들과 함께 학년 교육과정을 재구성, 교재 교구 개발 등의 공동연구를 실천하며 성장하는 형태의 학습공동체입니다.

교과 단위 공동체는 각 전문교과를 중심으로 구성원이 참여하는 형태로, 교과 단위 연구회 조직, 수업 성찰 및 개방 등을 통하여 함께 협력하며 성장하는 형태의 학습공동체입니다.

학년군 단위 공동체는 인접 학년을 중심으로 구성원이 참여하는 형태로, 학년 내에서만 공유하였던 문제의식과 목표, 공동연구의 실천을 다른 학년 구성원들과 함께 협력하여 실천하는 형태의 학습공동체입니다.

주제 중심 단위 공동체는 주제를 중심으로 학교 구성원이 흩어져서 참여하는 형태입니다. 학년, 교과, 학년군 단위를 벗어나 학교 내의 구성원 각자가 보다 더 공감하는 주제를 중심으로 공동체를 형성하여 해당 주제에 대한 공동의 가치와 목표를 가지고 전문성을 신장시켜 나가는 학습공동체입니다.

마지막으로 학교 단위 공동체는 학교 전체 구성원이 참여하는 형태로, 학교 단위에서 구성원들이 강하게 공감하는 교육주제에 대해 교과나 학년 등을 구분하지 않고 하나의 공동체로 참여하여 집단 성장하는 학습공동체를 말합니다.

5.
학교 밖 전문적학습공동체의 정의

학교 밖 전문적학습공동체란 여러 학교 교원들이 관심 분야 연구와 교육의 공공성을 나누기 위해 학교 밖에서 운영하는 학습공동체로 교원의 전문성 신장 및 학교 간 공동 문제해결과 공동 성장을 위한 학습 네트워크를 의미합니다.

2020년부터 경기도교육청에서는 전문적학습공동체에 대한 이해와 참여도를 높이기 위해 전문적학습공동체의 구분을 운영 주체와 참여자 중심으로 종류를 간소화하였습니다. 이에 따라 학교 간 전문적학습공동체를 학교 밖 전문적학습공동체로 통합하여 구분하게 되었습니다. 이로 인해 학교 밖 전문적학습공동체는 기존의 교육연구회, 자율 동아리, 교원 연구 모임 등 외에 학교장·교감 지구 장학협의회, 교사 장학 네트워크 등을 모두 포괄하는 용어가 되었습니다.

6.
학교 밖 전문적학습공동체의 특징

학교 밖에서 행해지는 학교 밖 전문적학습공동체는 학교가 아닌 외부에서 교사들이 자발적으로 만든 모임입니다. 이러한 점에 의해 공동체 활동에 유리한 특징과 불리한 특징들이 나타납니다.

1. 전문적학습공동체 활동을 하기에 유리한 특징

학교 밖 전문적학습공동체가 공동체 활동을 하기에 유리한 특징들은 다음과 같습니다.

첫째, 구성원들이 높은 자발성을 가지고 있습니다. 학교 밖 전문적학습공동체는 교사가 관심 분야에 대한 높은 연구 동기를 가지고 유사한 공감대를 형성하고 있는 공동체를 찾거나 직접 공동체를 구성하면서 시작됩니다. 따라서 학교 안 전문적학습공동체에 비해 공동체 형성 초기의 자발성이 높게 나타나는 경우가 많은 것이 특징입니다.

둘째, 다양한 학교의 구성원들이 모인다는 점입니다. 이렇게 여러 학교의 교원들로 구성된 학교 밖 전문적학습공동체는 구성원들이 서로 다른 학교 및 학급의 교육 환경 속에 있습니다. 이렇게 서로 다른 교육 환경에서 교육에 대한 공통된 주제 의식을 가지고 있기 때문에, 공동연구과 공동실천이 서로 다른 교육 환경에 적용되며 폭넓은 교육 성찰의 기회를 가질 수 있습니다.

셋째, 온전히 전문적학습공동체를 위한 동료성의 형성이 가능합니다. 학교 밖 전문적학습공동체는 학교 바깥에서 구성되기 때문에 학교 안에서 일어나는 권력관계나 조직 구조 등에 영향을 받지 않게 됩니다. 승진점수, 업무분장 등 학교 안에서 일어나는 다양한 이해관계에서 벗어난 구성원들은 학생 성장과 교사의 전문성 성장이라는 가치 아래에서 동료성이 더욱 잘 형성될 수 있습니다.

넷째, 학교문화로부터 자유롭습니다. 학교 밖 전문적학습공동체는 구성원들이 하나의 학교 안에서 만나는 것이 아니기 때문에 학교문화로부터 자유롭습니다. 따라서 학교 내 개인주의 등의 문제를 고민할 필요가 없습니다. 또한, 학교 밖 전문적학습공동체는 학교 안에서 고려해야 하는 교사 조직의 학습조직화, 학교문화 개선과 같은 문제에서도 자유로울 수 있습니다. 이로 인해 구성원들이 연구 주제에 대한 교육 가치 공유 및 성찰과 나눔에 에너지를 쏟으면서 전문적학습공동체 연구 활동에 보다 더 집중할 수 있습니다.

마지막으로 인사이동과 관련하여 상대적으로 자유롭습니다. 학교 밖 전문적학습공동체는 구성원들의 소속 학교와 관련 없는 연구모임입니다. 그래서 인사이동이 있어도 구성원이 쉽게 변하지 않습니다. 이로 인해 공동체 연구 활동의 연속성이 유지될 수 있으며, 장기간에 걸친 공동체 활동도 가능합니다. 다만 구성원이 관외 이동 등 보다 멀리 근무 지역을 옮기게 되는 경우에는 해당 구성원이 모임에 참여하기 어려워져 영향을 받을 수도 있습니다.

2. 전문적학습공동체 활동을 어렵게 만드는 특징

학교 밖 전문적학습공동체가 공동체 활동을 하기에 불리한 특징들은 다음과 같습니다. 첫째, 전문적학습공동체 참여에 대한 낮은 접근성을 들 수 있습니다. 학교 밖 전문적학습공동체에 참여하기 위해서는 기존에 구성된 학교 밖 전문적학습공동체에 참여하거나, 새로운 학교 밖 전문적학습공동체를 직접 만들어서 활동해야 합니다. 그런데 기존에 구성된 전문적 학습공동체에 참여하기 위한 정보를 얻는 방법은 매우 적습니다. 선·후배 교원들을 통한 가입 방법과 연구회 모집 공문 확인 외에 다른 방법은 찾기 어려우며, 이런 방법들로 내가 원하는 전문적학습공동체를 찾는 것은 매우 어렵습니다. 그렇다고 새로운 학교 밖 전문적학습공동체를 만드는 것은 연구 동기가 높아도 현실적으로 어렵고 많은 부담을 느끼게 됩니다. 이로 인해 학교 밖 전문적학습공동체 활동을 원하는 교사들의 높은 자발성에도 불구하고, 학교 밖 전문적학습공동체를 구성하는 일은 쉽지 않습니다.

둘째, 운영의 융통성이 낮습니다. 학교 밖 전문적학습공동체 활동은 각각 다른 학교에 속한 구성원들이 함께 모일 수 있어 스케줄 조율이 어렵기 때문에, 시기를 결정하는 일이 학교 안 전문적학습공동체와 비교하여 상대적으로 쉽지 않습니다. 또한, 학교 안 전문적학습공동체는 그 모임 장소를 해당 학교로 쉽게 결정할 수 있지만, 학교 밖 전문적학습공동체는 학교 밖에서 이루어지므로 구성원들이 모일 수 있는 적당한 장소를 확보하는 것부터 어려움을 겪게 됩니다. 이러한 이유로 공동체 활동에 융통성을 발휘하지 못하는 경우가 생기기 쉬워 공동 연구 진행에 어려움을 겪을 수 있습니다. 다행히 최근에는 원격 수업과 화상 회의의 발달로 위와 같은 문제를 해소하는 데 도움이 되고 있습니다.

7.
학교 밖 전문적학습공동체 구성 형태

학교 밖 전문적학습공동체로에 먼저 자율 동아리, 교육연구회와 교원 연구모임을 들 수 있습니다.

자율 동아리는 특정 분야에 관심을 가진 교사들이 자발적으로 모여 함께 해당 분야를 자율적으로 연구하고 학습하는 형태의 모임입니다. 학생 성장 및 교사의 전문성 성장과 관련이 있는 교육 분야라는 점에서 다른 일반 동아리와 구분되며, 교육 연구회와 유사하나 모임의 규모가 크지 않습니다.

교육연구회, 교원 연구모임은 특정 교육주제에 관심을 가지며 공동의 교육 가치를 공유하는 교사들이 자발적으로 모여 함께 공동연구와 공동실천하며 함께 성장하는 형태의 공동체를 말합니다. 교육청 등 외부의 지원 없이 독립적으로 운영되거나, 교육청이나 학교 등에서 예산을 지원받아 교육 사업에 함께 참여하여 성장하는 형태로 운영되며 대부분의 교육연구회는 이 두 형태가 혼용되어 운영되고 있습니다.

또한 앞서 이야기한 것처럼 학교 간 전문적학습공동체가 학교 밖 전문적학습공동체로 통합되었는데, 학교 밖 전문적학습공동체에 통합된 기존의 학교 간 전문적학습공동체에는 학교 장·교감 지구 장학 협의회, 교사 장학 네트워크 등이 있습니다.

학교장·교감 지구 장학 협의회는 단위 학교를 넘어서 단위 지구의 집단 성장을 위해 지역 학교 간 교육연구 발전 사례를 나누고 학교 발전에 필요한 정보를 공유하는 학교장·교감으로 이루어진 협의 공동체를 말합니다.

교사 장학 네트워크는 동일 지구의 유·초·중·고의 각급학교 교원들로 이루어진 교육 공동체입니다. 교육 지구별 교육활동 계획과 결과를 공유하고 학교 간 각 분야에 대한 공동의 문제를 해결하는 등의 교육 성과 공유를 통한 교사 공동체의 역량 강화를 위한 네트워크입니다.

8.
학교 안과 학교 밖 전문적학습공동체의 공통점

학교 안 전문적학습공동체와 학교 밖 전문적학습공동체는 이처럼 그 특징과 형태가 각기 다르지만, 전문적학습공동체로서 추구하는 목적과 연구 활동의 형태는 동일합니다. 이러한 공통점을 구체적으로 살펴보면 크게 비전과 가치의 공유, 협력적 학습과 적용, 반성 및 결과의 공유 3가지를 들 수 있습니다.

모든 전문적학습공동체는 그 형태가 달라도 공동체가 지속되기 위해 구성원들과 함께 비전과 가치를 공유하며 교육적 가치에 대한 서로의 생각을 나누고 앞으로 나아갈 방향을 함께 정하면서 공동체 활동이 이루어지게 됩니다. 또한 교사의 전문성 신장과 학생들의 성장을 위해 협력적 학습을 통한 공동연구와 연구 내용을 교육 환경 속에서 공동실천하면서 적용하는 활동을 합니다. 그 후 함께 연구하고 실천하면서 겪게 되는 과정과 결과를 함께 공유하고 되돌아보며 새로운 지식을 쌓고 전문성을 신장시켜 나가게 됩니다.

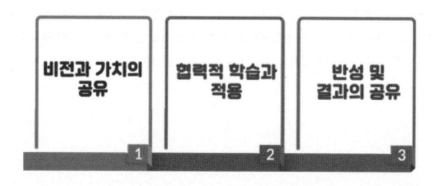

9.
학교 안 전문적학습공동체와의 연계

　학교 밖 전문적학습공동체는 학교 바깥에서 활동이 이루어지지만 그 구성원들이 다시 학교에서 학교 안 전문적학습공동체로 활동하므로 이로 인한 시너지 효과를 발휘하는 경우도 많습니다. 또한, 여러가지 방법으로 학교 밖 전문적학습공동체가 학교 안 전문적학습공동체와 연계되고 있습니다. 학교 밖 전문적학습공동체의 성장은 해당 공동체 뿐만 아니라 구성원들이 속한 학교의 다른 교사들에게 긍정적인 변화와 자극을 주게 됩니다. 수업의 변화와 전문성 성장에 큰 관심이 없었던 교사들도 가까이에 있는 동료 교사들의 성장을 지켜보면서 수업을 변화시키고 전문성을 키우고 싶다는 자극과 동기부여를 받을 수 있습니다. 이를 위해 학교 밖 전문적학습공동체가 학교 안 전문적학습공동체의 활동 초기에 교육 주제 연수, 전문적학습공동체 컨설팅 등의 도움을 주며 함께 활동을 하면 좋습니다.

　또한, 학교 간 공동 문제해결을 통한 전문적학습공동체의 연계활동도 계속되고 있습니다. 지구 장학 협의회에서는 학교 안의 성과를 학교 밖에서 연대와 공유를 통해 문제를 해결하고 성과를 나누고 있습니다. 그리고 교과교육 연구 등 전문성을 기르기 위한 교육 연구회의 참여 등을 통해 학교 밖과 학교 안을 연계하는 네트워크가 강조되고 있습니다. 이처럼 학교 안과 밖을 넘나드는 연대와 공유의 활동은 교사와 학교의 동반 성장에 기여하고 있습니다.

제7장 전문적학습공동체 운영 과정과 유형

1.
학교 안 전문적학습공동체와의 연계

전문적학습공동체를 운영하는 데 있어 그 과정과 유형은 학교 단위 특성상 달라질 수밖에 없습니다. 그러나 전문적학습공동체가 공동연구와 공동실천을 기반으로 한다는 점에서 공통적인 핵심 단계를 지니고 있습니다.

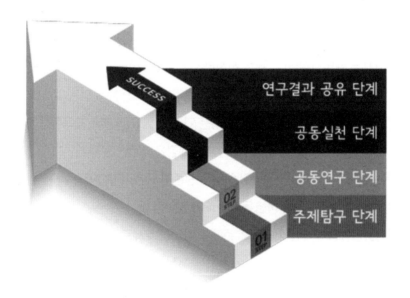

2.
전문적학습공동체 운영 4단계

전문적학습공동체를 운영하는 데 핵심 단계는 크게 4단계로 주제 탐구 단계, 공동연구 단계, 공동 실천 단계, 연구 결과 공유 단계로 구분할 수 있습니다.

1. 주제탐구 단계

전문적학습공동체 운영에 있어 첫 번째 단계는 주제탐구입니다. 전문적학습공동체를 운영하기 위해서는 공통의 관심 주제를 선정하는 것이 중요합니다. 전문적학습공동체의 주제를 선정할 때는 구성원 전체의 협의를 통해 연구주제를 도출하게 되는데, 이 때에는 반드시 주제 선정의 이유를 충분히 고찰하고 나누는 과정이 필요합니다. 교육현장에 필요로 하는 주제인지, 교육현장에서 일어나는 여러 가지 문제점을 해결하는 주제인지 등 교육과 밀접한 연관이 있는 주제로 선정할 필요가 있습니다. 단순히 전문적학습공동체 구성원들의 개인적인 관심 주제로 선정하는 것이 아님을 이해해야 합니다.

전문적학습공동체 주제는 거시적인 주제와 미시적 주제로 나누어 정할 수 있습니다. 먼저 거시적인 주제 탐구로 구성원이 제시한 주제에 대해 전반적으로 내용을 다루는 것을 의미합니다. 어떤 특정한 주제에 대해 도입 배경과 현재 교육 현장에 적용되는 현황, 주제의 필요성, 사회 전반에 걸친 주제에 대한 인식 등 포괄적으로 주제를 다루게 됩니다.

미시적인 주제탐구는 거시적 주제탐구에 비해 보다 구체적이라 할 수 있습니다. 큰 주제를 구성하는 하위 범주 속에 특정 소주제를 탐구하는 형태를 의미합니다. 예를 들어, 생활교육이라는 큰 주제 하위 영역으로 여러 가지 생활교육과 관련된 주제가 있을 수 있는데 그중 회복적 생활교육이라는 특정한 주제를 탐구하게 되는 것을 의미합니다. 독서교육이라고 한다면 독서교육 중 하나인 인문학 교육, 온책 읽기 교육 등이 있을 수 있습니다.

이렇게 탐구주제를 어떤 내용으로 정하는 지에 따라 전문적학습공동체 연구주제가 확정된다고 볼 수 있습니다.

2. 공동연구 단계

어떤 주제로 전문적학습공동체를 운영할지 정했다면 공동연구 단계로서 선택한 주제에 대해 먼저 교육 현장에서의 문제점을 분석하는 것으로부터 출발합니다. 예를 들어 '온책 읽기' 독서라는 미시적 탐구 주제를 정한 전문적학습공동체가 있다고 가정할 수 있습니다. 이 때 전문적학습공동체에서는 '온책 읽기' 독서를 교육 현장에서 왜 필요로 하는지 교육 현장의 문제점을 분석하게 됩니다. '학생들의 독서가 부족하다'던가, '다독중심으로 깊이 있는 독서가 부족하다'던가, '온책 읽기가 교육과정에 도입되었는데 교사들도 적용에 어려움을 보이기 한다' 등과 같은 문제점을 분석함으로써 전문적학습공동체에서 공동으로 연구할 사안들을 파악하게 됩니다.

선택 주제에 대한 문제점을 파악했다면 그에 따른 문제 해결 방안을 탐구하는 것이 전문적학습공동체 공동연구의 핵심적인 부분이라고 할 수 있습니다. 전문적학습공동체에서는 주제를 통한 문제 해결 가능성을 고찰해본다거나, 주제를 수업영역이나 생활교육 영역 등 어떤 영역에 적용할지 고민한다거나, 주제에 어떻게 적용할 것인가에 대한 생각, 공동연구의 연간일정, 주제 적용 방법 등 주제에 대한 문제 해결 방안과 관련지어 공동연구를 진행하게 됩니다.

3. 공동실천 단계

전문적학습공동체 운영 세 번째 단계는 공동실천입니다. 공동실천은 공동연구를 통해서 충분히 연구된 내용을 바탕으로 교육현장에 실천하는 것을 의미합니다. 연구 수업 형태로 진행할 수 있고 교육현장에 연구주제를 그대로 적용할 수도 있습니다. 이 때 상담을 통한다거나 행사로써 진행하다거나 프로그램이나 프로젝트 형태 등 다양한 방법으로 적용할 수 있습니다. 공동실천이 이뤄지고 나면 반드시 결과 분석을 통해서 피드백을 서로 주고 받아야 합니다.

4. 연구결과 공유 단계

공동실천 이후 피드백을 주고 받는 단계, 연구의 성과와 문제점을 공유함으로써 전문적학습공동체에서 다루고 있는 주제에 대한 전문성을 높이는 단계가 바로 전문적학습공동체 운영 네 번째 단계인 연구결과 공유 단계입니다. 연구결과 공유 단계에서 중요한 부분은 동료교사를 통한 연구 성찰과 피드백입니다. 피드백 내용을 이전 단계로 환류할 때는 3가지 형태로 환류할 수 있습니다.

첫 번째는 주제탐구 환류 형태로 주제 탐구를 더 필요로 할 때 이뤄지게 됩니다. 예를 들어 충분한 주제 탐구가 이뤄지지 않고 연구 실천이 되었을 경우에는 주제 탐구에 더 집중하는 형태로 전문적학습공동체를 운영하게 됩니다. 두 번째는 공동연구 단계로 환류하는 것입니다. 주제에 대한 이해는 충분하나 연구과정이 짧아 부족할 때에 이뤄지는 형태로 이 때에는 연구과정에 더 환류하여 전문적학습공동체를 운영하게 됩니다. 마지막 세 번째는 공동실천 환류 형태로 실천과정이 미숙했다거나 진행에 어려움이 있었을 경우에는 실천과정에 대해 전문적학습공동체를 보다 중점적으로 다루게 됩니다.

연구결과 공유 단계를 거쳐 다시 주제탐구와 공동연구, 공동실천 단계로 환류해서 전문적학습공동체는 선택 주제에 대해서 깊이 있는 탐구를 진행하게 되며 해당 주제에 대한 역량을 기를 수 있게 됩니다.

3.
전문적학습공동체 운영의
몇 가지 아쉬운 오류

전문적학습공동체의 기본 운영 4단계에 대해 살펴보았습니다. 전문적학습공동체의 운영 단계가 복잡하거나 어렵지는 않으나 실제 전문적학습공동체 운영이 원활히 이뤄지지 않는 경우가 있습니다. 전문적학습공동체가 이뤄지기는 하나 제대로 된 성과를 얻지 못하는 경우도 있습니다. 이런 경우 보통 전문적학습공동체는 운영에 있어 몇 가지 오류를 가지고 있기 때 문입니다.

1. 주제 운영 부분 : 단계별 전문적학습공동체의 일관성 부족

전문적학습공동체 운영이 원활히 이뤄지지 않는 경우 대부분의 오류는 단계별로 이뤄지는 전문적학습공동체의 일관성이 부족하기 때문입니다. 전문적학습공동체에서 첫 번째 출발점인 주제 선택에 있어 충분한 심의와 고찰을 하지 않게 되면 오류를 범할 수 있습니다. 전문적학습공동체 주제를 정할 때 구성원들은 깊이 있는 주제 탐구보다는 다양한 주제 탐구를 선택하려는 경향이 있습니다. 구성원들의 관심과 경험이 다르기에 각자의 관심있는 교육 주제를 골고루 선정해서 부분적으로 운영하고자 하는 경우가 많습니다. 백화점식 형태로 여러 주제를 선정해서 운영하는 전문적학습공동체의 경우 공동연구와 공동실천을 통해 피드백한 성과를 다시 공동연구와 공동실천을 환류하기에는 시간이 충분치 않습니다. 곧바로 새로운 주제에 대한 공동연구와 공동실천으로 넘어가게 됨으로써 전문적학습공동체는 일회성 교육을 양산하는 형태로 변질될 수밖에 없습니다. 따라서 백화점식 여러 주제를 선정해서 운영하는 것은 바람직하지 않습니다.

두 번째로 운영단계별 활동을 제대로 지키지 않는 경우가 있습니다. 예를 들어 주제탐구 단계에서 주제에 대한 충분한 고찰없이 수업실천 활동 형태로 운영함으로써 주제에 대한 연구가 제대로 이뤄지지 않은 채 바로 실천함으로써 아무런 성과를 얻지 못하는 경우가 발생할 수도 있습니다. 이런 경우 수업 실천에 대한 피드백을 명확하게 진행하기 어려워 결국 전문적학습공동체가 선택한 주제 자체에 대해서도 깊이 있는 연구가 이뤄질 수가 없습니다.

세 번째로는 주제와 상관없는 활동을 추가하는 경우에 전문적학습공동체의 일관성이 부족하게 됩니다. 예를 들어 전문적학습공동체 주제는 문화예술교육이라고 정했는데 공동연구 단계에서는 청렴 연수를 진행하는 경우를 말합니다. 형식적으로 전문적학습공동체를 운영하는 형태에서는 주제와 상관없는 활동을 추가해서 진행하는 경우가 많고 주제와 관련없는 활동이 추가되는 것에 대한 문제의식 자체가 없는 경우도 많습니다.

전문적학습공동체는 심도있는 고찰에 따라 주제를 선정하고 주제에 따른 공동연구와 공동실천, 연구 나눔의 단계가 일관되게 진행될 때 효과적인 전문적학습공동체 운영이 될 수 있습니다.

2. 운영 단계 부분 : 단계가 누락된 전문적학습공동체 진행

전문적학습공동체 운영에 있어 오류를 범하는 두 번째는 전문적학습공동체 단계를 누락하여 진행하는 경우입니다. 주제 탐구가 없이 공동연구를 실천하는 경우가 있습니다. 전문적학습공동체로 모여서 수업을 연구하지만 주제가 없이 교과서 중심 내용에 맞게 연구를 진행하는 경우가 있습니다. 주제 탐구가 없는 전문적학습공동체는 전문성 있는 연구가 이뤄질 수 없으며 전문적학습공동체로 성장하는 기쁨도 느끼지 못하게 됩니다.

주제 탐구 단계를 거쳐 주제를 선정했는데 공동연구가 없이 공동실천을 하는 경우도 문제가 있습니다. 공동연구가 없이 공동실천을 운영하게 되는 경우 많은 시행착오를 발생시킬 수밖에 없습니다. 이런 경우 깊이 있는 연구가 어렵게 됩니다. 공동실천을 통해 수업을 진행하지만 피드백할 내용이 너무 많아 주어진 전문적학습공동체 시간을 활용하기가 불충분 할 수 있습니다. 따라서 공동연구 단계 또한 공동실천을 위해 반드시 선행되어야 합니다.

공동연구 후에 공동실천 없이 연구결과를 나누는 경우도 더러 있습니다. 주제선정에 따라 공동연구를 진행했지만 공동실천으로 이어지지 못하게 되면 연구결과 단계에서 계속적으로 공동연구한 내용만 되풀이하면서 나누게 됩니다. 실천으로 이어지지 못한 연구내용은 초반에는 나눔이 가능할지 모르나 갈수록 나눌 내용이 부족해지는 사태도 벌어지게 됩니다. 따라서 공동연구 이후 반드시 교실 현장에 적용하는 공동실천 단계가 필요로 합니다.

마지막으로 나눔이 없는 공동연구, 공동실천 단계가 있을 수 있습니다. 전문적학습공동체 속 교사의 성장은 공동연구와 공동실천에 따른 나눔을 통해서 이뤄지게 됩니다. 나눔의 단계가 누락되게 되면 교사 개인이 연구하는 것으로 국한되어 연구 효과는 저하될 수밖에 없으며 전문적학습공동체가 가지는 동반 성장의 의미를 제대로 살릴 수 없게 됩니다. 따라서 주제 탐구, 공동연구와 공동실천, 연구 나눔의 기본적인 4단계는 전문적학습공동체를 운영하 는 데 있어 누락되어서는 안된다고 볼 수 있습니다.

4.
전문적학습공동체 구성 유형

전문적학습공동체를 구성하는 형태는 일반적으로 크게 4가지로 구분지을 수 있습니다. 동학년 교사들로 구성되는 학년 기반 전문적학습공동체, 학교 전체 교사가 참여하는 학교 기반 전문적학습공동체, 교육주제를 중심으로 한 주제 기반 전문적학습공동체, 교과를 기반으로 하는 교과 기반 전문적학습공동체 유형이 있습니다.

1. 학년 기반 전문적학습공동체

먼저 학년 기반 전문적학습공동체의 경우에는 의미 그대로 동학년 교사로 구성된 전문적학습공동체를 의미합니다. 학년 중심으로 운영되는 학교에 장점을 가지며 소수의 교사가 참여하는 형태이기에 주제를 탐구하여 선정하거나 연구 내용을 실천해서 나눔을 하는 데 효과적이라 할 수 있습니다.

2. 학교 기반 전문적학습공동체

학교 기반 전문적학습공동체는 학교의 전체 교사가 참여하는 전문적학습공동체입니다. 큰 학교의 경우에는 모두가 모이기가 힘들어 학교 교원이 많지 않은 소규모 학교에 적합합니다. 학교 전체가 전문적학습공동체를 구성하고 있어 전문적학습공동체가 원활하게 운영될 경우 학교 문화가 빠르게 변화될 수 있다는 장점이 있습니다.

3. 주제 기반 전문적학습공동체

교육 주제를 중심으로 운영되는 전문적학습공동체도 있습니다. 전문적학습공동체 구성원인 교사가 연구하고 싶은 주제를 중심으로 운영하는 형태인데, 진로 전문적학습공동체, 인성 전문적학습공동체 등이 있을 수 있습니다. 주제 기반 전문적학습공동체의 경우 관심 있는 교사가 해당 전문적학습공동체에 참여하기에 전문적학습공동체의 중요한 출발점인 자발성을 쉽게 확보할 수 있다는 장점이 있습니다.

4. 교과 기반 전문적학습공동체

교과 기반 전문적학습공동체의 경우는 교과별로 전문적학습공동체를 운영하는 형태입니다. 국어과 전문적학습공동체, 수학과 전문적학습공동체 등의 형태인데, 교과 기반으로 운영하는 경우 공동연구나 공동실천에 있어 구성원간의 공통성을 가질 수 있다는 장점이 있습니다. 담임 중심인 초등학교 현장보다는 교과 중심인 중고등학교에서 더 많이 운영하는 형태라 할 수 있습니다.

5.
전문적학습공동체 구성 유형 특징

이번에는 전문적학습공동체 구성 유형을 특징별로 구분해서 적합한 전문적학습공동체 유형을 살펴보고자 합니다.

1. 학교 안 전문적학습공동체

학교 안 전문적학습공동체를 기준으로 할 경우 학교 규모에 따라 적합한 전문적학습공동체가 다르다고 할 수 있습니다. 먼저, 학교 규모가 작은 소규모 학교인 경우 학교 기반 전문적학습공동체를 운영하는 것이 효과적이며 주제 기반 전문적학습공동체 운영 또한 충분히 가능한 여건이라 할 수 있습니다. 반면 학교 규모가 있는 중대형 학교에서는 다양한 운영 형태가 가능해집니다. 학년 기반 전문적학습공동체를 비롯해 교과 기반 전문적학습공동체도 운영할 수 있으며, 주제 기반 전문적학습공동체도 가능합니다.

2. 학교 밖 전문적학습공동체

학교 밖 전문적학습공동체의 경우에는 학년 기반이나 학교 기반 전문적학습공동체 유형을 적용할 수 없어 학교 밖 전문적학습공동체의 특성을 살려 주제 기반 전문적학습공동체, 교과 기반 전문적학습공동체를 운영할 수밖에 없습니다. 특성상 학년 기반, 학교 기반 전문적 학습공동체 유형을 적용하기에 어려우나 지역 학교내 같은 학년이 모여 전문적학습공동체를 운영하거나 소규모 몇몇 학교 전체가 전문적학습공동체를 운영하여 학교 기반 전문적학습공동체를 운영할 수 있습니다. 그러나 전문적학습공동체는 모두가 참여하는 형태이기에 구성원이 모두 참여하기에는 제한적인 부분이 많아 불가능한 구성 형태라고 볼 수 있습니다.

6.
전문적학습공동체 운영 형태

전문적학습공동체 구성 유형에 이어 실제 전문적학습공동체 운영 형태도 몇 가지로 구분 할 수 있습니다.

1. 공개 수업 중심 전문적학습공동체 운영

첫째는 공개 수업 중심 전문적학습공동체 운영 유형입니다. 수업 연구를 기반으로 한 형태로 연간 교사 공개 수업을 전문적학습공동체 일정으로 구성합니다. 학교내 교사들은 개별적으로 주제를 선정하여 공개 수업을 연구하고 준비하게 되는데, 이런 경우에 교사마다 선정한 주제가 달라 백화점식 주제로 전문적학습공동체가 운영될 수 있고 탐구 주제의 일관성이 부족할 가능성도 매우 높습니다. 게다가 제대로 된 수업연구보다는 통과의례 형태로 공개수업 전문적학습공동체를 운영하기 쉽습니다.

이때에는 주제 탐구 및 공동연구, 공동실천을 함께 진행하는 형태로 전문적학습공동체를 운영해야 합니다. 단순히 개별적으로 수업을 공개하는 형태가 된다면 전문적학습공동체가 지향하는 동료성을 기반으로 하는 공동성장을 이룰 수 없습니다. 따라서 주제 탐구 및 공동연구, 공동실천 과정 전체에 있어 함께하는 것을 구성원 모두가 약속하고 실천해야 합니다.

2. 재능기부 형태 전문적학습공동체 운영

두 번째 전문적학습공동체 운영 방법은 재능기부 형태로 운영하는 경우입니다. 교사들은 교육 전문가로서 가지고 있는 역량이 다를 뿐 자신만의 전문 분야가 있기 마련입니다. 교사가 가지고 있는 각자의 전문 분야를 주제로 삼아 연구하는 형태이므로 다양한 주제를 연구할 수 있다는 점에서 강점을 지닌 전문적학습공동체 유형입니다. 그러나 교사마다 가지고 있는 탐구주제가 다를 수 있어 전문적학습공동체에서 일관된 주제에 따른 공동연구가 제대로 이뤄지기 어려울 수 있습니다. 전문적학습공동체 시간이 교사 각자 다른 주제를 연구하는 형태로 전락하여 사례 나눔의 형태로 획일화 될 수밖에 없게 됩니다. 이런 경우에는 교사별 연구주제의 공통분모를 찾아 포괄적으로 탐구주제를 선정할 수 있습니다. 무엇보다 공동연구와 공동실천을 교사 각자에게 맡겨두는 것이 아닌 전문적학습공동체 속에서 함께 진행해야 전문적학습공동체가 제대로 운영될 수 있습니다.

3. 리더 중심 전문적학습공동체 운영

세 번째 전문적학습공동체 운영 형태는 리더 중심으로 운영하는 것입니다. 뛰어난 소수 리더를 중심으로 전문적학습공동체를 운영할 경우 전문성을 가진 우수 리더가 탐구주제를 선정하게 됩니다. 리더교사에게 구성원들이 배우는 형태로 공동연구의 성격보다는 리더교사를 모방할 가능성이 매우 높습니다. 모방만 하는 경우 교육과정 재구성에 대해 교사가 주도적으로 해석하는 경험이 부족해질 수밖에 없어 전문적학습공동체가 지향하는 교사 교육과정을 실현하기가 제한됩니다. 이럴 때에는 리더교사를 모방하는 것이 아닌 교사 자신만의 수업을 실천할 수 있도록 해야 하며, 연구 결과에 따른 환류 과정에 전문적학습공동체 구성원 전체가 참여함으로써 자신만의 교육역량을 높일 수 있도록 해야 합니다.

4. 학교 사업 중심 전문적학습공동체 운영

네 번째는 학교 사업 주제를 전문적학습공동체 주제에 접목한 경우를 말합니다. 예를 들어 어떤 특정 사업에 대한 시범학교나 연구학교 형태가 그러한데, 학교 사업이라는 특성상 학교 교육활동에 관련한 학교 구성원의 관심을 이끌어내기에는 어렵고 참여도에 있어서도 제한적일 수밖에 없습니다. 이런 경우에는 반드시 해당 학교 사업을 연구 주제로 삼되 전문적학습공동체 구성원 모두와 공감대를 형성하는 것이 선행되어야 할 것입니다.

5. 단일 주제 탐구 중심 전문적학습공동체 운영

다섯 번째는 동일한 주제를 한 가지 선정하여 구성원들이 함께 연구하는 운영 형태입니다. 예를 들어 진로 교육에 관심있어 하는 교사들이 모여 연구할 수 있고, 인성교육에 관심이 많은 경우 인성교육 전문적학습공동체를 구성하여 운영할 수 있습니다. 이 경우 해당 주제에 대한 깊이 있는 연구와 실천이 가능해집니다. 그러나 해당 주제에 대한 전문 교사가 없을 경우 원활히 진행되기 어려울 수 있습니다. 이런 경우에는 해당 분야 전문가를 외부에서 강사로 초청하여 운영한다면 깊이 있는 공동연구와 공동실천이 가능해집니다.

6. 복수 주제 탐구 중심 전문적학습공동체 운영

　　마지막으로 전문적학습공동체를 운영할 때 한 가지 주제가 아닌 두 개 이상 주제를 함께 연구할 수도 있습니다. 예를 들어 인성교육과 진로교육 두 가지를 동시에 탐구주제로 삼고 연구와 실천을 하게 되는 데 이런 경우 공동연구와 공동실천 시간이 충분하지 못하면 깊이 있는 전문적학습공동체 활동이 이뤄질 수 없습니다. 이런 경우에는 복수의 운영 주제를 각각 분리해서 탐구하지 않고 융합한 주제로 운영할 수 있습니다. 예를 들어 인성교육을 바탕으로 한 진로교육으로 전문적학습공동체 탐구 주제를 선정할 수 있습니다. 또한 공동연구와 공동실천 시수를 가능한 한 충분히 확보함으로써 전문적학습공동체 활동이 효과적으로 운영될 수 있도록 해야 합니다.

제8장 학교 밖 전문적학습공동체 이해

1.
학교 밖 전문적학습공동체의 이해

전문적학습공동체는 크게 학교 단위로 이뤄지는 학교 안 전문적학습공동체와 학교를 벗어난 학교 밖에서 이뤄지는 학교 밖 전문적학습공동체 형태로 이뤄집니다. 그 외에도 학교 간 전문적학습공동체가 있으나 통상적으로는 학교 안의 형태와 학교 밖 형태의 전문적학습공동체가 일반적입니다. 학교 밖 전문적학습공동체의 경우 학교 단위를 벗어나 운영되기에 특성에 따른 여러 가지 장점과 특징이 있습니다.

2.
학교 밖 전문적학습공동체의 장점

먼저, 학교 밖 전문적학습공동체가 학교 안 전문적학습공동체와 다른 점은 공동체에 참여하는 구성원이 다양하다는 데 있습니다. 하나의 학교라는 틀에서 벗어나 다양한 구성원이 참여하는 학교 밖 전문적학습공동체는 크게 6가지 장점이 있습니다.

1. 높은 자발성

학교 밖 전문적학습공동체가 가지는 첫 번째 장점은 바로 높은 자발성입니다. 전문적학습공동체의 성공 열쇠를 좌우할만큼 참여 구성원들의 자발성은 매우 중요한 요소입니다. 자발성을 기반으로 교육 철학을 나누는 것이 전문적학습공동체 운영의 처음이기 때문입니다. 학교 밖 전문적학습공동체는 구성원이 참여하고 싶은 연구 주제를 본인의 의지로 선택하게 됩니다. 평소 관심있어 하는 연구 주제를 다루는 전문적학습공동체에 참여한다거나 적극적인 연구 활동과 실천을 하는 전문적학습공동체를 선택하는 등 전문적학습공동체 활동의 자율성을 확보할 수 있다는 점에서 학교 안 전문적학습공동체와는 차이점이 있습니다.

학교 밖 전문적학습공동체는 교사가 관심을 가지는 주제 연구회 성격을 띠기가 쉬운데 보통의 경우 참여 의지가 없는 교사는 학교 밖 전문적학습공동체에 아예 참여를 안하기에 특별히 참여를 독려하거나 유도할 필요는 없습니다.

더욱이 학교 밖 전문적학습공동체 속에서 연구를 통한 전문성의 성장, 동료 교사간의 관계성 등 긍정적인 부분을 접하고 장점을 경험하게 되면 학교 밖 전문적학습공동체 참여 의지, 자발성은 더욱 높아질 수밖에 없습니다.

2. 풍부한 교육자원

학교 밖 전문적학습공동체는 학교 안 전문적학습공동체에 비해 교육자원이 풍부하다고 볼 수 있습니다. 학교 안 전문적학습공동체 구성원에 비해 해당 연구 주제 분야에 대한 관심도 높고 전문가집단 교사가 많습니다. 게다가 일반적으로 학교 밖 전문적학습공동체는 교사 연구회 같은 형태로 진행되어 왔기에 연구회 성격의 우수 콘텐츠 프로그램을 사전에 보유하고 있는 경우가 많습니다. 게다가 높은 자발성을 바탕으로 참여도가 높아 회원들의 성장이 빠를 수밖에 없습니다.

또한 연구 주제에 대해 공동연구와 공동실천, 연구 결과 나눔이 활발하고 구성원들이 매년 새롭게 구성되는 학교 안 전문적학습공동체에 비해 매년 해당 연구 주제로 반복되는 특성이 있습니다. 매년 공동 연구한 결과를 담은 콘텐츠가 개발되고, 매년 연구 프로그램을 업그레이드 하는 지속적인 성장과 확산이 가능합니다.

3. 이해 관계가 많지 않은 동료성 형성

학교 밖 전문적학습공동체는 학교 밖에서 이뤄지는 교사 모임 성격상 엄연한 물리적 거리가 존재합니다. 매일 만나는 관계가 아닐뿐더러 사전에 수립한 정기적인 모임 시간을 제외하고는 모두가 만나는 것도 쉽지 않습니다. 쉽게 만날 수 없다는 점은 교직 사회에서 큰 장점을 가지게 됩니다. 왜냐하면 같은 학교에 근무하게 될 경우 좋은 점도 많지만 힘든 점이 있기 때문입니다. 학교 안에서의 관계가 전문적학습공동체 내에서도 그대로 이어질 수 있고, 학교 업무나 가산점 등의 이해관계에 얽혀 주제탐구를 하는데 역량을 쏟아야 할 전문적학습공동체 활동이 외부요인에 의해 방해받을 수 있기 때문입니다.

이런 부분에서 학교 밖 전문적학습공동체는 이해 관계에 얽매이지 않는 동료성을 형성할 수 있습니다.

4. 다양한 학교급 교사와의 만남

학교 밖 전문적학습공동체는 연구 주제를 중심으로 모인 공동체이기에 다양한 학교급의 교사들과 만날 수 있습니다. 유치원, 초등, 중등, 특수, 비교과 교사 등 학교 안 전문적학습공동체에서는 만날 수 없는 다양한 학교급의 교사들과 함께 연구할 수 있어 교사 스펙트럼이 확장이 될 수 있습니다. 그러나 참여 학교급 교사 제한이 없는 전문적학습공동체라고 할지라도 어쩔 수 없이 학교급에 따른 전문적학습공동체 출발선상의 한계를 지닐 수 밖에 없을 때도 있습니다. 예를 들어 중등 국어교육 연구회가 있다면 여기에는 유치원 교사나 초등교사의 경우 참여가 불가능합니다. 왜냐하면 학생의 삶을 중심으로 공동연구와 공동실천, 연구 나눔을 진행하려고 하더라도 교육 수혜 대상이 다르며 학교 문화나 운영 형태가 학교급에 큰 차이가 있어 전문적학습공동체를 통한 성과가 저하될 수 있기 때문입니다. 이러한 한계점을 인정한다고 하더라도 다양한 학교급의 교사를 만날 가능성이 높기에 교육 전반과 연구 주제를 보는 시야가 확장된다는 점에서 큰 장점을 가지고 있다고 볼 수 있습니다.

5. 교사 전보에 영향을 받지 않음

학교 밖 전문적학습공동체 구성원의 변화는 학교 안 전문적학습공동체 보다는 덜합니다. 왜냐하면 일반적으로 교사는 5년마다 전보를 하게 되는 데 있습니다. 학교 안 전문적학습공동체를 잘 운영하고 그 안에서 많은 성장을 이뤘다고 하더라도 결국 5년 이후에는 해당 학교를 벗어나 새로운 학교로 가서 그 속에서 전문적학습공동체에 참여를 해야 합니다. 그러나 학교 밖 전문적학습공동체는 전보에 대한 영향을 거의 받지 않아 본인의 의지 외에는 구성원 변화가 적을 밖에 없습니다. 이러한 부분은 학교 밖 전문적학습공동체에서 연구하는 주제에 대한 깊이있는 탐구가 지속적으로 가능하다는 점에서 학교 밖 전문적학습공동체가 가지는 큰 장점이라고 할 수 있습니다.

6. 외부 환경에 큰 영향을 받지 않음

또한 학교 밖 전문적학습공동체는 학교 안 전문적학습공동체에 비해 외부요인에 따른 영향을 덜 받습니다. 학교 안 전문적학습공동체의 경우에는 제도적으로 관리자의 영향 아래에 있어 운영의 자율성을 담보할 수 없을 때가 있습니다. 반면에 학교 밖 전문적학습공동체는 연구주제에 따른 운영 형태나 예산 사용, 모임 진행 방식 등을 참여 교사들의 자율성 중심으로 운영할 수 있습니다.

3.
학교 밖 전문적학습공동체 운영의 어려움

학교 밖 전문적학습공동체가 가지는 여러 가지 장점에도 불구하고 운영하는 데 있어 많은 어려움을 가지고 있는 것도 사실입니다.

1. 모임 장소 확보의 어려움

먼저, 학교 밖 전문적학습공동체가 가지는 가장 큰 어려움 중 하나가 모임 장소 확보에 대한 문제입니다. 학교 안 전문적학습공동체는 해당 학교에서 모임을 가지기에 장소에 대한 고민은 없을 수 있지만 학교 밖 전문적학습공동체의 경우에는 참여하는 구성원들이 사는 곳이 제각기 다르고 많은 교사들이 참여할만한 공간을 무료로 확보하는 것도 쉽지 않아 예산 사용이 불가피 합니다. 만약 교사가 회장으로 포함된 전문적학습공동체인 경우에는 회장 교사가 근무하는 학교에서 모임을 가지는 경우가 있습니다. 이 때는 학교 관리자에게 장소 사용 허가를 사전에 받아야 하는데, 관리자 분들 중에는 학교 공간을 대여해주는 것에 부정적인 견해를 가지고 있거나, 시설 사용료, 안전문제, 보안 등의 이유로 거부하는 경우도 있을 수 있습니다. 관리자 분이 회장일 때는 회장교에서 모임을 쉽게 가질 수 있겠지만 일반 교사라면 소속 학교에서 모임을 하지 못해 공공 및 민간기관 회의실을 유무료로 대관하게 됩니다. 유료인 경우라면 공동연구와 공동실천에 사용될 예산을 시설 사용료로 사용하게 되어 충분한 활동계획을 수립하지 못할 수 있게 됩니다.

2. 전문적학습공동체(연구회) 명의의 공문발송 어려움

학교 밖 전문적학습공동체가 가지는 두 번째 어려움은 바로 공동체 명의로 공문을 발송하는데 겪는 문제입니다. 교사가 회장으로 포함된 교육연구회의 경우에는 장소 대여와 마찬가지로 학교 관리자에게 공문 발송 허가를 받아 보내게 됩니다. 교사 회장교의 관리자 결재 승인을 얻어야 가능한데, 이런 경우 공문 처리 때마다 관리자의 승인을 얻어서 처리해야 한다는 불편함이 생깁니다. 만약 관리자가 회장인 경우라면 회장교에서 손쉽게 공문을 발송할 수 있겠지만 관리자가 회장이 아닌 경우가 많아 공문 발송에 어려움을 겪는 학교 밖 전문적학습공동체가 많습니다. 교육청 소속 학교 밖 전문적학습공동체의 경우에는 학교 밖 전문적학습공동체 업무 담당자가 교육청의 이름으로 공문을 발송하게 되는데 공문 발송에 대한 어려움도 학교 밖 전문적학습공동체 운영을 방해하는 주요 요소입니다.

3. 관리자의 부정적 인식이 있는 경우

학교 밖 전문적학습공동체 운영에 있어 세 번째 어려움은 관리자의 부정적 인식에 따른 참여 활동의 제한이 있는 경우입니다. 학교 밖 전문적학습공동체(교육 연구회) 활동을 열심히 하는 교사에 대해 일부 관리자들은 학교 업무 활동에 열심히 하지 않는다는 인식을 가지고 있어 이런 경우 학교 밖 전문적학습공동체 자체를 부정적으로 받아들이기가 쉽습니다. 따라서 해당 교사가 전문적학습공동체 활동에 필요한 요구나 결재를 얻기가 불편해질 수 있습니다. 이 때에는 학교 밖 전문적학습공동체에 참여하는 교사가 학교 교육활동에 누구보다 최선을 다하는 모습을 보여줌으로써 신뢰를 얻는 것이 중요합니다. 그리고 학교 밖 전문적학습공동체를 운영하는 데 있어 학교 교육활동을 우선적으로 처리하는 일정 조정도 필요합니다.

4. 신입회원 모집의 어려움

인지도가 떨어지는 학교 밖 전문적학습공동체의 경우 신입회원을 모집하는 데 상당히 큰 어려움을 겪습니다. 학교 밖 전문적학습공동체에서 탐구하는 주제가 유일하거나 독보적이면 신입회원에 대한 모집을 우려하지 않을 수 있으나 대부분의 경우 학교 밖 전문적학습공동체를 홍보하는 채널이 부족해 모집에 어려움을 겪는 경우가 많습니다. 이를 해결하기 위해서는 학교 밖 전문적학습공동체 현황을 연초에 학교에 알림 공개해야 합니다. 또 해당 전문적학습공동체 회장교에서 회원 모집에 대한 공문을 발송하고, 주요 연수 때나 시간과 기회가 있을 때마다 해당 전문적학습공동체를 소개하고 홍보함으로써 신입회원 모집의 어려움을 극복해야 합니다.

5. 모임 장소에 대한 거리 제약

학교 밖 전문적학습공동체를 운영하는 데 있어 또 하나의 어려움은 모임장소에 대한 거리적 제약입니다. 모임장소와 참여하고자 하는 교사가 물리적으로 거리가 먼 경우라면 원활한 운영이 어렵습니다. 모임 장소에 오고 가는 데만 3~4시간이 걸리게 되면 정작 중요한 연구 활동에 참여하는 데 제한이 되고 이는 참여 구성원의 동기를 저하시키는 원인이 되기도 합니다. 이처럼 거리가 멀어서 참여에 제한될 때에는 제한되는 인원이 복수일 경우 해당 지역에 지부를 설립하는 형태로 운영하면 됩니다. 지부에는 자립할 때까지 기존 학교 밖 전문적학습공동체 구성원들이 지원을 하고, 운영진 간의 정기적 모임을 추진하면서 비전과 가치를 함께 공유하게 됩니다. 지부를 포함해서 전체 전문적학습공동체 모임도 연 2회 이내로 운영하면서 거리에 따른 활동 제한을 최대한 해소해야 합니다. 지부 설립이 어려운 경우라면 비대면 온라인 모임으로 운영하는 방법도 적용할 수 있습니다.

4.
성장하는 학교 밖 전문적학습공동체 운영 방안

학교 밖 전문적학습공동체가 갖는 여러 가지 어려운 점과 문제점을 극복하면서 성장하는 학교 밖 전문적학습공동체가 되기 위해서는 어떻게 운영해야 할까요?

1. 차별화된 전문적학습공동체 연구

성장하는 학교 밖 전문적학습공동체가 되기 위해서는 가장 먼저 차별화된 연구 활동을 진행하는 것입니다. 다른 학교 밖 전문적학습공동체와 차별화된 연구를 진행할 때 신입회원들의 참여 동기를 이끌어낼 수 있고 많은 이들의 연구회 자체에 대한 관심도 함께 가져올 수 있게 됩니다.

이때 언급하는 차별화된 연구는 두 가지 부분에서 차별성을 부여할 수 있습니다. 첫째는 연구 주제의 차별성으로 기존에 없었던 새로운 연구주제가 바로 그것입니다. 코로나19 상황에 따른 온라인 비대면 수업이 새로운 연구주제라 볼 수 있습니다. 두 번째는 연구 방법의 차별성입니다. 기존에 많이 연구되었던 주제라 할지라도 주제에 대해 접근하는 방법을 다르게 함으로써 차별화를 둘 수 있습니다. 예를 들어 같은 독서교육에 대한 연구 주제라고 할 지라도 독서교육 연수 만들기처럼 새로운 연구방법을 부여함으로써 차별화 된 전문적학습공동체 연구를 운영할 수 있습니다.

2. 경계선이 있는 신입회원 모집

학교 밖 전문적학습공동체가 성장하는 두 번째 운영 방안은 경계성 있는 신입회원 모집입니다. 연구하는 전문적학습공동체 운영을 위해 신입회원을 모집 할 때 몇 가지 조건을 제안

할 수 있습니다. 먼저 사전에 학교 밖 전문적학습공동체가 가지고 있는 교육가치, 철학, 목표를 공유합니다. 신입회원 모집 전 사전 공지를 통해 전달된 전문적학습공동체가 지향하는 내용들은 신입회원들을 모집하는 데 있어 중요한 기준이자 척도가 됩니다. 무엇보다 연구에 대한 의지가 있는 교사를 모집하기 위해서는 사전에 충분한 공지를 통해서 연구활동 외의 목적으로 참여하는 것을 방지해야 합니다.

3. 연구하는 학교 밖 전문적학습공동체 운영

성장하는 학교 밖 전문적학습공동체를 운영하는 데 있어 또 하나의 중요한 점은 연구 하는 학습공동체로 운영하는 것입니다. 실행연구의 형태로 운영하는 것이 중요한 데 활동 전반에 걸쳐 연구과제를 부여하고 실천하는 형태로 운영해야 합니다. 실행연구 결과를 발표하는 형태로 모임을 운영하는 경우, 다시 말해 주어진 연구과제를 실천하고 정리한 내용을 발표하는 형태로 모임을 운영하게 되면 무임승차로 참여하려는 행태를 예방할 수 있고 전문적학습공동체에 참여하려는 의지가 없는 교사를 필터링할 수 있습니다. 이는 연구하는 전문적학습공동체 분위기를 유지하는 데 매우 큰 역할을 하게 되므로 실행연구를 하고 그 결과를 발표하는 모임으로 진행하는 것이 성장하는 학교 밖 전문적학습공동체를 만드는 데 효과적입니다.

4. 전문적학습공동체에 대한 소속감과 자부심

학교 밖 전문적학습공동체를 운영할 때 구성원들과 해당 공동체에 대한 소속감과 자부심을 길러주는 것 또한 매우 중요합니다. 이때 소속감은 교육가치와 철학을 공유함으로써 생성될 수 있고 전문적학습공동체 속에서 역할을 부여하거나 동료성이 형성될 때 생겨날 수 있습니다. 또한 자부심은 전문성이 성장하고 있다는 사실을 깨달을 때 생겨나고, 연구하는 전문적학습공동체가 매우 중요하다는 사실을 받아들였을 때 길러질 수 있습니다. 소속감과 자부심을 가진 학교 밖 전문적학습공동체는 성장할 수밖에 없으며 성장하는 학교 밖 전문적학습공동체가 되기 위해서 필요로 하는 중요한 요소라 볼 수 있습니다.

5. 전문적학습공동체 연수 프로그램 개발 및 운영

성장하는 학교 밖 전문적학습공동체가 되기 위해서는 학습공동체 연구 주제에 대해 직무 연수를 개발하는 것이 효과적입니다. 15차시에서 30차시 정도의 직무연수 개발은 해당 학교 밖 전문적학습공동체만의 고유 교육 콘텐츠가 될 것이며 이를 준비하는 과정에서 구성원들의 연구 역량과 성장 속도는 매우 빠르게 자라나게 됩니다. 따라서 학교 밖 전문적학습공동체를 연초에 계획할 때부터 매년 얻게 되는 연구결과를 통해 1~2개의 직무 연수를 개발하는 것을 목표로 두고 운영하는 것이 좋습니다. 직무연수를 개발하게 되면 이후 기초 단계, 발전 단계, 심화 단계 등으로 연수를 체계화해서 지속적으로 성장하는 학교 밖 전문적학습공동체로 변모해야 할 것입니다.

6. 학교 밖 전문적학습공동체 회원을 연구 주제 전문가 강사로 세우기

학교 밖 전문적학습공동체 직무 연수를 개발하는 것과 마찬가지로 소속 구성원들의 성장을 도모하기 위해 해당 회원들을 연구 주제 전문가 강사로 세울 필요가 있습니다. 전문적학습공동체 활동을 통해 얻게 된 교사의 연구 경험을 강의하는 것으로, 연구내용 자체를 나누고 공유함으로써 강의하는 교사, 강사로서의 전문성을 성장시킬 수 있는 좋은 기회가 됩니다. 또한 학교 밖 전문적학습공동체 자체 연수 프로그램에 회원을 강사로 배정함으로써 전문가 강사로 성장시킬 수 있고, 해당 공동체 자체 강사풀을 구축하여 교육청이나 학교 등 외부기관과 연계 강사 활동에 지원함으로써 전문가 역량을 기를 수 있도록 합니다. 학교 밖 전문적학습공동체에 참여하는 구성원의 성장은 학습공동체 전체의 성장에도 중요한 영향을 미치므로 성장하는 전문적학습공동체가 되기 위해서는 회원들이 전문가로써 역량을 쌓을 수 있도록 도와야 합니다.

7. 매년 의미 있는 결과물 만들기

성장하는 학교 밖 전문적학습공동체가 되기 위해서는 매년 의미있는 결과물을 만들 수 있도록 노력해야 합니다. 1년 연구활동이 사장되지 않도록 교육자료집을 제작해서 공유한다거나 연구 주제를 도서 형태로 공동집필할 수도 있습니다. 또 학교 밖 전문적학습공동체에서 만든 결과물 교구나 자료들은 판권이나 특허를 신청함으로써 체계적인 관리가 되도록 해야 합니다. 이러한 결과물을 정리하는 활동은 참여하는 구성원들의 자부심이나 만족도를 높이는 데 효과적이며 결과가 있는 전문성 성장을 경험할 때 다시 학교 밖 전문적학습공동체에 참여하려는 동기를 부여할 수 있게 됩니다.

8. 외부기관과 연계한 활동

학교 밖 전문적학습공동체의 더 큰 성장을 위해서 활동의 확장성을 형성하는 것도 효과적입니다. 교육청의 위탁 활동으로 교육청 직무연수를 위탁 운영한다거나 교육청 운영 연수 강사풀을 제공하고 참여할 수 있습니다. 또 학교 밖 전문적학습공동체에서 연구한 주제를 바탕으로 원격연수 개발 활동에도 참여할 수 있습니다. 교육청 산하 교육연수원의 연수개발에 응모한다거나 민간 연수원 연수개발을 제안하는 형태로 활동 영역을 확대할 수 있습니다.

9. 학교 밖 전문적학습공동체의 인지도 높이기

　마지막으로 성장하는 학교 밖 전문적학습공동체를 운영하기 위해서는 다양한 홍보를 통해 인지도를 높이는 데 노력해야 합니다. 이러한 홍보활동은 신입회원 모집과 같은 외연적인 성장에도 중요하지만 참여하는 구성원들의 동기를 높이는 데도 효과적입니다. 학교 밖 전문적학습공동체에서 블로그나 카페를 운영하고, 메타플랫폼, 인스타그램 등과 같은 SNS활동을 한다거나 활동 자료 등을 유튜브를 통해서 온라인 공유하는 형태로 학교 밖 전문적학습공동체 운영 활동 전반을 홍보할 수 있습니다.

제9장 학교 안 전문적학습공동체 이해

1.
학교 안 전문적학습공동체의 이해

전문적학습공동체는 크게 학교 단위로 이뤄지는 학교 안 전문적학습공동체와 학교를 벗어난 학교 밖에서 이뤄지는 학교 밖 전문적학습공동체 형태로 이뤄집니다. 그 외에도 학교 간 전문적학습공동체가 있으나 통상적으로는 학교 안의 형태와 학교 밖 형태의 전문적학습공동체가 일반적입니다. 그중에서도 가장 많은 형태가 바로 학교 안 전문적학습공동체라고 할 수 있습니다. 학교 안 전문적학습공동체의 경우는 학교 단위에서 이뤄지기 때문에 여러 가지 장점과 특징이 있습니다.

2.
학교 안 전문적학습공동체의 장점

먼저, 학교 안 전문적학습공동체가 학교 밖 전문적학습공동체와 구별되는 가장 큰 특징으로 공동체에 참여하는 구성원이 모두 같은 학교에 소속되어 있다는 점입니다. 학교 안 전문적학습공동체가 올바로 성장하게 된다면 학교 문화를 변화시키는 데 탁월하다고 볼 수 있습니다. 학교 안 전문적학습공동체가 가지는 장점은 크게 5가지 정도로 구분할 수 있습니다.

1. 연구 모임 장소 확보가 쉬움

학교 안 전문적학습공동체가 가지는 첫 번째 장점은 연구 모임 장소를 확보하기 쉽다는 점입니다. 학교 안 전문적학습공동체는 의미 그대로 학교 안 교사들의 학습공동체로 교실이나 연구실 등 학교 내부 공간을 전문적학습공동체 모임 장소로 확보가 가능합니다. 특별히 기관장의 허가가 불필요하며 적극적인 지원을 받을 수 있어 전문적학습공동체를 운영하는 데 도움을 얻을 수 있습니다. 자발적으로 이뤄지는 비공식적인 교사 연구 모임의 경우에는 허가가 불필요하지만 공식적인 교사 연구모임의 경우에는 사전 허가를 득해야 합니다. 학교 밖 전문적학습공동체와 비교해서 연구 장소를 대관하기 위해 예산을 사용할 필요가 없다는 점도 큰 장점이라 볼 수 있습니다.

2. 각종 공문 발송이 쉬움

학교 안 전문적학습공동체가 가지는 두 번째 장점은 각종 공문 발송이 쉽다는 점입니다. 학교 소속교사의 교육연구 활동이기에 공식적인 교육활동으로 인정받기 쉽습니다. 당연하게 관리자의 적극적인 지원을 받을 수 있으며 학교 안 전문적학습공동체를 외부에 소개하거나 홍보할 때 공문을 발송하기 매우 쉽습니다. 공문 발송이 제한되는 학교 밖 전문적학습공동 체에 비해 행정적인 처리가 쉽다는 점은 운영을 수월하게 하는 데 있어 도움이 됩니다.

3. 연구 모임 시간 제약이 크지 않음

학교 안 전문적학습공동체는 학교 밖에서 이뤄지는 전문적학습공동체에 비해 제약이 적다는 게 특징입니다. 학교 소속 구성원들이 모일 수 있는 시간과 장소만 확보한다면 언제든지 연구 모임시간을 가질 수 있기 때문입니다. 심지어 퇴근 후에도 모임 장소와 이동거리가 없어 쉽게 모일 수 있습니다. 그럼에도 불구하고 학교 안 전문적학습공동체 운영을 하게 될 때 참여에 필요한 시간이 부족하다고 느낄 수가 있습니다. 가장 큰 이유는 적극적인 참여와 활동에 대한 의지가 부족하기 때문입니다. 전문적학습공동체에 참여하는 것이 자신의 시간을 뺏는 불필요한 일이라고 생각할 수도 있고 정말로 맡은 업무가 과중해서 참여 시간을 확보하기 어려울 수 있습니다. 이럴 때에는 업무 경감을 통해 학교 안 전문적학습공동체 참여 시간을 충분히 제공해주고 전문적학습공동체의 필요성을 공감해서 동기를 부여할 필요가 있습니다.

4. 신입회원의 확보가 쉬움

학교 안 전문적학습공동체가 학교 밖 전문적학습공동체에 비해 신입회원을 확보하는 데 큰 이점을 가지고 있습니다. 매년 학교에는 새로운 전입교사가 존재하기 마련입니다. 전입 교사는 학교 안 전문적학습공동체를 새롭게 경험하면서 성장하는 기쁨을 얻게 됩니다. 또 전입 교사 중에 뛰어난 리더교사로써 전문성을 가진 경우가 있어 전문적학습공동체 연구 역량을 끌어올리는 데 긍정적으로 작용할 수 있습니다. 학교와 학년에서 운영하는 학교 안 전문적학습공동체에 대해 특별히 홍보하지 않아도 전입 교사만으로도 신입회원을 구성할 수 있다는 점은 학교 안 전문적학습공동체가 가지는 주요한 장점이라고 볼 수 있습니다.

5. 깊은 동료성 형성이 수월

학교 안 전문적학습공동체는 학교 밖 전문적학습공동체에 비해 동료성을 형성하는 데 있어 매우 탁월합니다. 별도로 시간과 장소를 마련하지 않아도 매일 함께 근무하기 때문에 자주 만날 수 있어 관계맺기가 좋습니다. 연구활동이 아닌 일상생활을 공유하는 것 또한 깊은 동료성을 형성하는데 효과적입니다. 학교 밖 전문적학습공동체보다 훨씬 더 많은 대화와 만남, 서로에 대한 이해가 가능합니다.

3.
학교 안 전문적학습공동체 운영의 어려움

학교 안 전문적학습공동체가 가지는 여러 가지 장점에도 불구하고 운영하는 데 있어 많은 어려움을 가지고 있는 것도 사실입니다.

1. 자발성이 부족한 교사가 많음

먼저, 학교 안 전문적학습공동체가 가지는 가장 큰 어려움 중 하나는 자발성이 부족한 교사들이 많다는 점입니다. 앞서 성공적인 전문적학습공동체를 운영하기 위해서는 그 처음이 자발성부터 시작된다고 이야기 한 바 있습니다. 전문적학습공동체를 시작하기 전 교사의 자발성을 이끌어내기 위해 교육철학도 함께 공유하면서 참여의 동기나 필요성을 이끌어내야 한다고 했습니다. 그러나 학교 안 전문적학습공동체의 경우에는 대부분이 필수적으로 참여하기에 의무적인 활동으로 여기는 경우가 많습니다. 특히 학교 안 전문적학습공동체의 주제와 방법이 형식적이거나 흥미와 관심을 끌지 못하는 경우 더욱 그러합니다. 형식적으로 운영되는 학교 안 전문적학습공동체의 경우 주제와 운영에 대해 구성원들의 충분한 합의를 이루지 못했거나 의견이 반영되지 못한 경우가 많습니다. 따라서 학교 안 전문적학습공동체가 성공적으로 운영되기 위해서는 구성원들의 흥미와 관심이 있는 연구 주제를 제시할 필요가 있으며 전문적학습공동체 활동을 통해서 전문성 성장을 보여주는 것이 필요합니다.

2. 리더교사의 부족

학교 안 전문적학습공동체를 운영하기 어려운 경우는 리더교사가 부족할 때입니다. 학교 밖 전문적학습공동체에서는 뜻이 있는 교사가 참여하는 가운데 역량이 많은 리더교사가 많습니다. 학교 안 전문적학습공동체에 비해 리더교사가 존재할 확률이 상대적으로 높은 편입니다. 그러나 학교 안 전문적학습공동체의 경우에는 리더교사가 적거나 아예 존재하지 않을 수도 있어 전문적학습공동체 운영을 어떻게 해야 할지, 어떤 연구주제를 해야 할지 몰라 전문적학습공동체 운영에 어려움을 겪을 수 있습니다. 이런 경우에는 교육청이나 외부에서 우수 자원을 강의, 연수 등을 통해 활용하거나 학교 교사 자체 역량 향상을 통해 리더교사로 세우면 됩니다. 우수 운영사례의 노하우와 사례 나눔을 공유하거나 살펴봄으로써 학교 안 전문적학습공동체 운영의 도움을 얻을 수 있습니다.

3. 이해관계가 있는 동료성 형성 어려움

학교 안 전문적학습공동체를 운영하는 어려움 중에 하나는 이해관계가 있는 동료를 형성하기 쉽지 않다는 점입니다. 학교 안 전문적학습공동체에서는 구성원들이 대등한 관계로 이뤄지기보다는 학교에서의 관계가 그대로 적용되기 쉽습니다. 업무로 인해 부장교사와 계원으로서 관계가 있을 수 있거나 이해 관계로 인해 얽혀 있는 경우도 많습니다. 또는 갈등 관계로 인해 서로 신뢰를 가지지 못하는 경우도 있습니다. 이는 마음이 맞는 사람과의 모임이 아니라 학교 안 교사들과 모여야 하는 모임이 가지는 구조적 한계로써 모든 교사와 친밀한 관계를 형성하기는 대단히 어렵습니다. 이런 경우에는 전문적학습공동체를 시작할 때 동료성이 형성된 교사간 모임으로 출발해서 점차 확산하는 방법으로 운영할 때 동료성을 형성하는데 좋습니다.

4. 전문성 지닌 교육자원이 부족한 경우

학교 안 전문적학습공동체에서 겪는 어려움으로 전문성을 지닌 교육자원이 부족한 경우가 있습니다. 리더교사가 부재하는 것과 유사한 형태로 학교 안 구성원들이 신규나 저경력 교사로 구성되어 있는 경우나 전문성이 뛰어난 교사가 학교 안 전문적학습공동체 활동에 적극적이지 않는 경우가 그러합니다. 신규나 저경력 교사로 구성되어 있는 전문적학습공동체의 경우는 전문성이 뛰어난 외부 강사를 전문적학습공동체 강사로 활용하면 됩니다. 그러나 전문성이 뛰어난 교사가 학교 안 전문적학습공동체 활동에 적극적이지 않을 때는 전문적학습공동체 참여에 대한 동기를 부여하고 참여 의지를 부여해야 합니다. 전문적학습공동체의 성공 여부는 참여 구성원들의 자발성을 기반으로 한다는 점을 잊지 말아야 합니다.

5. 관리자의 개입이 클 때

학교 안 전문적학습공동체를 운영하는 데 있어 또 하나의 어려움은 관리자의 과한 개입입니다. 관리자 주도로 학교 안 전문적학습공동체가 운영되면 참여하는 교사들의 동기는 저하될 수밖에 없습니다. 특히 교사의 의견이 자주 미반영되거나 관리자에 의해 정해져 있는 연구 주제나 방법으로는 참여 교사들에게 수동적인 참여만 가능하게 됩니다. 이런 경우 주제 탐구에서나 연구 과정 등 전반에 걸쳐 참여 구성원들의 의사를 피력하면서 관리자와 소통해야 합니다. 관리자 또한 교사들이 자유롭게 연구 활동을 할 수 있도록 최대한 지원해주는 역할을 수행함으로써 성공적인 학교 안 전문적학습공동체를 끌어낼 수 있습니다.

6. 전보로 인한 연속성의 어려움

학교 안 전문적학습공동체의 경우 신입회원을 쉽게 확보할 수 있다는 장점이 있지만 전보로 인해 전문적학습공동체의 연속성을 유지하기 어렵다는 단점도 있습니다. 교사들은 한 학교에서 근무할 수 있는 근무연수의 제약으로 매년 인사이동을 하게 됩니다. 만약 학교 안 전문적학습공동체를 이끌던 리더교사가 다른 학교로 전보가는 경우에는 전문적학습공동체 운영에 어려움을 겪을 수 밖에 없습니다. 특히 차기 리더를 세우지 못한 경우라면 전문적학습공동체 활동이 위축되고 감소할 수밖에 없습니다. 학교 안 전문적학습공동체가 연속적으로 잘 운영되기 위해서는 교원 전체의 전문성 향상은 물론 차기 리더를 잘 세우는 것이 정말 중요합니다.

7. 리더교사의 소진 현상

학교 안 전문적학습공동체 운영의 어려움으로 리더 교사의 소진 현상을 이야기할 수 있습니다. 학교 안 전문적학습공동체는 학교 업무적인 성격을 띨 수밖에 없어 전문성 있는 리더교사가 아닌 업무분장으로 전문적학습공동체 리더로 세워질 수 있습니다. 이런 경우 전문적학습공동체 구성원들은 소극적으로 참여하기 쉽고 리더만 에너지를 쏟아야 하는 상황이 발생 할 수 있습니다. 리더교사가 소진된 전문적학습공동체는 오랫동안 유지되기 어렵습니다. 리더교사의 소진을 예방하기 위해서는 함께 진행할 동료교사를 반드시 확보해야 하며, 구성원들에게 역할을 적절히 분담해야 합니다. 리더교사와 구성원들의 적극적인 참여가 학교 안 전문적학습공동체 운영을 원활하게 만들어 낼 수 있습니다.

8. 쉽게 변하지 않는 학교 문화

학교 안 전문적학습공동체가 정착되고 운영이 활발하게 된다고 하더라도 학교 문화가 바로 변화하지는 않습니다. 학교 문화가 변화되는 데는 최소 2년 정도 절대적인 시간을 필요로 합니다. 리더교사가 학교 안 전문적학습공동체에서 직접 보여주는 성장하는 모습을 통해 자극받는 데 1년, 전문성 성장에 연구 도전하는 교사로 성장하는 데 1년, 최소한 2년 정도가 있어야 연구하는 학교 문화로 성장할 수 있습니다. 학교 안 전문적학습공동체를 운영할 때는 조급증을 버리고 여유를 가지고 진행해야 하며 평소 주변 교사들에게 성장하는 모습을 보여주는 것이 중요합니다.

4.
성장하는 학교 안 전문적학습공동체 운영 방안

학교 안 전문적학습공동체가 갖는 여러 가지 어려운 점과 문제점을 극복하면서 성장하는 학교 안 전문적학습공동체가 되기 위해서는 어떻게 운영해야 할까요?

1. 민주적 의사결정 분위기 형성

성장하는 학교 안 전문적학습공동체가 되기 위해서는 민주적 의사결정 분위기를 형성하는 것이 중요합니다. 학교 안 전문적학습공동체의 경우 하나의 업무로 여겨지기 쉬워 여타의 업무들처럼 관리자 중심의 의사결정이 되기 쉽습니다. 참여 교사의 의견이 반영되는 의사결정 분위기, 관리자 중심의 의사결정에서 벗어나는 것이 중요합니다. 관리자뿐만 아니라 전문적학습공동체를 이끄는 소수 교사의 의견 중심으로 전문적학습공동체가 운영될 수 있습니다. 이 또한 바람직한 형태가 아니므로 구성원 전체의 협의와 토의를 통해 의사결정하는 과정을 준수하는 것이 중요합니다.

2. 연구 시간 확보를 위한 업무 경감

학교 안 전문적학습공동체가 성장하는 두 번째 운영 방안은 연구할 수 있는 시간을 확보해 주는 것이 중요합니다. 학교 안 전문적학습공동체가 학교 근무시간 이내에 이뤄지는 경우가 많다보니 방과 후에는 업무처리로 인해 온전히 연구할 시간을 확보하기가 어렵습니다. 공동연구를 위한 충분한 시간을 확보해주기 위해 업무를 경감하는 방안을 모색해야 합니다. 수요일 공문 없는 날에 공동연구 시간을 확보하는 등 매월 1회 수요일 전문적학습공동체의 날을 정기적으로 정하는 것이 좋습니다. 또한 업무를 경감하기 위해 불필요한 전시성 행사를 지양하고, 학교 교육활동과 연계해서 학교 안에서 전문적학습공동체가 운영하도록 합니다. 공개수업이나 동료장학 등과 연계하고 학교 주요 교육사업 활동과 함께 활동하는 방안을 모색함으로써 학교 안 전문적학습공동체가 활성화 될 수 있도록 해야 합니다.

3. 학교의 학습조직화와 연구하는 문화 형성

성장하는 학교 안 전문적학습공동체를 운영하는 데 있어 또 하나의 중요한 점은 학교의 학습조직화와 연구하는 문화를 형성하는 것입니다. 행정중심의 학교 조직 운영에서 학습하는 조직으로 구조적으로 전환하면 전문적학습공동체가 정착되는데 훨씬 더 효과적입니다. 또한 학교 상황에 맞게 학년별 학습조직이나 업무별 학습조직 등으로 구성하여 학교 전체가 학습조직화 되는 여건을 마련해야 합니다. 실제적 공동연구를 실천하고 연구하는 학교 문화를 시작하고 유지하는 데 학교의 학습조직화는 매우 중요하다고 볼 수 있습니다.

4. 학교 교육과정과 교육철학 계획의 공동참여

학교 안 전문적학습공동체를 운영할 때 교육과정의 내실화를 기하는 것 또한 중요합니다. 결재를 위한 교육과정이 아닌 학생 삶이 중심이 되는 교사 교육과정을 운영해야 하며, 학교 구성원의 참여와 협의로 구성된 교육과정과 교육철학을 수립하는 것이 중요합니다. 학교 교육과정을 정하는 과정에서도 학교 구성원들의 협의가 요구되며 교육과정에 기반한 전문적학습공동체 연구 및 실천 주제를 운영한다면 교육과정 수립에 많은 도움을 줄 수 있습니다.

5. 구체적 성장목표가 있는 교육주체

성장하는 학교 안 전문적학습공동체가 되기 위해서는 구체적인 성장목표가 있는 교육주제를 정하는 것이 중요합니다. 명확한 성장목표가 있어야 참여하는 교사들의 동기를 부여할 수 있으며 공동연구와 공동실천으로 그치는 것이 아닌 결과물을 경험함으로써 지속적인 전문적학습공동체 참여 욕구가 생길 수 있습니다. 예를 들어 수업 연구대회에 참여하거나 교육자료, 직무연수를 개발하는 등 구체적인 성장 목표에 따른 결과를 얻는 것은 교사의 성취감을 향상 시킵니다. 교사가 성장하는 기쁨을 충분히 경험할 수 있도록 도전 가능한 목표, 구체적인 목표를 설정한다면 성공적인 학교 안 전문적학습공동체를 운영하는데 효과적입니다.

6. 학교 안 전문적학습공동체 연속성 유지하기

학교 안 전문적학습공동체의 성공적인 운영의 판단은 단순히 일년의 성과로 평가되지 않습니다. 학교 안 전문적학습공동체는 연속성을 유지하는 것이 매우 중요합니다. 다음 연도 인사이동, 학년 이동으로 인해 리더교사가 부재할 경우에는 올해 참여 구성원들 사이에서 차기 리더 교사를 세워야 합니다. 리더 교사가 선뜻 세워지기 어렵다면 다수에게 리더교사의 역할을 부여함으로써 전문적학습공동체 공동연구를 활성화할 수 있습니다. 또한 조직의 연속성만큼 연구 주제에 대한 연속성을 유지하는 것도 중요합니다. 해당 연구 주제의 일년의 성과를 반성하고 보완하는 형태의 연구, 다시 말해 내년 연구에 현행 연구의 주제를 심화 발전시키는 방향으로 운영할 때 학교 안 전문적학습공동체가 성공적으로 운영되고 이는 학교 문화를 변화시키는 동력이 될 수 있습니다.

7. 학교 밖 전문적학습공동체와의 선순환

　마지막으로 성장하는 학교 안 전문적학습공동체가 되기 위해서는 학교 밖 전문적학습공동체와의 연계가 중요합니다. 학교 안 전문적학습공동체에서 얻을 수 있는 내용은 리더 교사의 역량이나 공동체의 교육자원 등에 따라 제한적일 수밖에 없습니다. 이때에는 학교 밖 전문적학습공동체를 통해 전문성과 동료관계 등을 보완할 수 있습니다. 또한 학교 밖 전문적학습공동체와의 관계 속에서 일방적인 교사 소진을 예방하고 부족한 부분을 보완한다면 이를 다시 학교 안 전문적학습공동체로 집중할 수 있는 에너지가 생성될 수 있습니다. 이는 학교 안 전문적학습공동체와 학교 밖 전문적학습공동체가 선순환으로 서로에게 도움을 주고 성공적인 운영이 가능해지도록 합니다.

2부

전문적학습공동체
운영의 실제

제1장 전문적학습공동체 첫 시작하기

1.
전문적학습공동체를 시작하면서

전문적학습공동체를 시작하기에 앞서 전문적학습공동체를 대하는 마음가짐에 대해 생각해보고 마음을 다잡아야 합니다.

전문적학습공동체를 시작할 때는 첫째, 배움에 대한 겸손한 마음을 가지는 것이 중요합니다. 사람은 지식과 경험이 쌓일수록 자만하기 쉽습니다. 겸손한 마음을 갖지 않으면 다른 사람의 의견을 귀담아듣지 않게 되며, 결국 전문적학습공동체 활동에서 자신의 성장을 더디게 만듭니다. 전문적학습공동체 활동에서는 나이와 경력에 관계없이 배울 점이 있다면 그 대상이 선후배 교사인지를 따지지 않고 배울 수 있다는 마음가짐이 필요합니다. 또한, 다른 교사와 나를 비교하기보다는 상대방을 존중하면서 서로의 배움에 집중하는 마음을 가져야 합니 다.

둘째, 도전하는 성실함을 가져야 합니다. 전문적학습공동체 활동은 항상 성공 경험만을 가져오지는 않습니다. 성공적인 활동과 성장 경험의 뒤에는 많은 시도와 실패가 있습니다. 만약 내가 전문적학습공동체 연구 활동의 실패를 걱정하며 처음부터 도전하지 않으면, 결국 성장의 기회를 잃어버리게 됩니다. 또한 성장하는 도전은 성실함이 꼭 있어야 합니다. 기한이 임박했을 때 밀린 숙제하듯이 한다면 전문적학습공동체 활동을 진행해도 전문성을 기르기 어렵습니다.

셋째, 다른 무엇보다 공동 성장에 가치를 두어야 합니다. 전문적학습공동체 활동의 목적은 교사와 학생의 성장과 더불어 공동체의 공동 성장에 있습니다. 교사와 학생 중 한쪽의 성장만을 생각하며 활동을 진행하는 것은 아닌지, 또는 공동체가 아닌 나 자신만의 성장을 생각하는 것은 아닌지 스스로 점검해야 합니다.

2.
전문적학습공동체 참여하기

학교 안 전문적학습공동체의 경우 학교에서 운영되고 있는 전문적학습공동체 유형에 맞춰 참여하게 됩니다. 학교 안 전문적학습공동체는 일반적으로 학년별 혹은 교과별로 운영됩니다. 학년과 전담 교과가 결정되었을 때 이를 기준으로 공동체 운영을 결정한 학교의 경우, 내가 속한 학년이나 교과전담 안에서 공통의 관심사를 찾고 활동을 진행하게 됩니다. 물론, 학교 안에서 현재 공동체 활동 외에 관심 영역이 같은 교사들끼리 구성한 공동체에 참여하거나 새롭게 구성할 수도 있습니다. 전문적학습공동체의 참여 개수에는 제한이 없으므로 자유롭게 참여할 수 있습니다. 다만, 직무연수 인정을 통한 학점 부여는 정책상 1인당 1개의 전문적학습공동체 활동에서만 가능합니다. 그러므로 추가로 전문적학습공동체를 구성할 경우 자율 연수의 형태로 운영 및 참여하면 됩니다.

학교 밖 전문적학습공동체에 참여하려는 경우에는 두 가지 방법이 있습니다. 먼저 학교 밖 전문적학습공동체 활동에 이미 참여하고 있는 동료 선후배 교사들로부터 소개를 받는 것입니다. 그런데 주변의 동료 선후배 교사들이 참여하고 있는 학교 밖 전문적학습공동체가 없거나 해당 전문적학습공동체들이 자신의 관심 분야가 아닐 수도 있습니다.

이런 경우에는 전문적학습공동체 회원을 모집하는 학교 공문을 확인하고 참여하면 됩니다. 어느 정도 안정적이고 체계적으로 운영되는 전문적학습공동체에서 구성원을 모집하는 경우, 학기 초 교육 연구회 등록 시점에 교육 연구회 모집 공문을 각 학교로 발송하게 됩니다. 그러므로 학기 초에 교육연구회 모집 공문들을 문서등록대장에서 검색하여 유심히 확인하고 관심 있는 전문적학습공동체를 선택 및 참여해 본 후, 계속해서 참여할 것인지 여부를 결정하면 됩니다. 만약 이렇게 해도 자신에게 맞는 전문적학습공동체가 없다고 생각될 때는, 공통의 관심사를 가진 교사들과 모여서 직접 전문적학습공동체를 만들 수도 있습니다. 학교 밖에서 전문적학습공동체를 직접 만든다는 것이 굉장히 어렵고 복잡한 절차가 많다고 느껴질 수 있지만, 같은 교육 분야의 관심사를 가진 교사들과 함께 모여서 공동 연구를 진행하는 모임이 바로 전문적학습공동체이므로 누구나 만들고 운영할 수 있습니다.

3.
전문적학습공동체 세우기

체계적으로 운영되는 기존의 전문적학습공동체에 참여한다면, 이미 체계가 갖춰진 해당 공동체의 운영 형태에 맞춰 공동 연구를 함께 실천하면 됩니다. 그런데 학교 안 전문적학습공동체의 경우에는 대부분 학년별 또는 교과별로 운영되며, 해가 지나면 교사의 전출입, 학년 배정의 이유로 그 구성원이 매번 달라집니다. 그리고 만들어진 지 얼마 안 된 학교 밖 전문적학습공동체는 어떤 연구활동을 진행할지 방향을 정해야 합니다. 이러한 상황이라면 전문적학습공동체의 시작을 어떻게 할지에 대해 고민하고 전문적학습공동체를 세우는 과정을 구성원들과 나눠야 합니다. 전문적학습공동체를 세울 때에는 초기 리더의 역할, 교육 가치와 철학, 비전의 공유, 공동의 목표와 계획 설정을 고려합니다.

전문적학습공동체를 처음 운영할 때는 초기 리더의 역할이 중요합니다. 따라서 초기 리더를 누가 맡을지부터 정해야 합니다. 이때 주제와 관련하여 전문성이 있는 교사가 리더를 맡으면 공동체 활동 초기 연구의 방향 설정에 도움이 됩니다. 그런데 해당 주제에 대해 지식이나 경험이 풍부한 교사가 없을 수도 있습니다. 이때는 공동체 구성원의 화합을 이끌 수 있는 친화력이 높은 사람이 리더를 맡게 되면 구성원들의 동료성 함양에 도움이 됩니다. 이렇게 결정된 초기 리더는 공동체가 어떤 연구 활동을 진행할지 활동 방향의 틀을 잡을 수 있도록 구성원들과 논의를 통해 결정해야 합니다. 그리고 구성원들이 동료성을 바탕으로 한 수평적인 의사소통 관계를 맺을 수 있는 분위기를 만드는 것이 중요합니다. 또한, 전문적학습공동체 활동의 적절한 역할 분담을 통해 구성원들 중 일부에게 부담이 치우치지 않도록 해야 합니다. 이를 통해 다른 구성원들은 맡은 역할에 최선을 다하며 연구 활동을 진행할 수 있게 됩니다.

다음으로 구성원들과 교육 가치와 철학, 비전의 공유가 선행되어야 합니다. 전문적학습공동체를 직접 만들 때 중요한 것은 해당 분야에 대한 전문적 지식과 경험의 유무가 아니라, 구성원들이 교육 가치와 철학, 비전을 함께 공유하는 것입니다. 만약 연구하고 싶은 주제에 대한 지식과 경험이 부족해서 어려움을 겪고 있다면 해당 분야에 경험이 많은 교사를 초청하여 배우거나 관련 분야에 대한 직무 연수 수강을 할 수 있으므로 문제가 되지 않습니다. 하지만, 구성원들과 공통적인 교육 가치와 철학을 공유하지 않는다면 같은 방향으로 나아가야 할 전문적학습공동체 활동이 제각각으로 이루어져 어려움을 겪게 될 수 있습니다. 이는 학교 안과 학교 밖 전문적학습공동체 모두 마찬가지입니다. 따라서 공동체를 처음 구성하게 되면 먼저 구성원들이 가진 교육에 대한 생각과 철학, 비전에 대해 나누는 시간을 가지면서 공동체가 함께 공유하는 교육가치와 철학, 비전을 세우는 것이 중요합니다.

마지막으로, 목표와 계획을 구성원들과 함께 세워야 합니다. 전문적학습공동체를 처음 만들었을 때는 모임의 목적이 해당 관심사의 공동 연구와 공동 실천을 통한 학생과 구성원들의 공동 성장이라는 점을 분명하게 하고, 공동체 활동의 목표와 계획을 정해 공동 연구와 공동 실천을 꾸준히 계획하고 실행해야 합니다. 보통 한 해 혹은 한 학기의 목표와 계획이 바로 해당 전문적학습공동체 활동의 탐구 주제가 됩니다. 만약 공동체가 이러한 목표와 계획을 정해 함께 실천하지 않고 서로의 친밀한 관계 형성에 머문다면, 전문적학습공동체로써 성장하기 어렵습니다. 모임 속에서 대화와 토의를 통해 목표와 계획을 정하고 주기적인 모임을 하며 꾸준히 서로의 연구 과정과 결과를 공유하는 과정이 있어야만 전문적학습공동체 활동이 이루어질 수 있습니다.

A 초등학교의 전문적학습공동체 목표와 계획을 정하는 사례를 살펴보겠습니다. A 초등학교의 전문적학습공동체 목표는 학교 교육과정의 비전과 철학의 공유를 바탕으로 학년 특색에 맞는 교육과정을 재구성하는 것입니다. 이에 A 초등학교의 학교 안 전문적학습공동체들은 12월에 학교 전체의 교육 가치와 철학, 비전을 공유하면서 교육과정을 재구성하기 위해 1차 전직원 워크샵을 가졌습니다. 2월에는 학교의 교육철학과 비전을 바탕으로 학년별 교육과정을 만들고 이를 바탕으로 학교와 교사들의 교육적 가치가 반영된 교과 교육과정 재구성을 위해 학년별로 2차, 3차 워크샵을 진행하였습다. 이후 다시 전직원이 모인 4차 워크샵을 통해 새 학년의 교육계획을 발표하고 공유하면서 학교 교육과정을 바탕으로 교육과정을 계획하였습니다. 또한, 3월에 전입할 교사들과 미리 학교의 비전과 방향, 학년의 전문적학습공동체 계획을 집중적으로 논의하면서 전문적학습공동체의 구성원들이 공동의 목표 아래 계획을 설정할 수 있도록 하였습니다. 이처럼 전문적학습공동체의 목표와 계획을 정할 때는 모든구성원들이 적극적으로 참여해야 합니다.

이번에는 독서교육에 대해 연구하는 B 연구회의 사례를 살펴보도록 하겠습니다. B 연구회는 연구회의 탐구 주제를 구성원들이 함께 전체 모임별 주제와 소모임 주제로 구분하여 정합니다. 전체 모임의 주제는 구성원들과 함께 토의를 통해 결정하여 운영하고, 소모임 주제는 모임별로 공부하고 싶은 독서 주제를 정합니다. 같은 독서교육 연구회의 구성원이지만 교사마다 관심 영역이 달라서 그림책, 인문학, 독서기법, 독서 토론 등 다양한 학습 내용을 정하게 됩니다. 관심 영역이 같은 구성원들이 모인 소모임은 해당 모임이 정한 목표와 계획을 통해 공동 연구 및 공동 실천을 진행하기 위해서 정기적인 연구회 모임 외에 자체적으로 따로 모임을 더 갖기도 합니다.

4.
전문적학습공동체 연구 활동 운영하기

　전문적학습공동체를 구성하였다면 앞으로 연구활동을 어떻게 진행할 것인지에 대해 생각해 보아야 합니다. 공동체 모임을 진행할 때는 해당 연구 주제에 대해 구성원들이 각자 연구할 시간을 가진후 정기적인 모임을 진행하는 편이 좋습니다. 학교 안 전문적학습공동체의 경우 월 보통 1~2회의 정기 모임을 통해 개인의 연구 활동을 함께 나누면서 공동 연구를 진행합니다. 학교 밖 전문적학습공동체의 경우 거리의 특성상 월 1회 정도의 모임을 가지는 경우가 많습니다. 물론, 정기적인 모임 외에도 공동체가 연구 활동에 필요하다고 생각하는 경우, 앞서 이야기한 B 연구회 소모임들의 사례처럼 학교안 전문적학습공동체와 학교 밖 전문적학습공동체 구분 없이 여건이 허락되는 범위 안에서 수시로 온 · 오프라인 모임을 갖기도 합니다.

　전문적학습공동체 활동은 공동 연구 활동이지만 구성원 각자의 개인 연구 활동 또한 필요합니다. 공동 연구는 구성원들이 모였을 때만 연구하는 활동이 아니라, 모임을 통해 서로의 연구 과정과 결과를 공유하고 성찰하면서 함께 성장하기 위한 활동입니다. 물론, 장비의 부재 혹은 조사 범위가 한정적인 이유 등으로 인해 혼자 연구하기 어려운 부분은 함께 모여서 같이 연수를 받거나 실제로 체험해보면서 공동 연구를 진행할 수 있습니다. 하지만 그렇지 않은 주제나 내용에 대해서는 먼저 구성원 각자가 탐구하기로 한 연구 주제에 대해 개인적으로 연구하면서 자신의 의견을 정리하는 과정이 필요합니다. 그 후 공동체 모임에서는 그 내용을 발표하고 공유하면서 서로의 의견을 나누고 다시 정리하는 형태로 공동 연구를 진행하는 것이 좋습니다.

　공동 연구가 어느 정도 진행되면 연구한 내용을 학교 현장에 녹여내기 위해 어떤 장면에 이를 적용할지에 대하여 고민하게 됩니다. 연구 내용은 수업 속에서만 실천하는 것이 아닙니다. 교실 속 생활교육 또는 교육 현장에서 필요하다고 생각되는 어느 부분에나 함께 적용할 수 있습니다. 연구 내용의 실천을 고려할 때에는 유의미한 맥락 속에서의 실천을 위해 어떤 교과와 주제, 단원과 학교 생활에 적용할지에 대해 논의합니다. 이후 서로 수업과 교실 속에서 실천한 후, 다음 모임에서 연구 실천의 과정과 결과, 좋았던 점과 개선할 점 등에 대해 함께 이야기하고 다시 실천하면서 공동 연구와 공동 실천을 동시에 진행합니다.

전문적학습공동체의 공동 연구와 공동 실천은 1~2회의 이벤트성 활동으로 끝나지 않는 계속적인 연구 활동입니다. 보통 공동 연구와 공동 실천은 한 학기 혹은 1년 이상의 기간을 두고 지속적으로 이루어집니다. 연구기간 동안의 연구 내용 및 실천사례, 실천 후의 개선해야 할 점 및 일반화할 수 있는 점들에 대하여 학기 말 혹은 학년 말 등에 공유하게 됩니다. 학교 안 전문적학습공동체 활동의 연구 결과는 보통 사례발표와 워크북, 사례집 집필, 교수 학습 자료 및 실천 내용의 디지털 파일화 등이 있습니다. 학교 밖 전문적학습공동체 활동은 이에 추가하여 공동체가 계속해서 연구했던 내용들을 다른 학교 교사들과 공유하기 위해 연수를 운영할 수도 있습니다. 교육청에서 실제로 이러한 교육연구회의 교사 연수 활동을 지원하여 학교 밖 전문적학습공동체의 연구 활동이 다른 교사들에게 공유 및 전이될 수 있도록 하고 있습니다.

5.
전문적학습공동체 활동에 필요한 과정

전문적학습공동체 활동을 하다 보면 연구 활동을 진행하거나 연구한 내용을 실천에 옮길 때 예산 문제에 부딪히는 경우가 있습니다. 예를 들어, 4차 산업 혁명의 기술을 수업에 접목시키는 연구 활동을 할 때 관련 기계를 구입할 예산이 필요합니다. 이러한 예산을 전문적학습공동체 안에서 전부 해결하려 한다면 구성원들의 부담이 커져 연구의 지속을 어렵게 만들 수 있습니다. 따라서 만약 연구 활동에 필요한 예산이 필요한 경우 여러 방면의 예산 활용을 검토해보아야 합니다. 학교 안 전문적학습공동체의 경우, 해당 학교의 시 · 도 교육청의 주제 사업과 비슷한 연구주제를 결정하며 활동하고 있다면 해당 예산을 연구 활동의 예산으로 사용할 수 있습니다.

예산 활용과 관련하여 B 연구회의 사례를 살펴보겠습니다. B 연구회는 독서교육을 주제로 연구회 활동을 할 때, 시에서 주관하는 독서 프로그램 사업을 연구회 회원들이 대부분 신청하여 해당 시의 예산으로 연구 실천 활동에 활용할 수 있는 도서를 구비하였습니다. 물론 그러한 예산 활용은 해당 시의 독서 프로그램 사업이 B 연구회의 연구 주제와 일치하였기 때문에 가능하였습니다. 그리고 B 연구회의 구성원들은 학교 안에서는 교육활동을 위해 배정된 예산들을 전문적학습공동체 활동에 사용했습니다. 물론 이는 전문적학습공동체 활동의 목적이 해당 예산의 활용 목적과 일치하기 때문에 가능한 것이지, 목적에 맞지 않은 교육 예산을 사용해서는 안 됩니다.

전문적학습공동체를 운영할 때는 친목 활동을 운영하는 것도 중요합니다. 친목 활동은 교육 연구 및 실천에 공동으로 참여하는 전문적학습공동체에서 구성원 간의 동료성을 키우는 데 매우 효과적입니다. 또한 구성원들이 서로를 이해하고 관심을 가지게 하며, 배려하는 교육 공동체를 만드는 데 중요한 역할을 합니다.

친목 활동을 위해서 전문적학습공동체 활동에는 회원들의 경조사 챙기기, 정기적인 모임을 할 땐 다과 / 식사 시간 갖기, 학기에 최소 1번 공동체를 위한 워크샵 갖기, 구성원들의 축하할 일이 생길 때 축하 모임 갖기 등과 같은 항목들을 포함하여 운영할 수 있습니다.

마지막으로, 연구 활동의 의사소통 통로를 마련해야 합니다. 전문적학습공동체 활동은 정기적인 모임 혹은 수시 모임을 통해 이루어지지만, 이러한 모임을 뒷받침해주는 것은 공동체 활동의 의사소통 통로입니다. 모임에서 진행 중인 연구 내용이나 참고자료 등을 공유하고 서로 소통할 수 있는 공간과 공동 연구 · 실천을 통해 만들어 낸 과정 및 결과물들을 함께 공유할 수 있는 통로가 필요합니다. 이러한 소통 통로는 온라인을 활용한 카페(홈페이지), 밴드, 카톡 등을 활용하거나, 공동체가 공유하는 드랍박스 등과 같은 클라우드 서비스를 이용할 수도 있습니다. 학교 안 전문적학습공동체의 경우, 교내 메신저 등을 이용하여 연구 자료를 구성원들과 공유할 수도 있으나, 자료의 체계적인 정리를 위해서는 이러한 통로를 만드는 것이 더욱 효과적입니다. 특히 학교 밖 전문적학습공동체는 이러한 의사소통 통로가 있어야 원활하게 연구 활동을 진행할 수 있습니다.

학교 밖 전문적학습공동체인 C 연구회의 사례를 살펴보면, C 연구회는 월 1회의 정기 모임을 가지며 정기 모임 및 구성원들의 수시 모임에서 활동한 연구 자료들을 카톡 등 SNS 서비스에 업로드하는 것과 동시에 밴드에도 업로드하면서 연구 결과물들을 자발적으로 공유하고 있습니다. 이러한 과정을 통해 전문적학습공동체의 연구 결과물들을 다른 회원들이 자유롭게 활용할 수 있도록 나누고 이를 더욱 발전시켜나갈 수 있습니다.

제2장 전문적학습공동체 공동연구 운영

1.
전문적학습공동체 공동연구 필요성과 특징

교사는 반성적 실천가로서 자신의 수업에 대해 반성적으로 사고할 수 있는 능력이 있는 사람들입니다. 교사는 반성적 실천의 과정 속에서 지속적으로 의문을 제기하며 스스로의 전문성을 키워나갑니다. 그렇기 때문에 교사를 전문가라고 하고, 이런 반성적 실천은 전문가로의 도약을 보장해줍니다. 하지만 전문가로서 지속적 실현을 위해서는 교사 개개인의 학습도 중요하지만, 공동체 내의 학습 조직 형태의 공동연구로 발전시키는 것이 보다 현실적이고 실제적입니다. 모든 교사들은 개인 연수와 워크숍 등을 거치지만 그것은 너무 일반적이어서 많은 교사들에게 실망만 주고 있습니다. 이러한 일회성 연수가 비효과적이라는 지적은 많습니다. 그 이유는 연수의 내용이 수업으로 전이되지 못한다는 것이며, 학생의 성취에도 영향을 미치지 못하기 때문입니다.

또한 교사들이 교수학습활동에 관한 정보 또는 도움을 필요로 할 때 그들과 권력관계 상 상급자인 학교 관리자나 장학 담당자의 수직적 관계보다는 그들의 동료들과 수평적인 접촉을 훨씬 선호합니다. 결국 학교를 변화시키는 혁신 전략인 이 전문적학습공동체는 학교가 추구해야 할 교육의 본질적 측면을 통찰하게 해줍니다.

전문적학습공동체는 교사들이 교직에 대한 의식과 모습을 바꾸는데 큰 영향을 줍니다. 공동체적 접근이 교원들의 지식과 통찰력을 기르는데 상호간의 시너지를 창출 할 수 있습니다.

이러한 전문적학습공동체의 초점은 바로 교사와 학생의 성장입니다. 교사는 능력 개발과 반성적 사고를 통해 성장하고 학생은 학습 향상에 초점을 맞춰야 합니다. 결국 전문적학습공동체 공동연구의 목적은 교사의 능력 개발을 통해 교사는 성장하고 학생은 폭넓은 주제로 학업성취를 향상시키는데 목적이 있습니다. 주제에 따라 학생의 인성 및 시민성을 함께 향상 시킬 수 있습니다.

2.
전문적학습공동체 공동연구 운영 과정

1. 연구 주제 선택

전문적학습공동체를 시작할 때 연구 주제는 무엇보다도 중요한 단추입니다. 첫 단추를 잘 꿰어야 일이 잘 풀리듯이 모두에게 알맞고 좋은 주제는 전체적인 운영을 수월하게 진행할 수 있습니다. 또한 운영의 시작과 동시에 전체의 틀을 세우게 되는 핵심적 요소입니다. 이를 위해 고려해야 할 것은 참여 교사의 관심사, 생명력이 긴 연구 주제, 최근 교육 현장 주제, 배움과 성장입니다. 그럼 이렇게 중요한 공동 연구를 하기 좋은 주제에 대해서 함께 알아봅시다.

가. 참여 교사의 관심사

연구 주제는 공동 연구에 참여하는 교사들의 관심사를 만족시켜야 합니다. 참여하는 교사가 자신이 전혀 알지 못하고 관심 없는 주제라면, 전문적학습공동체의 운영이 제대로 될리가 없습니다.

초임 시절 전문적학습공동체가 무엇인지도 잘 모를 때였습니다. 학년별로 운영하는 전문적학습공동체였는데, 부장님이 오시더니 학교에서 제시된 주제 중 하나를 가져오셨습니다. 물론 저는 지금까지도 그 주제가 무엇인지 기억이 나지 않습니다. 그렇게 1년간 운영된 전문적학습공동체에서 얻은 것을 곰곰이 생각해보니 '다양했던 과자 종류'만 떠오릅니다. 내가 고르지 않은 주제로 인해 형식적으로 운영되어 그냥 하나의 친목 모임처럼 인식되어 있던 것입니다.

반면 다른 경우도 있습니다. 근무했던 학교 중 한 학교에서는 전문적학습공동체 주제를 정할 때 모든 선생님이 모여 토의를 통해 의견을 냈습니다. 그리고 자신이 원하는 주제를 선택해 참여하고 운영 했었습니다. 이 두 사례의 핵심은 선생님들의 자발성이 담긴 관심사입니다. 이 관심사는 교사들에게 스스로 참여하고 운영할 수 있게 되는 원동력이 됩니다.

나. 성장과 배움이 있는 생명력이 긴 연구 주제

세월이 흘러도 그 중요성이 항상 유지되는 교육 주제가 있고, 그렇지 않은 주제도 있습니다. 예를 들자면 독서나 생활 교육 등이 그렇습니다. 이러한 주제들은 시대가 많이 변해도 학생들의 성장과 배움에 있어서 반드시 필요한 주제이기 때문에 매우 중요합니다. 이슈화 되지만 학생의 성장과 배움에 크게 상관없이 화려하고 반짝이는 교육 주제들도 있습니다. 열린 교육 같이 잠깐 붐이 일었다가 사라지는 주제들도 많습니다. 전문적학습공동체 운영을 잘 하기 위해서는 연구 주제의 선정에 신중을 기해야 합니다. 그 핵심은 성장과 배움이 길게 유지 될 수 있는 주제입니다.

다. 최근 교육 현장 주제 융합

위의 생명력이 긴 연구 주제와 더불어 최근 교육 현장에서 주목되는 교육 주제를 융합하면 창의적인 연구 주제가 될 가능성이 높습니다. 요즘 전세계가 코로나-19에 휩싸여 있습니다. 이에 대응해 교육계에서도 다양한 교육 현장 주제가 대두되고 있습니다. 비대면 원격 교육, AI 교육 등 미래에도 꼭 적용 할 수 밖에 없는 주제를 찾아보는 것도 좋습니다. 또한 이와 함께 교육부 차원의 정책이나 뉴스를 잘 살펴보는 것이 좋겠습니다. 추가로 교육부 및 시도교육청의 교육정책이나 교육 방법에 대한 공부도 함께 해보는 것이 유효합니다.

라. 교사, 아이들의 배움과 성장

무엇보다 중요한 것은 교사뿐만 아니라 우리 학생들이 배움과 성장을 할 수 있는 주제여야 합니다. 관심사만 충족하거나 아이들에게 관련 없는 주제라면 전문적학습공동체에서 다룰 이유가 없습니다. 모든 주제와 핵심은 '학생'과 '교사'에게 맞추어서 연구 주제를 선정해야 합니다.

2. 연구 주제 탐구

연구 주제를 정했으면 함께 주제에 대한 탐구를 해야 할 차례입니다. 주제에 대해서 서로 아는 것들을 나누고 토의하여 개인이 갖고 있는 주제에 대한 깊이를 더 할 수 있습니다. 이 연구 주제 팀 학습 활동은 교사들에게 사려 깊은 논의 수단이 될 수 있습니다. 교사들은 이를 통해 수업에 관한 대화에 참여하게 되고, 실천 정보를 탐구하고, 반성을 하게 되며 검토하는 과정을 갖게 됩니다. 이러한 탐구 과정 자체가 교사와 학생을 모두 성장 시키게 됩니다. 이를 위해서는 최근 교육 트렌드를 살펴보고, 관련 자료를 찾아보는 방법들이 있습니다.

가. 최근 교육 트렌드 살피기

연구 주제를 함께 탐구하며 최근 교육 트렌드의 교육 담론을 함께 살펴보는 것이 좋습니다. 다양한 교육 담론을 함께 공부하며 연구 주제를 바라보면 시야를 넓히고 지식을 깊게하는 장점이 있습니다. 더 큰 안목에서 연구 주제를 바라보면 새로운 아이디어도 떠오르고 연구 주제를 심화할 수 있습니다.

나. 관련 자료 찾기

관련 도서나 선행 연구를 분석합니다. 연구 주제에 관한 논문이나 보고서 등을 살펴봄으로서 기존 연구자들이 했던 고민들을 미리 살펴볼 수 있습니다. 고민들과 연구 결과를 살펴보는 것만으로도 앞으로 진행할 전문적학습공동체에서 겪을 수 있는 시행착오를 많이 줄일 수 있습니다.

3. 교육과정 재구성

연구 주제를 토대로 연구 수업을 할 때는 교육과정을 알맞게 재구성해야 합니다. 연구 주제를 교육과정에 녹이기 위해서 필수인 과정입니다. 그러나 교육과정의 진도와 수업 내용을 변경하는 것을 꺼려하거나 어려워하는 선생님들이 간혹 있습니다. 이는 연구자의 자율성과 시기를 생각하며 고려할 수 있습니다.

가. 연구자의 자율성

연구자는 교과서나 주어진 틀에 매여있으면 안 됩니다. 교사에게 교과서는 반드시 해야하는 바이블이 아닙니다. 단지 수업에 이용할 수 있는 도구에 불과합니다. 따라서 연구 주제에 맞는 교육 내용을 교과서에서 찾아서 변경해도 되고, 단독으로 추가해도 괜찮습니다. 오히려 좋은 연구 주제로 재구성하는 것이 교육과정 다양성 측면에서 더 좋습니다. 여기서 제일 중요한 것은 성취기준입니다. 해당 차시에서 가르쳐야 할 성취기준을 달성할 수업 계획을 갖고 교육과정을 재구성한다면 더욱 좋습니다. 교사가 가르쳐야할 것은 국가교육과정의 내용이기 때문에 다양한 주제로 성취기준을 달성한다면 그보다 좋을 수 없습니다.

나. 시기

연초에 교육과정을 연구 주제와 접목하여 교육과정을 재구성합니다. 아직 연구 주제에 대한 고찰이 부족해 확실하게 계획할 수 없다면, 큰 틀로서 계획을 세우고 나중에 추가

해도 됩니다. 우리가 다루는 교육과정은 수시 재구성이 가능합니다. 내가 필요한 때 필요한 만큼 재구성하여 운영해도 괜찮습니다. 다만 학교, 학년 교육과정의 틀에서 크게 벗어나지 않도록 조절할 필요는 있습니다. 기본적으로 6개월에서 1년 단위로 계획하고 변경되면 수시로 재구성합니다.

4. 연구 수업 실천과 성찰

다음 단계는 연구 수업 실천과 성찰입니다. 이 단계에서는 탐구하고 재구성 한 내용을 직접 학생들에게 실천해보고 피드백을 받게 됩니다. 이 과정이 전문적학습공동체 공동연구의 꽃입니다. 이 과정을 통해 교사도 학생도 성장하고 배우게 되기 때문입니다. 그럼 어떻게 실천하고 성찰하는지 살펴 보겠습니다.

가. 수업 실천

연구 주제에 맞는 연구 수업을 하기 위해서는 수업안이 필요합니다. 공동연구 특성상 수업안 개발은 구성원들과 공동으로 하는 것이 좋습니다. 많은 교사들의 시야로 수업안을 준비하게 되면 깊이 있고 풍성한 수업안이 완성됩니다. 수업에 필요한 자료도 함께 만들어보는 것이 좋습니다. 같은 수업안이라도 어떤 교사가 수업하는지에 따라 천차만별의 수업이 나옵니다. 같은 수업안과 자료로 수업을 각자 해보면 느낀 바에 따라 연구 주제에 대한 토의는 심도있게 진행될 수 있습니다.

수업은 많은 지식을 효과적으로 전달하는데 초점이 맞춰진 것이 아니라, 학생 한명 한명의 배움과 성장에 초점이 맞춰진 수업을 해야 합니다. 그러므로 학생들이 수업에서 배운 지식을 자신의 삶속에서 적용하고 그 의미와 가치를 스스로 찾아갈 수 있도록 해야 합니다.

나. 수업 성찰

수업을 실천했다면 수업을 성찰하는 단계입니다. 수업 성찰은 반드시 '동료성'에 기반해야 합니다. '동료성'은 곧 구성원 간의 신뢰와 존중입니다. 이는 전문적학습공동체 내에서 서로 모두 자신이 무슨 말을 해도 비난 받지 않고 부끄러운 얘기도 당당하게 할 수 있는 편안한 분위기를 의미합니다. 서로를 신뢰하는 '동료성'이 있다면 수업의 발전 방향을 함께 고민하고 찾아가게 됩니다. '동료성'을 지닌 수업 성찰은 교사들에게 긴장과 방어가 아닌 배움과 성장이라는 행복함을 가져다 줍니다.

5. 연구 결과의 평가와 나눔

전문적학습공동체 공동연구 평가는 단기평가와 장기평가로 구분합니다. 그리고 그 결과를 보통 나누게 됩니다.

가. 단기평가

단기평가는 학생 평가입니다. 이 평가는 말 그대로 수업 후 학생들을 평가하는 것입니다. 이 때 평가의 정량적인 부분이 아니라 학생들이 얼마나 배움과 성장을 했는지 과정적인 정성적 평가를 실시합니다. 대부분 학생들의 소감과 느낌을 질문지를 통해서 받게 됩니다. 이를 통해 연구를 성찰하고 환류할 수 있습니다.

나. 장기평가

장기평가는 연구 결과의 평가입니다. 전문적학습공동체의 연구 주제로 일정 기간 연구 수업을 실천한 후 아이들의 최종적인 변화를 살핍니다. 이 때는 사전, 사후 설문을 통해서 통계를 내 알아볼 수 있습니다. 포트폴리오나 관찰 등 다른 평가 질적, 양적 평가 방법을 모두 활용 할 수 있습니다.

다. 나눔

평가 후 우수한 연구 결과물은 주변 학교나 교사들과 함께 나누면 좋습니다. 그렇지 않으면 연구 결과물은 전문적학습공동체 자료에만 머물게 되어 사장됩니다. 우수 수업 연구 결과를 함께 나누는 것은 교육 현장의 변화뿐만 아니라 다양한 전문적학습공동체로 더 성장시키고 발전시키는데 영향을 끼칩니다.

6. 전문적학습공동체 공동연구의 유의점

전문적학습공동체 공동연구를 운영할 때 다양한 어려움이 있습니다. 대표적으로 다음과 같은 어려움이 있습니다.

가. 시간부족

교사들은 가르치는 교육활동뿐만 아니라 각종 행정업무를 맡아 수행합니다. 그래서 교사들은 전문적학습공동체 공동연구에 집중할 수 있는 시간적 여유가 많지 않습니다. 보통은 의미를 두고 시작하지만 실제 추진과정에서 과중한 업무로 참석하지 못하는 경우가 많습니다. 결국 교사들에게는 팀 활동을 위해 서로 할애해야하는 시간 조정이 가장 어려운 문제입니다. 그리고 비강제적일 경우 참여율이 점점 낮아지는 경향도 보입니다. 서로 약속한 시간은 반드시 지켜 전문적학습공동체 공동연구의 수행이 이뤄져야 합니다.

나. 교사들의 불간섭주의

교사문화에는 자신의 일을 침해하지 않는 한 타인의 일에 간섭하지 않으려는 인식이 강합니다. 학교조직에는 공개적으로 도움을 주고받는 문화가 정착되어 있지 않습니다(이석열, 이미라, 2006: 159). 일부 교사들은 팀을 구성해서 학습활동을 한다는 것 자체에 대해 의아하게 생각하는 교사도 있습니다. 간혹 귀찮아 하거나, 그런 것 까지 한다며 부정적인 반응을 보이기도 합니다. 이들은 교사로서의 전문성을 가져야 한다는 점에서는 동의하지만 자신의 전문성을 공유하는 것에는 인색합니다.

다. 구성원의 마음가짐

보통 운영할 때 리더그룹과 참여그룹이 형성됩니다. 서로에게 요구되는 역할은 다르지만 연구 활동에서 각자 맡은 역할의 중요성은 모두 같습니다. 각자의 역할을 잘 못했을 때 소수의 교사가 에너지를 모두 소진하고 희생하는 경우가 생기게 됩니다. 이러한 일들은 무임승차를 원하는 교사가 활동을 할 때 발생합니다. 따라서 참여 교사들의 마음가짐이 무척 중요합니다. 참여하려는 교사들의 마음을 신중히 검토하고 시작해야 합니다. 준비가 되어있지 않다면 연구할 준비가 될 때까지 공동연구는 조금 미루어 두는 게 좋습니다.

라. 자발성

경기도교육청에서는 학점화로 인해 인센티브를 줍니다. 그렇다 하더라도 교육연수원에 무료 연수가 널려있는 마당에 교사들에게 크게 와닿지 않습니다. 제일 중요한 것은 교사 스스로의 자발성입니다. 전문적학습공동체 활동이 교사의 자발성에서 시작 할 때 업무가 아닌 교사 성장으로 시작하게 됩니다.

마. 학생의 성장과 배움

간혹 공동연구를 할 때, 교사 본인의 실적이나 영광을 기대하고 참여하는 경우가 있습니다. 물론 열심히 공동연구를 해서 결과를 내면 좋습니다. 그렇지만 그것이 목적이 되어서는 안 됩니다. 공동연구의 목적은 학생의 성장과 배움입니다. 이것이 도출되어야 하는 결론입니다. 그 과정에서 현장 연구라든지 나눔을 통해 또 다른 결과를 가져올 수 있는 것입니다. 참여하는 교사들도 목적을 혼동하지 않고 참여해야 합니다.

바. 연구하지 않는 전문적학습공동체

전문적학습공동체는 교사들의 연구가 본질입니다. 물론 구성원 간의 정의적 요소가 반드시 필요합니다. 그렇지만 '연구'라는 요소는 필수적인 것입니다. '연구'가 없다면 전문적학습공동체라고 볼 수 없습니다. 구성원간의 친목이나 유대는 활동과정에서 부수적으로 따라오게 되는 것입니다. 연구를 하지 않고 모여서 친목활동만 하는 전문적학습공동체의 공동연구는 결국 흐지부지되어 생명력을 잃게 됩니다.

제3장 전문적학습공동체 자발성 형성 방안

1.
전문적학습공동체 정착의 열쇠

전문적학습공동체가 교육 현장에 성공적으로 정착하기 위해서는 무엇보다 구성원들의 자발성이 요구됩니다. 일본의 교육학자 사토 마나부는 전문적학습공동체와 유사한 개념인 배움의 공동체를 주장하면서, "학교는 완고한 조직이기 때문에 1-2년에 변화될 수 있는 곳이 아니며, 강제적으로 지나치게 서두른 개혁은 아이들에게 있어서나 교사에게 있어서나 결코 좋은 결과를 얻지 못한다. 혁명적으로 생각하고, 점진적으로 변화하는 것이 중요하다."라고 말했습니다. 이는 전문적학습공동체 활동이 학교 구성원들의 공감과 자발적 실천 없이 실적을 내는 데 급급하여 무리하게 학교 변화의 확산을 시도하는 활동이 된다면, 설령 전문적학습공동체가 형식적으로는 확산된다 해도 그 본질과 의미가 희석된 채 새로운 학교 업무로 인식되어 학교가 전문적학습공동체로 거듭날 수 없다는 것을 의미합니다.

실제로 교육 현장에서는 여전히 전문적학습공동체 활동이 교육청에서 하달하는 하나의 업무처럼 여겨지는 사례를 흔하게 찾을 수 있습니다. 이와 대조적으로, 전문적학습공동체 활동의 성공사례를 살펴보면 공통적으로 구성원들의 자발적인 실천 의지가 컸습니다. 이처럼, 구성원들의 자발성은 전문적학습공동체 정착의 가장 중요한 열쇠입니다.

2.
전문적학습공동체를 위한
지속 가능한 자발성 형성 방안 - 성장 측면

성장 측면에서 전문적학습공동체의 자발성을 형성하기 위해 비전과 가치를 공유하기, 학생과 교사의 성장 경험을 통한 즐거움 회복하기, 교사의 소진 방지하기의 세 가지 방안을 생각해볼 수 있습니다.

1. 비전과 가치의 공유

먼저, 교육에 대한 공동의 비전과 가치를 공유하기 위해서는 전문적학습공동체 운영의 필요성을 인식하고 수업과 교육의 변화라는 공동의 비전을 공유하는 것이 필요합니다.

전문적학습공동체의 효과적인 운영을 위해서는 전문적학습공동체를 운영해야 하는 이유와 목적에 대해 충분히 논의해야 합니다. 전문적학습공동체의 중요성과 필요성을 이해하지 못하는 상황에서는 교육 공동체의 공감을 이끌어내지 못한 채 하나의 학교 업무로 존재하게 될 가능성이 높습니다. 실제로, 전문적학습공동체가 왜 중요하고 필요한지에 대해 이해하지 못하는 상황에서 업무를 담당하는 대다수의 교사들과 해당 학교의 교사들은 전문적학습공동체 활동으로 무엇을 해야 할지 방향을 설정하는 것을 어려워한다는 사례가 많습니다. 이와 반대로, 전문적학습공동체 활동에 대한 필요성을 인식하고 이를 통하여 어떤 목적과 비전을 달성할 것인지를 명확히 하는 학교에서는 교사들이 자발적이고 적극적으로 참여하는 모습을 통해 전문적학습공동체의 성과가 나타나거나 해당 학교의 전문적학습공동체 환류 활동으로 이어지는 선순환 구조가 나타났습니다.

이처럼 전문적학습공동체를 활성화하기 위해서는 전문적학습공동체를 담당하는 부장 혹은 교사, 혹은 교육청 인사 등의 외부인사가 해당 학교의 다른 교사들에게 전문적학습공동체가 왜 필요한지, 어떤 목적을 가지고 운영하여야 하는지, 전문적학습공동체를 구축할 때 추구해야 할 원칙은 무엇인지 등에 대해 설명하고 해당 학교의 구성원들에게 전문적학습공동체에 대한 공감을 얻어야 합니다.

전문적학습공동체 운영의 필요성을 인식했다면, 이러한 공동체 활동의 목적이 수업과 교육을 변화시켜 학생의 성장과 교사의 전문성 성장을 목표로 한다는 공동의 비전과 함께 공동체가 추구하는 교육가치를 구성원들이 공유해야 합니다. 교육 현장에 있는 대부분의 교사들은 정도의 차이는 있지만 수업과 교육이 더 나은 방향으로 바뀌는 것을 원하고 있습니다. 전문적학습공동체 활동이 수업과 교육을 더 나은 방향으로 변화시키는 활동임을 인식하면서 교사 개개인의 수업과 교육에 대한 비전을 구성원들이 함께 공유한다면 전문적학습공동체 활동의 자발성을 이끌어 낼 수 있습니다.

2. 학생과 교사의 성장 경험을 통한 즐거움과 회복

학생과 교사의 성장 경험을 통하여 즐거움을 느끼는 것은 먼저 교사로서의 자신감 회복을 의미합니다. 전문적학습공동체 활동을 통해 다른 교사들과 수업을 공유하고 즐거움을 느끼게 된 교사들은 이러한 경험 그 자체로 교사로서의 자긍심과 자신감을 회복할 수 있습니다. 또한 구성원들과의 공동 연구 및 공동 실천을 통해 본인의 전문성 향상에 대해서도 깊은 만족감을 느끼는 일련의 과정이 전문적학습공동체 활동에 대한 동기를 더욱 강화시킵니다.

또한, 교사와 학생이 동시 성장을 경험하는 것은 교사의 즐거움입니다. 교사는 전문적학습공동체 활동을 통해 다른 구성원들과 교육 내용 및 방법의 심도 있는 나눔과 성찰을 경험하게 됩니다. 그리고 이를 공동 연구 및 실천하는 과정에서 학생들의 성장을 바로 옆에서 지켜보는 경험을 하는 것이야말로 교사들이 느낄 수 있는 가장 큰 즐거움 중의 하나입니다. 교실주의의 폐쇄적인 공간에서 느끼는 걱정과 불안감에서 벗어나 교육에 대한 나눔 및 변화의 경험과 수업에 대한 성찰과 공유를 통해 교사들은 전문성의 성장을 느끼게 되고, 학생들의 바른 성장과 행복한 학교 생활을 통해 교사라는 직업에 보람과 즐거움을 느낄 수 있습니다. 이는 전문적학습공동체 활동의 과정 자체가 교사로서의 보람과 만족감을 통해 즐거움과 회복을 느끼게 하여 전문적학습공동체 활동에 전념하게 만드는 계기가 된다는 것을 의미합니다. 즉, 전문적학습공동체 활동에 전념하는 과정 그 자체가 자발성을 키우는 요인이 될 수 있습니다.

전문적학습공동체가 활성화된 학교들을 살펴보면 교육과정에 대해 구성원들이 비전을 함께 공유하여 이를 교육과정에 일관적으로 반영하는 학교가 많음을 알 수 있습니다. 먼저 학교의 모든 구성원이 전문적학습공동체가 되어 학교장과 교감, 교사들이 함께 여러 차례에 걸쳐 학교 교육과정 수립을 위해 학교 철학과 학교 문화, 교육과정 전반에 대한 구체적인 실천을 논의하고 학교 교육과정의 비전을 공유합니다. 그리고 학교 교육과정의 비전 아래 같은 학년 교사들이 다시 전문적학습공동체가 되어 학년 비전과 학년 교육 목표를 세우게 되면, 학교 구성원들이 모두 공동의 비전과 가치를 공유하게 됩니다. 이러한 과정을 통해 구성원들은 학교가 추구하는 가치를 공유하게 되고, 명확한 이해를 토대로 공동의 가치와 목표를 실천하기 위한 자발성을 가질 수 있습니다.

3. 교사 소진의 방지

아무리 좋은 활동도 구성원들이 활동을 통해 소진되는 느낌을 받는다면 지속될 수 없습니다. 전문적학습공동체 활동 역시 마찬가지입니다. 따라서 공동체 활동의 부담감을 적정한 수준으로 조정하고, 지나치게 많은 프로그램이 이루어지는 것을 지양해야 합니다.

만약 전문적학습공동체의 구성원들이 학교의 비전을 함께 공유하고 교사와 학생의 성장을 위해 노력하는 과정에서 지나친 부담감을 느끼고 활동한다면 오히려 교사의 소진과 탈진이 발생하여 더 이상 활동할 수 있는 동력을 얻지 못하는 경우가 일어날 수 있습니다. 전문적학습공동체라는 이름 아래 교육에 대한 헌신과 노력에 열정을 쏟는 것이 교사 개인의 삶을 희생하는 일이 되는 것은 분명하게 잘못된 일입니다. 전문적학습공동체 활동이 지속 가능한 자발성을 띠기 위해서는 교사들의 공동체에 대한 부담감을 덜어주고 휴식을 취할 수 있게 해주는 보살핌이 필요합니다. 이는 교사 회복과 치유에 관한 내용을 다루거나 교사들의 개인적 고충과 고민을 들어주는 활동, 교사들이 공동체 활동 중 마음 놓고 휴식을 취할 수 있는 활동들이 전문적학습공동체 활동에 포함되어 부담감을 조정하고 소진을 방지할 필요가 있다는 것을 의미합니다.

또한, 전문적학습공동체를 운영하다 보면 다양한 교육적 요구와 열의를 통해 많은 프로젝트와 프로그램을 계획하고 실행하게 되는 경우가 많습니다. 그리고 이러한 노력이 교사 공동체로서 전문성을 신장시키고 학생들의 성장에 도움이 된다고 생각하게 되며 계속해서 공동체를 채찍질하게 됩니다. 그러나 아무리 좋은 프로그램도 전문적학습공동체의 구성원들이 지속할 수 없는 것들이라면 이는 오히려 공동체 활동의 자발성을 해치게 됩니다. 전문적학습공동체는 교사와 학생의 성장을 위한 교육 공동체입니다. 하지만 이것이 교사들의 여유를 없애고 질주하는 삶의 모습을 가져야 한다는 것은 아닙니다. 이를 구성원들이 반드시 인지하고 함께 확인할 필요가 있습니다. 지나치게 다양한 프로그램들보다는 본질적으로 꼭 필요한 프로그램과 프로젝트를 운영하는 것이 장기적으로 전문적학습공동체의 자발성을 유지시키는 방법이 될 수 있습니다.

3.
전문적학습공동체를 위한 지속 가능한 자발성 형성 방안 - 학교 변화 측면

학교 변화의 측면에서 전문적학습공동체의 자발성을 형성하기 위해서는 학교 조직의 변화, 학교 문화의 변화, 학교장의 리더십 변화와 민주적 의사결정 구조 확립의 세 가지 방안을 들 수 있습니다.

1. 학교 조직의 변화

학교 조직의 변화를 위해서는 먼저 학교의 비전과 가치에 일치하는 업무체계를 구성해야 합니다. 공동의 비전과 가치를 세우고 공유하더라도 학교의 업무 체계가 학교의 비전과 일치 하지 않는다면 구성원들은 학교와 진정으로 비전을 공유하고 있다고 받아들이지 않게 됩니다. 그러므로 비전과 가치에 맞는 업무 체계의 구성이 필요합니다.

A 고등학교의 사례를 살펴보면, A 고등학교는 학생의 안전한 생활을 목표로 학교의 비전과 업무 체계가 따로 돌아가지 않도록 학년부에 두 명의 부장을 두었고, 교장실의 명칭도 안전복지팀으로 바꾸었습니다. 또한 학교에서 갈등이 있는 학생들의 경우 다른 고등학교처럼 여러 단계를 거쳐 징계 받는 대신 담임교사와 상담 후 바로 교장실에서 상담 받는 구조를 마련하여 전문적학습공동체의 활동을 지원했습니다. 이처럼 학교의 업무체계와 조직 구조가 학교의 비전을 실천하고 전문적학습공동체를 지원할 수 있도록 유기적인 조직 구조로 변해야 합니다.

또한, 전문적학습공동체가 자발적으로 실현되기 위해서는 학교의 조직 구조를 업무 중심 조직에서 학습 중심 조직으로 바꿔나가야 합니다. 현행의 업무 중심 조직 구조는 교원들이 교육 현장에서 행정 업무를 처리하는 데 많은 시간을 소비하게 되어 자발적으로 수업과 교육을 변화시키기 위한 시간을 확보하는 데 어려움을 겪을 수밖에 없습니다.

학교가 교감, 행정전담 교원, 행정 실무사 등으로 구성된 업무 전담팀의 도입으로 행정 업무를 대폭 경감하고 그 외의 교사들은 전문적학습공동체 활동에 충분한 시간을 들여 전념할 수 있는 학습 중심의 조직이 된다면 학교 구성원들이 학교의 비전과 가치에 온전히 집중하여 전문적학습공동체 활동을 지속할 수 있는 자발성을 가질 수 있습니다.

2. 학교문화의 변화

이와 동시에 학교문화를 신뢰와 존중의 문화로 변화시켜 전문적학습공동체가 자발성을 띠는 문화를 만드는 것도 중요한 요소입니다. 전문적학습공동체가 자발적으로 운영되기 위해서는 구성원들의 친밀한 관계와 부드러운 분위기가 필요합니다. 교실 속 개인주의에서 벗어나 공동체의 구성원들이 서로 존중하고 배려하며 다양함이 열려 있는 친밀한 관계를 형성하는 것은 전문적학습공동체 활동에 있어서 매우 중요합니다. 내가 어떤 말을 해도 나를 평가, 공격하거나 비난하지 않는다는 신뢰 관계가 형성되어야만 구성원들은 자신이 가지고 있는 교실 문제와 교육 문제를 안심하고 털어놓으면서 전문적학습공동체 활동을 시작하고 지속할 수 있습니다.

3. 학교장의 리더십 변화와 민주적 의사결정 구조 확립

학교 조직과 학교 문화의 변화를 위해서는 학교장의 리더십 변화와 이를 통한 민주적 의사 결정 구조 확립이 선행되어야 합니다. 먼저, 학교장은 교사들의 성장과 학습에 대한 의지가 높다는 것과 전문적학습공동체 활동이 학교를 성장시킨다는 것을 인식해야 합니다. 만약 학교장이 교사들의 공동 연구와 공동 실천의 결과물을 집단지성의 산물이라고 이해하지 않고, 공개수업 등의 절차에서의 무임승차로 여겨 존중하지 않는다면 당연히 구성원들의 전문적학습공동체에 대한 인식은 부정적일 수밖에 없습니다. 학교장의 교사들에 대한 존중과 신뢰, 기대가 전문적학습공동체를 자발적으로 이끌어나가는 원동력이 됩니다.

또한, 학교장은 교사들이 비전을 지니고 전문적학습공동체 활동에 주체적으로 참여하며 적극적으로 실천할 수 있도록 변혁적·지원적 리더십을 발휘해야 합니다. 전문적학습공동체 활동은 수업과 교육을 개선하고자 하는 개혁적 지향이 강하기 때문에 단순히 학점 인정, 평가 반영과 같은 거래적 리더십으로는 공동체 활동을 활성화시키기 어렵습니다. 전문적학습공동체의 활성화를 위해서 학교장은 전문적학습공동체와 관련한 비전을 먼저 세워 공감대를 형성하고, 교사들이 원활하게 운영할 수 있도록 다양한 물적·인적·제도적 환경을 조성하고 지원하는 변혁적·지원적 리더로서의 역할을 수행해야 함을 인지하며 이러한 리더십을 지닐 수 있도록 해야 합니다.

학교장이 변혁적·지원적 리더십을 갖추어도 학교의 교육활동에 관한 중요한 의사결정이 업무담당자와 관리자 사이의 합의에 따라 또는 부장교사들과 관리자의 기획위원회를 통해 전체 교사들에게 일방적인 시행 안내 방식으로 이루어지는 탑-다운 방식의 의사결정 구조로 이루어진다면, 교사들의 자발성을 해치고 수동성을 강화시켜 전문적학습공동체로의 근본적인 변화를 가져오지 못하게 됩니다. 교사의 자발성을 위한 문화와 풍토를 마련하고 교육활동과 관련된 의사결정에 모든 교사들이 논의의 과정과 의사결정에 참여할 수 있는 민주적 의사결정의 구조를 마련해야 합니다. 이를 위해 학교장은 민주적인 의사결정 시스템을 구축하여 학교 운영과 관련한 의사결정 과정에서 교사들의 의견이 적절하게 반영될 수 있도록 폭넓은 전결규정, 워크샵 확대 등의 권한 위임을 실천해야 합니다. 만일 학교장이 독단적으로 권위적인 의사결정을 하는 경우 이에 대한 교사의 의견을 교장에게 전달할 수 있는 내부적인 시스템을 마련하여 민주적 의사결정 구조를 확립해야 합니다. 이를 통해 전문적학습공동체 활동이 수업과 교육, 더 나아가 학교를 변화시킬 수 있다는 믿음을 구성원들에게 주어야 합니다.

4.
전문적학습공동체를 위한 지속 가능한
자발성 형성 방안 - 공동체 운영 측면

공동체 운영의 측면에서 전문적학습공동체의 자발성을 형성하기 위해서는 공동체 리더 교사의 역할 수행, 학교 밖 전문적학습공동체와의 연계, 전문적학습공동체를 실질적으로 지원하는 교육 정책 실행의 세 가지 방안을 들 수 있습니다.

1. 공동체 리더 교사의 역할

전문적학습공동체 활동 초기에 공동체 리더의 역할은 매우 중요합니다. 물론 리더 교사가 다른 공동체 구성원들을 고려하지 않고 리더 교사 자신의 의욕에 따라 지나치게 주도적으로 공동체 활동을 이끌어 가는 경우, 다른 구성원들의 자발성을 살리지 못하게 되어 오히려 공동체성을 해칠 수 있습니다. 따라서 리더 교사는 먼저 구성원들의 성향과 특성을 파악하여 활동에 대한 기대와 목표를 적정 수준에 맞춰 설정해야 합니다. 학교의 문화와 활동에 대해 구성원들이 다른 견해를 가질 수 있음을 인정하고, 전문적학습공동체가 추구하는 변화 방향과 다른 생각을 가진 교사도 이해하고 수용할 수 있는 기다림을 가져야 합니다. 공동체 리더 교사가 구성원들에 대한 이해 없이 전문적학습공동체 활동을 강요한다면 이는 전문적학습공동체 활동이 구성원들에게 단순히 하나의 처리해야 할 업무로 인식될 수 있기 때문입니다.

그리고 공동체 리더 교사는 전문적학습공동체의 형식과 실천 내용 등을 결정할 때 리더 개인의 의사를 전적으로 반영하여 이끌기보다는 구성원들이 자발적으로 구성원과의 협의 과정을 거치고 합의에 의해 실천해 갈 수 있도록 운영의 틀 마련에 중점을 두어야 합니다. 이를 위해 리더들은 누구나 자신들의 의견을 편안하게 얘기할 수 있도록 허용적인

제 2 부 전문적학습공동체 운영의 실제

분위기를 조성해야 합니다. 자유롭게 의견을 나누며 의사결정을 내리게 되면 공동의 책임감을 느끼면서 전문적학습공동체 활동에 자발적으로 참여하게 되고 책임을 공유할 수 있게 됩니다. 이를 통해 더 나아가서는 공동체의 구성원들이 리더 교사의 이끔에 의해 전문적학습공동체 활동을 하게 되는 것이 아니라, 서로를 이끄는 수평적 관계속에서 리더가 되게 됩니다.

2. 다른 전문적학습공동체와의 연계

공동체 운영 측면에서 자발성을 형성하기 위해서는 다른 전문적학습공동체와의 연계도 중요한 요소가 됩니다. 전문적학습공동체가 개인이 아닌 공동체로 운영된다고 하더라도 교사 자원의 한계가 있습니다. 따라서 학교 안 전문적학습공동체 및 학교 밖 전문적학습공동체들과의 네트워크 구축을 통해 경험을 나누고 지적 원천을 교류한다면 전문적학습공동체의 교육과정이 더욱 풍부해지고, 공동체가 새로운 자극을 받아 전문적학습공동체 활동의 추진력을 얻을 수 있습니다.

학교 안과 학교 밖에서의 유용한 경험을 공동체 안으로 가지고 와 전문적학습공동체 방향을 설정하기도 하고 작은 아이디어를 제공하기도 하며 다양한 차원에서 긍정적으로 영향을 줄 수 있습니다. 따라서 학교 안 – 학교 밖 전문적학습공동체가 권역별 및 주제별로 그 활동 내용을 교류할 수 있는 네트워크를 구축하고 실질적으로 정보를 공유함과 동시에 함께 성장하면서 동력을 얻는 방안이 추진되어야 합니다.

3. 전문적학습공동체를 실질적으로 지원하는 교육 정책

전문적학습공동체가 자발성을 띠고 운영되기 위해 이를 지원하는 교육 정책은 전문적학습공동체의 질적 심화에 초점을 맞춰야 합니다. 지금까지 전문적학습공동체 활동의 양적 팽창을 위한 정책이 학점화 정책 등을 통해 계속되고 있었습니다. 특히 학점화 정책의 경우, 교원 만족도 조사 결과는 높게 나타나고 있으나, 실제 연구 결과에 따르면 학점화 정책의 실제 효과 분석 결과 공동체 활동의 자발성에 미치는 긍정적인 영향은 거의 없는 것으로 나타났습니다.

이러한 학점화 정책은 전문적학습공동체 활동의 양적 팽창을 위해 진행되었으며, 여전히 학점 이수를 위한 협의로 전락할 위험을 가지고 있어 공동체의 자발성을 위협하고 있습니다. 전문적학습공동체가 자발성을 가지고 지속되기 위해서는 양적 팽창 정책보다는 질적 심화에 초점을 맞춘 정책이 실행되어야 합니다. 정책적 측면에서 전문적학습공동체 운영의 융통성과 자율성을 보다 크게 부여하여 이수 시간과 활동의 자율성을 보다 확대하고 단위 학교 및 단위 공동체 컨설팅 등 체계적인 지원 시스템을 보다 개선한다면 전문적학습공동체 활동이 풍성해지고 자발성 함양에 도움을 줄 수 있을 것입니다.

제4장 전문적학습공동체 리더와 팀원의 역할

1.
전문적학습공동체 리더와 팀원

전문적학습공동체가 유기적으로 운영되기 위해서는 리더와 팀원 간의 관계 형성이 매우 중요합니다. 각자 맡은 역할을 제대로 수행할 때 전문적학습공동체의 성공적인 운영이 가능하며 리더와 팀원은 서로 신뢰를 통해서 함께 성장하는 기쁨을 나눠야 합니다. 전문적학습공동체 속에서 리더와 팀원은 어떤 모습일까요?

2.
전문적학습공동체 리더 모습

전문적학습공동체에서 리더의 존재는 매우 중요합니다. 업무 담당자로서 리더, 전문성이 뛰어난 리더, 관계가 좋은 리더 등 전문적학습공동체에서 리더는 다양한 모습으로 존재합니다. 리더가 전문적학습공동체에서 어떤 역할을 하느냐에 따라 전문적학습공동체가 성공적으로 운영이 될 수도 있고, 반대로 형식적인 전문적학습공동체로 마무리될 수도 있습니다. 전문적 학습공동체의 원활한 운영을 위해서 리더는 어떤 모습을 갖춰야 할까요?

1. 비전을 제시하는 리더

전문적학습공동체에서 가장 중요한 리더의 모습은 비전을 제시할 수 있어야 합니다. 전문적학습공동체에서는 학생의 배움과 성장을 위한 교사 전문성 향상을 목표로 두고 있습니다. 공동체의 성장과 변화를 위해서는 학교 교육에 좋은 영향력을 주는 리더교사의 모습을 갖춰야 할 것입니다. 전문적학습공동체가 지향하는 목표는 매우 다양할 수 있지만 명심해야 할 것은 1인 1직무연수 개발 비전 등과 같이 해당 전문적학습공동체만이 가질 수 있는 비전을 설정함으로써 전문적학습공동체가 나아가야 할 방향을 분명히 해야 할 것입니다.

2. 교직 삶의 모범을 보이는 리더

전문적학습공동체의 리더는 교직 삶 전체에서 모범을 보일 필요가 있습니다. 사람은 누구나 주변인의 영향을 많이 받게 마련인데 리더는 위치적으로 더 많은 영향을 끼칠 수밖에 없습니다. 이러한 영향력의 기반은 본받고 싶은 교사의 삶이라는 존경심을 바탕으로 하는 마음이 충분할 때 더 크게 발휘됩니다. 전문성이 뛰어난 리더라고 할지라도 교직 삶 자체가 바탕이 되지 않고 실제와 보여주는 모습이 일관되지 않을 때는 리더의 영향은 줄 수밖에 없고, 함께 성장하고 싶은 욕구가 저하될 수밖에 없습니다. 리더는 교사와 전문적학습공동체 속의 구성원 모두의 역할에서 리더가 되어야 합니다. 교사로서 수업이나 학생 생활교육의 전문성을 가지고 있어야 하며, 학교 구성원으로서는 학교 교육공동체에 적극적으로 참여하고 헌신하는 모습을 보여주어야 합니다. 이러한 교직 삶 전체에서 모범을 보이는 리더가 있는 전문적학습공동체의 경우 원활한 운영은 물론 연구하는 교직 문화로 변화시키는 데 탁월하다고 볼 수 있습니다.

3. 리더 자신의 성장을 보여 주는 리더

전문적학습공동체에서 리더가 가져야 하는 모습 중에 리더 자신의 성장을 보여주는 모습도 필요합니다. 전문적학습공동체에서 리더는 희생의 대상이 아니고, 반드시 나누어주는 모습으로 있어야 하는 것은 아닙니다. 전문적학습공동체에서 성장하는 기쁨은 리더에게도 필요합니다. 리더 활동을 통해서 성장하는 모습을 보여줄 때 전문적학습공동체 구성원들의 동기나 참여의지가 부여될 수 있습니다. 성장하는 리더를 볼 때 팀원들은 리더를 더욱 더 신뢰하고 전문적학습공동체가 더 원활하게 운영될 수 있습니다. 게다가 리더도 리더의 위치에서 성장할 수 있는 부분이 팀원으로서 성장하는 모습과는 다르기에 리더의 위치에서 끊임없이 성장하려고 노력해야 합니다.

4. 팀원의 성장에 관심을 가지는 리더

전문적학습공동체 리더는 스스로의 성장뿐만 아니라 팀원의 성장에도 관심을 가질 필요가 있습니다. 전문적학습공동체는 공동연구과 공동실천을 통해 함께 성장하는 기쁨을 누리는 것이 매우 중요합니다. 팀원들이 전문적학습공동체 속에서 온전히 성장할 수 있도록 리더는 팀원 각자의 재능과 필요, 역량을 충분히 파악해야 합니다. 팀원들에 대한 정보를 사전에 충분히 파악해 두어야 팀원들이 골고루 성장할 수 있는 방향으로 주제를 선정하거나 공동연구 방향을 진행할 수 있습니다. 팀원의 성장을 살피는 리더의 세심한 배려는 리더와 팀원들간의 신뢰를 형성하는 시작점이 될 수 있기에 매우 중요합니다. 리더는 연구, 집필, 자료개발 등 다양한 외부 활동을 제시하는 형태로 성장할 수 있는 기회와 방향을 제시할 수 있어야 합니다.

5. 차기 리더 세우기

전문적학습공동체에서 리더가 갖춰야 할 모습 중에 하나는 차기 리더를 준비하는 것입니다. 전문적학습공동체는 확산을 통해서 연구하는 교직 문화로 변화하는 것을 목표로 두고 있습니다. 전문적학습공동체의 내실화를 위해서도 전문적학습공동체가 지속적으로 성장하고 유지될 필요가 있습니다. 뛰어난 리더 1명은 전문적학습공동체의 성공적인 운영에 큰 역할을 차지하지만 그 리더가 부재하는 경우 전문적학습공동체는 더 이상 성장할 수 있는 동력을 잃어버리게 됩니다. 따라서 리더는 전문적학습공동체를 운영하는 초기부터 팀원 모두가 뛰어난 리더가 될 수 있도록 전문적학습공동체 팀원의 성장을 지원하고 염두해 두어야 합니다.

6. 효율적인 업무 배정 운영

전문적학습공동체 리더는 업무 배정에 있어서도 효율적으로 운영할 필요가 있습니다. 최소의 행정업무 활동으로 최대의 전문적학습공동체 활동의 효과를 가져와야 합니다. 그러기 위해서는 불필요한 업무를 제거하고 구성원들간의 역할 분담을 잘 해야 합니다.

7. 일관성 있는 원칙

전문적학습공동체 리더는 전문적학습공동체를 운영함에 있어 일관성 있는 원칙을 가져야 합니다. 동일한 기준으로 전문적학습공동체를 운영할 때 리더의 말과 행동에 대한 신뢰를 얻을 수 있습니다. 신뢰를 기반으로 운영하는 전문적학습공동체가 성공적으로 운영될 수 있습니다.

8. 회원 각자의 성장 속도에 맞는 공동연구 운영

전문적학습공동체에서 리더는 공동연구를 운영함에 있어 회원 각자의 성장 속도를 고려해야 합니다. 전문적학습공동체가 지니는 공동의 목표가 있다고 하더라도 회원이 성장할 수 있는 범위를 구분지어서 구체적인 활동이나 세부 목표를 제안해야 합니다. 부담스러운 공동연구 활동은 전문적학습공동체에 참여하려는 구성원들의 동기를 저하시키는 것은 물론 전문적학습공동체가 지속적으로 운영되는 데 있어 제한적입니다.

9. 전문적학습공동체 주변 사람과 원활한 소통과 중심 갖추기

전문적학습공동체 리더는 주변 사람과 원활한 소통과 중심을 갖추기 위해 노력해야 합니다. 특히 학교 안 전문적학습공동체의 경우에는 관리자와의 소통이 매우 중요한데 리더는 의도적으로 노력해서 전문적학습공동체 운영 전반에 대해 나눠야 합니다. 또한 전문적학습공동체를 운영하는 데 있어 외부환경이 좋지 않은 경우나 특별한 요구나 요청으로 인해 흔들릴 수 있습니다. 리더는 이럴 때마다 처음 전문적학습공동체 운영하고자 했던 목적을 상기하며 중심을 잘 갖출 필요가 있습니다.

3.
전문적학습공동체 팀원 모습

전문적학습공동체에 참여하는 팀원의 모습은 어떠해야 할까요? 성공적으로 운영되는 전문적학습공동체의 경우 팀원의 모습이 어떠한지 자세히 살펴보도록 하겠습니다.

1. 전문적학습공동체 활동에 대한 성실한 참여

먼저 전문적학습공동체 팀원은 성실하게 참여하는 태도를 지녀야 합니다. 전문적학습공동체 활동에 모두가 열심히 참여하지는 않습니다. 일부 팀원의 경우 이름만 존재하는 유령회원처럼 전문적학습공동체 활동에 참여를 하지 않습니다. 또 어떤 팀원의 경우에는 시작할 때 잠시 얼굴만 비추고, 중간에는 자신의 볼 일을 보거나 공문을 처리하고, 끝에만 다시 참여하는 팀원도 있습니다. 또 전문적학습공동체 공동연구 활동에 아예 참여하지 않는 경우도 있습니다. 연구활동을 해야 함에도 불구하고 전혀 참여를 하지 않는 경우가 있어 전문적학습공동체에서 성실한 참여는 매우 중요하다 볼 수 있습니다.

2. 자기 역할 수행

전문적학습공동체 참여하는 팀원은 성실한 참여를 기반으로 자기 역할을 책임감 있게 수행해야 합니다. 전문적학습공동체 공동연구 영역에 있어 자신이 맡은 연구 영역이 팀원마다 있습니다. 팀원들이 전문적학습공동체 구성원으로서 맡은 역할을 제대로 수행하지 못하는 경우 전문적학습공동체 공동연구가 제대로 이뤄지지 못하게 되며 그 성과 또한 저조할 수밖에 없습니다. 전문적학습공동체 참여 팀원은 책임감 있게 주어진 자기 역할을 반드시 수행해야 합니다.

3. 공동성장에 대한 관심

전문적학습공동체에 참여하는 팀원의 경우 개인의 성장에만 초점을 두어서는 안됩니다. '나만 잘하면 되겠지, 나만 성장하면 되겠지'라는 개인적인 마음을 벗어나 공동체를 생각하는 마음을 품어야 합니다. 개인 성장을 넘어 공동체 성장을 바라볼 때 전문적학습공동체는 함께 성장할 수 있습니다. 전문적학습공동체 회원간의 동료성 형성을 기반으로 서로에 대한 관심을 가져야 합니다. 동료 교사의 성장은 전문적학습공동체의 성장을 가져올 수 있기 때문입니다. 전문적학습공동체에 참여하는 교사는 교사 개인별 성장 목표와 함께 공동체별 성장 목표에 함께 관심을 가져야 합니다.

4. 전문적학습공동체 비전과 가치 공유

전문적학습공동체에 참여하는 팀원은 전문적학습공동체 비전과 가치를 공유해야 합니다. 전문적학습공동체 비전과 가치를 공유하는 것은 동료성 형성의 기반이 됩니다. 전문적학습공동체 비전과 가치에 중점을 두지 않고 개인의 유익에만 초점을 두게 되는 경우 전문적학습공동체는 단순하게 참여하는 정도에 그치게 됩니다. 전문적학습공동체 자체의 비전과 가치 등을 공유함으로써 내적인 전문적학습공동체 참여까지 이끌어낼 수 있습니다.

5. 겸손한 배움과 팀원으로서 위치

전문적학습공동체에 참여하는 팀원들은 연구 활동에 참여하고 배우는 데 있어 겸손한 태도를 가져야 합니다. 전문적학습공동체에 참여하는 구성원들 중에 뛰어난 실력을 가진 팀원들도 있을 수 있습니다. 그러나 전문적학습공동체에 참여하는 팀원으로서 역할을 잘 수행하고 자신의 위치를 지킬 필요가 있습니다. 전문적학습공동체 운영에 있어 팀원과 리더의 역할이 분명히 지켜지지 않으면 전체적인 운영이 원활하지 않을 수 있기 때문입니다. 따라서 전문적학습공동체에 참여하는 팀원의 경우 늘 겸손한 태도로 배우고, 팀원으로서의 위치를 지킬 필요가 있습니다.

6. 차기 리더에 대한 비전

그럼에도 불구하고 뛰어난 팀원의 경우에는 차기 리더를 꿈꾸면 됩니다. 전문적학습공동체가 제대로 성장하고 정착되기 위해서는 차기 리더가 지속적으로 배출될 수 있어야 합니다. 많은 것을 배웠다면 그것을 함께 나누겠다는 가치를 가져야 하며, 차기 리더로써 전문적학습공동체가 나갈 방향과 공동성장에 대해 비전을 가지는 것은 전문적학습공동체 팀원이 지녀야 할 목표라 할 수 있습니다.

7. 자발적인 동료 활동 지원

전문적학습공동체 팀원은 주변 동료에 대한 관심을 바탕으로 동료 활동을 자발적으로 지원할 줄 알아야 합니다. 전문적학습공동체에 동료는 서로 신뢰하고 지지하는 대상입니다. 이러한 동료성을 형성하기 위해서는 동료로서의 역할을 잘 수행하고 자발적으로 돕는 모습이 필요합니다. 서로 도움을 주고 받음으로써 공동체 의식이 길러질 수 있습니다. 이러한 공동체 의식은 전문적학습공동체 운영을 통해 함께 성장하는 데 있어 중요한 요소라고 할 수 있습니다.

8. 다른 회원에 대한 존중

　　마지막으로 전문적학습공동체에 참여하는 팀원의 경우 다른 회원에 대한 존중을 지녀야 합니다. 전문적학습공동체를 운영하다보면 의견이 다른 경우가 있습니다. 전문적학습공동체만의 가치나 철학을 깨뜨리지 않는 범위에서는 의견이 다르더라도 동료 회원들에 대해 존중해야 합니다. 그러므로 회원을 모집할 때 전문적학습공동체의 가치나 철학에 대한 부분을 안내하는 것이 중요합니다. 전문적학습공동체의 가치나 철학을 중시하는 가운데 다양한 의견을 존중하는 팀원의 태도는 전문적학습공동체 팀원이 갖추어야 할 모습이라 할 수 있습니다.

4.
전문적학습공동체 리더와 팀원간 역할
- 리더가 팀원에게

전문적학습공동체 속에서 리더와 팀원은 서로에게 어떤 태도를 지녀야 할까요?

1. 팀원과의 동료성 맺기

먼저 전문적학습공동체의 리더교사는 전문적학습공동체 구성원과 동료성을 맺는 것이 가장 중요합니다. 동료성을 형성할 때 전문적학습공동체의 규모에 따라 조금은 다를 수 있습니다. 20명 이내의 작은 단위의 전문적학습공동체 규모일 경우에는 전문적학습공동체 구성원과 1:1 동료성을 형성해야 합니다. 회원 각 개인들과 가까운 관계성을 형성하고 각 팀원들이 가지는 성장 목표, 연구 내용에도 적극적인 관심과 조언을 할 수 있어야 합니다. 20명 이상의 조금은 큰 규모의 전문적학습공동체라면 소모임 리더를 세워서 동료성을 맺을 필요가 있습니다. 이럴 경우에 리더와 소모임 리더와의 모임을 별도로 운영하면서 전문적학습공동체 팀원과의 동료성을 맺어나갈 수 있습니다.

2. 팀원 의견 수렴 및 반영

전문적학습공동체를 이끌어나가는 리더교사가 팀원들을 대할 때 주의해야 할 점들도 있습니다. 특히 리더교사는 전문적학습공동체를 운영하는 데 있어 독단을 최대한 피해야 합니다. 회원 의견이 반영되는 전문적학습공동체를 운영해야 하며 특히 자신의 의견을 강요하지 않는 리더가 되어야 합니다. 만약 의견이 불일치하는 전문적학습공동체 관련 내용이 있다면 강요하기 보다는 유보의 형태로 놔두고 팀원들이 받아들일 수 있도록 시간을 허용해야 합니다. 또, 동료성이 형성되기 이전에 섣부른 판단을 통해 선입견을 갖지 않도록 주의해야 하며 다른 회원들을 기다려줄 수 있는 마음을 꼭 가져야 합니다.

3. 팀원 활동에 대한 감사함과 조건없는 헌신

마지막으로 전문적학습공동체 리더교사는 팀원 활동에 대해 감사한 마음을 가지고 이에 따른 조건없는 헌신을 행해야 합니다. 팀원과의 관계는 거래적 관계가 아닙니다. 리더로서 이만큼 활동하니 팀원에게도 이만큼 해야 한다는 일종의 거래 형태가 아닙니다. 또 팀원이 이만큼 하니 리더교사가 노력한 것에 대해 보상해주는 보상적 관계도 아닙니다. 전문적학습공동체 리더교사는 공동의 성장을 위해 관심을 가지고 대가없이 헌신하는 모습을 갖출 때 팀원들이 리더를 지지하고 신뢰하면서 전문적학습공동체가 원활하게 운영될 수 있습니다.

5.
전문적학습공동체 리더와 팀원간 역할
- 팀원이 리더에게

전문적학습공동체 리더와 팀원의 역할에서 팀원이 리더를 대하는 태도도 중요합니다.

1. 리더를 지원하는 팀원

전문적학습공동체 팀원은 리더를 지원하는 태도를 지녀야 합니다. 리더는 슈퍼맨이 아니라 전문적학습공동체에 참여하는 동료 교사이므로 리더가 소진되지 않도록 예방할 필요가 있습니다. 전문적학습공동체를 이끄는 리더에게도 부족한 점이 있습니다. 시간이 부족할 수도 있고 다소 운영이 원활하지 않을 수도 있어 한계가 존재한다는 점을 잊어서는 안됩니다. 이 때 팀원은 리더의 부족한 부분을 보완하고 지원해줌으로써 전문적학습공동체 운영에 도움을 주어야 합니다.

2. 전문적학습공동체 일정에 맞추기

전문적학습공동체 팀원은 전문적학습공동체 일정을 중요하게 여길 필요가 있습니다. 전문적학습공동체 활동을 위해서는 팀원 개인 시간표보다 공동의 시간표를 우선할 필요가 있습니다. 특히 대규모 전문적학습공동체의 경우에는 사전에 계획된 공동의 시간표를 변경하기가 쉽지 않습니다. 이런 경우에는 팀원들이 공동의 시간표에 맞추는 편이 효율적이며, 5인 이하의 소규모 전문적학습공동체인 경우에는 팀원간의 시간표를 공유해서 공동체 시간표를 맞추는 것이 가능합니다. 그럼에도 불구하고 공동체 시간표는 전문적학습공동체를 이끄는 리더의 시간에 맞게 운영함으로써 리더교사가 수월한 섬김과 헌신이 가능하도록 하는 환경을 조성해줄 필요가 있습니다.

3. 리더의 헌신과 섬김을 감사 및 본받기

마지막으로 전문적학습공동체 팀원은 리더의 헌신과 섬김에 대해 감사할 줄 알고 본받을 수 있어야 합니다. 전문적학습공동체 리더에 대해 감사한 마음이 없다면 전문적학습공동체를 운영하는 데 마음과 동료성을 가지기 어렵습니다. 리더의 헌신을 당연하게 여기면 안되고, 만약 리더가 헌신과 섬김을 자발적인 마음으로 한다고 하더라도 팀원은 의도적으로 감사한 마음을 가지고 참여해야 합니다. 이러한 팀원의 감사함을 리더가 알 수 있을 때 리더의 소진을 예방하는 것은 물론 더 열심히 할 수 있는 원동력이 되어 전문적학습공동체에 긍정적인 효과를 가져올 수 있습니다. 또, 리더의 모범에 대한 내용을 잘 이해하고 받아들일 때 팀원이 리더가 되었을 때 그대로 헌신하고 섬길 수 있게 됩니다. 따라서 팀원은 전문적학습공동체의 리더에 대한 감사한 마음을 가질 필요가 있습니다.

제5장 지속가능한 전문적학습공동체 운영방안

1.
지속가능한 전문적학습공동체 운영 방안

전문적학습공동체를 운영하는 최종 목적 중의 하나는 연구하는 교직 문화를 정착시키는 데 있습니다. 그러기 위해서는 전문적학습공동체의 운영이 일회적인 성공으로 그쳐서는 안됩니다. 공동연구, 공동실천하고 나눔을 통해 성장하는 전문적학습공동체가 지속적으로 운영되어야 학교 문화를 변화시킬 수 있습니다. 그렇다면 지속가능한 전문적학습공동체를 운영하는 방안은 무엇일까요? 먼저 지속가능한 전문적학습공동체의 특징을 개인과 집단으로 알아볼 필요가 있습니다.

2.
지속가능한 전문적학습공동체 특징(개인)

지속가능한 전문적학습공동체 특징을 개인적인 측면에서 살펴본다면 크게 4가지로 살펴볼 수 있습니다.

1. 교사 전문성 성장을 경험

지속가능한 전문적학습공동체에 나타나는 개인적 특징으로 첫 번째는 교사 전문성 성장을 경험할 수 있다는 점입니다. 모든 교사들은 전문적인 교사가 되어야겠다는 욕구 하나와 교사로써 존경받고 싶다는 욕구를 가지고 있습니다. 전문적인 교사가 되어야겠다는 욕구, 다시 말해 전문성 성장에 대한 욕구에서 말하는 전문성은 교과 수업에서의 전문성, 학생 생활교육에서의 전문성, 교직 업무 전문성을 의미합니다. 교과 수업에서의 전문성은 교과 자체 내용 영역과 교과와 연계된 다양한 교육 분야 능력 모두를 말합니다. 흔히 학교에서 이뤄지는 수업과 관련된 내용이라고 할 수 있습니다.

학생 생활교육에서의 전문성은 학생을 온전히 이해하고 상담하는 전문성, 학생의 진로지도, 학생 인성교육과 학교폭력예방 등 학생들이 학교생활에 잘 적응하고 행복하게 지낼 수 있도록 하는 생활 전반에 대한 전문성을 의미합니다.

교사 전문성 성장에서 마지막 전문성은 교직 업무에 대한 것입니다. 교직 생활에서 수업과 학생생활 교육 외에도 다양한 업무와 행정적인 처리가 전문적으로 요구됩니다. 이에 대한 전문성 성장을 의미하며 원활한 교직 관계 맺기도 포함됩니다.

전문성 성장이 이뤄지기 위해서는 다음과 같은 정의적 요소를 전문적학습공동체 속에서 경험해야 합니다. 첫째는 자신이 스스로 이루었다는 것에 대한 성취감입니다. 두 번째는 자신에 대한 자부심, 평가를 통한 자존감이며, 세 번째는 주변 사람들의 선망에 따른 존경입니다. 넷째는 주변 사람들의 인정, 마지막으로 다음을 향해 나아가는 도전, 즉 목표 의식입니다. 이 다섯 가지 정의적 요소는 전문성 성장을 통해 경험할 수 있으며 이러한 요소에 의해 교사는 계속해서 전문적학습공동체를 운영할 수 있으며 지속적인 전문적학습공동체 활동이 가능해집니다.

2. 자발성을 가지고 있음

지속가능한 전문적학습공동체의 개인적 특징 두 번째는 자발성에 대한 것입니다. 교사 스스로가 가지는 목표 의식에 대한 것으로 전문적학습공동체 활동을 통해 이루고 싶은 것을 말합니다. 성공적인 전문적학습공동체는 참여하는 구성원들의 자발성이 높습니다. 이는 전문적학습공동체가 가지고 있는 유인책이 있음을 의미합니다. 전문적학습공동체에 참여할 때 성장하는 기쁨과 구성원 교사들끼리 얻는 유대 관계, 교직에 대한 다양한 정보를 공유하는 등 전문적학습공동체에서 얻는 만족감이 있기에 전문적학습공동체에 자발적으로 참여하게 됩니다.

3. 동료성을 경험함

지속가능한 전문적학습공동체에 나타나는 개인적 특징 세 번째는 동료성을 경험할 수 있다는 것입니다. 전문적학습공동체와 온오프라인 연수와의 가장 큰 차이점은 지식 성장의 한계를 넘어서서 교사들끼리 관계성을 형성한다는 점에 있습니다. 서로 신뢰함으로 얻는 지지, 서로를 지켜주고 아끼는 마음에서 나타나는 안정감, 소속되어 있다는 마음속에서 자라나는 연대의식, 집단으로부터 오는 에너지를 얻으며 교사는 내면의 회복을 경험하게 됩니다. 이러한 동료성은 지속가능한 전문적학습공동체가 유지되고 운영되기 위한 필수적인 요소라고도 할 수 있습니다.

4. 교육에 대한 사명감

지속가능한 전문적학습공동체에 나타나는 개인적 특징 마지막은 교육에 대한 사명감입니다. 특히 리더그룹에게 요구되는 요소로 전문적학습공동체를 운영하는 방향을 정하고 이끌어나갈 때 필요하다고 볼 수 있습니다. 전문적학습공동체에 참여하는 교사는 전문적학습공동체 속에서 교육을 위해 전문성을 길러야겠다는 의무감을 가지고 전문적학습공동체에 참여해야 합니다. 전문적학습공동체를 이끌어가는 리더교사의 경우에는 전문적학습공동체 운영을 해야 하는 입장으로 전문적학습공동체에 참여도 해야 하고 운영도 함께 병행해야 합니다. 참여만 하는 교사에 비해 리더교사의 경우에는 더 많은 시간과 노력, 에너지가 필요합니다.

전문적학습공동체를 이끌어가는 리더교사의 소진을 줄이기 위해서 필요한 것은 사명감입니다. 사명감은 교사 개인이 가지는 신념, 교육 가치 등에 따라 교사마다 다를 수 있습니다. 사명감을 기반으로 전문적학습공동체를 리드하지 못하게 되면 목적과 인센티브가 사라지는 동시에 전문적학습공동체 운영도 제대로 이뤄지지 않습니다. 지속가능한 전문적학습공동체가 운영되기 위해서는 공동체의 성장을 위해 사명감이 기반되어야 합니다.

3.
지속가능한 전문적학습공동체 특징(집단)

지속가능한 전문적학습공동체에서 나타나는 집단의 특징은 무엇일까요? 구성원 교사들의 특징이 아닌 성공적인 전문적학습공동체가 지녀야 할 집단의 특징에 대해 살펴보도록 하겠습니다.

1. 공동의 교육목표

지속가능한 전문적학습공동체에 나타나는 집단적 특징 중 첫 번째는 공동의 교육목표를 수립하고 있다는 점입니다. 참여하는 전문적학습공동체만이 가지는 교육목표를 수립하는 것이 전문적학습공동체를 계속해서 운영할 수 있게 해줍니다. 교육목표는 1년 이내에 성장할 수 있는 단기목표와 2~5년 이상 이뤄야 할 성장목표, 중장기적 목표를 동시에 세워야 합니다. 교육목표를 수립할 때에는 참여하는 전문적학습공동체 구성원 모두의 동의를 구하는 것이 필요합니다. 전문적학습공동체 목표를 이루기 위해서 함께 노력하는 것을 추구해야 하기 때문입니다. 이렇게 모두의 동의를 얻고 수립된 교육목표는 전문적학습공동체 참여 구성원들의 지속적인 동기를 부여함으로써 전문적학습공동체가 계속해서 운영될 수 있습니다.

2. 교육철학, 가치의 공유

전문적학습공동체가 지속적으로 운영되기 위해서는 교육철학과 가치를 공유하는 집단적 특징을 가져야 합니다. 교육철학과 가치를 공유하는 것은 동료성을 형성하는 데 아주 중요한 기반이 됩니다. 이 동료성을 형성하는 것은 전문성 학습공동체가 다른 지식 연수와 다른 가장 큰 차이점입니다. 교육을 바라보는 가치와 철학을 공유함으로써 구성원들을 서로에 대한 신뢰를 가질 수 있습니다. 전문적학습공동체 활동에 대한 구성원 마음이 합일치 할 때, 지속가능한 전문적학습공동체 운영이 가능해집니다. 또한 신입회원의 경우 기존 회원과의 교육철학과 가치를 공유함으로써 전문적학습공동체가 나아가야 할 방향에도 함께 할 수 있습니다.

3. 교사의 필요를 채워주는 전문적학습공동체

지속가능한 전문적학습공동체는 교사의 필요를 채워주는 특징을 가지고 있습니다. 전문적학습공동체에 참여하는 동기를 부여하는 것은 구성원 교사들의 자발성이 확보되어야 합니다. 이러한 자발성은 교사의 필요가 충족될 때 시작됩니다. 전문적학습공동체는 교사의 필요를 분석하고, 그 필요를 채워줄 수 있도록 전문적학습공동체 활동을 운영해야 합니다. 전문적학습공동체 활동을 교사 필요 내용과 접목시켜서 운영함으로써 전문적학습공동체에 지속적인 구성원들의 동기를 끌어낼 수 있습니다.

4. 주변 교사들에 대한 긍정적 자극

전문적학습공동체가 지속가능하기 위해서는 주변 교사들에 대한 긍정적인 자극을 줄 필요가 있습니다. 전문적학습공동체에 참여하지 않지만 필요성을 느끼는 교사에게 전문적학습공동체의 성공적인 운영은 긍정적인 자극을 통해 참여 의지를 불러일으키는 영향을 줄 수 있습니다. 전문적학습공동체를 통한 성장을 보여주게 되면 주변 교사는 자연스럽게 전문적학습공동체에 필요성을 경험하게 되고 적극적으로 참여하게 됩니다. 이 때 전문적학습공동체의 성장에 따른 자극으로 주변에서는 다양한 반응이 나타날 수 있습니다. 첫째는 전문적학습공동체 활동에 호의적으로 관심을 표하는 경우, 둘째는 소극적이지만 누군가가 이끌어준다면 적극적으로 참여하려는 경우, 셋째는 의도적으로 전문적학습공동체의 성장을 외면하고 현실을 피하는 무관심, 무시 형태가 나타날 수 있습니다. 어떠한 경우에도 전문적학습공동체를 통한 성장은 주변 교사들에게 긍정적인 자극을 줄 수 있고, 이러한 자극을 통해 전문적학습공동체는 지속적인 운영이 가능해집니다.

5. 교사 소진이 없는 공동체

지속가능한 전문적학습공동체 집단이 되기 위해서는 교사의 소진을 가져와서는 안됩니다. 교사의 소진이 아닌 성장을 경험하는 전문적학습공동체가 되어야 하며, 그러기 위해서는 교사로서의 개인적인 삶과 전문적학습공동체 속에서의 삶이 균형잡혀야 합니다. 소수의 희생으로 운영되는 전문적학습공동체가 아닌 다수가 함께 전문적학습공동체 활동의 부담을 나눠지는 전문적학습공동체가 되어야 합니다. 이러한 교사의 소진을 예방하기 위해서는 함께 연구하는 동료를 형성하거나 구체적인 성장의 목표를 설정하고 달성함으로써 가능하게 됩니다. 전문적학습공동체가 지속적으로 운영되기 위해서 교사의 소진을 예방하는 것은 매우 중요합니다.

6. 학교 문화의 변화를 가져옴

교육 주제를 중심으로 운영되는 전문적학습공동체도 있습니다. 전문적학습공동체 구성원인 교사가 연구하고 싶은 주제를 중심으로 운영하는 형태인데, 진로 전문적학습공동체, 인성 전문적학습공동체 등이 있을 수 있습니다. 주제 기반 전문적학습공동체의 경우 관심 있는 교사가 해당 전문적학습공동체에 참여하기에 전문적학습공동체의 중요한 출발점인 자발성을 쉽게 확보할 수 있다는 장점이 있습니다.

7. 전문적학습공동체 정기적 신입회원

지속가능한 전문적학습공동체가 가지는 집단적 특징 중 하나는 정기적으로 확보되는 신입회원입니다. 전문적학습공동체가 계속해서 운영되기 위해서는 전보나 홍보 등으로 매년 참여하는 신입회원을 정기적으로 모집할 필요가 있습니다. 이 때 모집되는 신입회원이 전문적학습공동체에 잘 적응하고 성장할 수 있도록 그들을 위한 프로그램을 운영하는 것도 효과적입니다. 또한 정기적으로 확보되는 신입회원과 기존회원과 동료성을 형성할 수 있는 활동을 구성하는 것도 좋습니다. 전문적학습공동체에서 가지는 교육 가치와 철학 공유를 통해 기존회원과 빠르게 공동체성을 형성하는 것이 전문적학습공동체가 온전히 성장하는 데 중요한 기점이 될 수 있습니다.

8. 전문적학습공동체 지속적 리더 양성

지속가능한 전문적학습공동체에서 나타나는 마지막 집단적 특징은 지속적 리더를 양성한다는 점입니다. 전문적학습공동체를 이끄는 리더가 전보나 다른 이유로 부재할 경우 전문적학습공동체 운영이 원활하지 못할 수 있습니다. 현재에 만족하지 않게 기존 회원 중에서 차기리더로 성장할 수 있도록 지원해야 하며 다양한 소모임 활동, 분임활동 등을 통해서 리더를 양성할 수 있도록 시스템을 구성하는 것이 중요합니다. 리더가 계속해서 만들어지고 성장할 수 있도록 해야 전문적학습공동체가 지속적으로 운영될 수 있습니다.

4.
지속가능한 학교 안과 학교 밖 전문적학습공동체 연계

지속가능한 전문적학습공동체 운영이 가능하게 하는 가장 효과적인 방안은 바로 학교 안 전문적학습공동체와 학교 밖 전문적학습공동체를 연계해서 운영하는 것입니다. 학교 안과 학교 밖 전문적학습공동체가 서로 가지고 있는 장단점을 보완하면서 함께 연계 운영할 때 전문적학습공동체는 유기적으로 운영될 수 있습니다.

1. 학교 안과 학교 밖 전문적학습공동체 연계 필요성

그러기 위해서는 먼저 학교 안 전문적학습공동체와 학교 밖 전문적학습공동체가 서로 연계될 필요성을 알아야 합니다. 학교 안 전문적학습공동체와 학교 밖 전문적학습공동체는 서로 대립적인 관계가 아닌 상호보완적인 성격임을 알아야 합니다. 학교 안 전문적학습공동체는 학교 안에 없는 뛰어난 교육자원을 외부에서, 다시 말해 학교 밖 전문적학습공동체를 통해 공급해야 합니다. 반대로 학교 밖 전문적학습공동체에서는 공동연구와 공동실천을 통해 정립된 연구내용을 학교 안 전문적학습공동체를 통해 학교 현장에 실천해야 합니다.

2. 학교 안과 학교 밖 전문적학습공동체 연계 어려움

학교 안 전문적학습공동체와 학교 밖 전문적학습공동체의 연계가 필수적임에도 불구하고 연계가 원활히 이뤄지지 않을 수 있습니다. 첫째는 학교 밖 전문적학습공동체 활동 정도에 만족하는 교사가 있는 경우에는 학교 차원의 변화보다 내가 있는 교실 변화에 만족하고 이를 학교 안 전문적학습공동체에 확산할 필요성을 느끼지 못할 수 있습니다. 둘째는 학교 안 전문적학습공동체 활동 여건이 제한되는 경우입니다. 학교 밖 전문적학습공동체 활동에 부정적인 교사가 존재하거나 동료교사와의 동료성이 제대로 형성되지 못한 경우 학교 안 전문적학습공동체와 학교 밖 전문적학습공동체가 연계되기 어려울 수 있습니다.

3. 학교 안과 학교 밖 전문적학습공동체 연계의 장점

학교 안 전문적학습공동체와 학교 밖 전문적학습공동체 연계는 학교 밖 전문적학습공동체의 공동연구가 실천되는 곳이 학교 현장이며 교육의 변화는 학교의 변화를 바란다는 사실에서 반드시 필요합니다. 또한 매일 함께 근무하는 교사와의 동료성을 형성하고 공동연구하는 것은 학교 밖 전문적학습공동체 모임의 한계를 벗어나게 하는 훌륭한 장점입니다.

5.
학교 안과 학교 밖 전문적학습공동체 연계 방안

그렇다면 학교 안 전문적학습공동체와 학교 밖 전문적학습공동체를 어떻게 연계할 수 있을까요? 구체적인 방안에 대해 크게 4가지 정도 살펴보도록 하겠습니다.

1. 학교 안과 학교 밖 전문적학습공동체 연계 운영 가치 형성

먼저 학교 안 전문적학습공동체와 학교 밖 전문적학습공동체의 연계 운영을 위한 가치를 형성할 필요가 있습니다. 전문적학습공동체를 운영하기 전에 교육철학과 가치를 공유했던 것처럼 학교 안 전문적학습공동체와 학교 밖 전문적학습공동체의 연계 공감대를 형성해야 합니다. 각각의 전문적학습공동체 리더교사들의 인식이 변화함으로써 함께 연계해야 함을 깨닫고, 이를 참여하는 교사들에게 같이 공유함으로써 그들의 태도 변화를 이끌어내야 합니다. 학교 안 전문적학습공동체와 학교 밖 전문적학습공동체의 연계 운영에 대한 가치를 형성하는 것이 가장 먼저 우선되어야 합니다.

2. 학교 안과 학교 밖 전문적학습공동체 공동 참여

학교 안 전문적학습공동체와 학교 밖 전문적학습공동체가 원활하게 연계 운영되기 위해서는 구성원들이 함께 참여하는 것은 권장합니다. 전문적학습공동체 속 리더교사의 소개와 안내를 통해 소속교사가 학교 안 전문적학습공동체와 함께 학교 밖 전문적학습공동체에 공동으로 참여하는 경우 리더가 학교 전보를 통해 학교를 벗어나더라도 학교 밖 전문적학습공동체에서 지속적으로 운영이 가능하게 됩니다. 다시 말해 학교 안 전문적학습공동체와 학교 밖 전문적학습공동체에 함께 참여할 때 지속가능한 전문적학습공동체 운영에 효과적이라 할 수 있습니다.

3. 학교 밖 전문적학습공동체 우수 자원 활용

학교 안 전문적학습공동체와 학교 밖 전문적학습공동체 연계 운영에 효과적인 방안은 학교 안 전문적학습공동체 활동에 학교 밖 전문적학습공동체의 우수 자원을 활용하는 경우입니다. 학교 안 전문적학습공동체 연구주제에 학교 밖 전문적학습공동체 외부 강사를 초청해서 연수를 운영하게 될 경우 자연스럽게 학교 밖 전문적학습공동체와 학교 안 전문적학습공동체가 연계 운영될 수 있습니다.

4. 학교 안과 학교 밖 전문적학습공동체 활동의 균형

마지막으로 학교 안 전문적학습공동체와 학교 밖 전문적학습공동체를 연계 운영할 때는 균형있는 운영이 요구됩니다. 학교 밖 전문적학습공동체 활동으로 학교 안 전문적학습공동체 활동에 지장이 있게 되면 안됩니다. 학교 교육활동이나 학교 업무에 영향을 주지 않게 학교 밖 전문적학습공동체를 운영하거나 참여해야 학교 안 전문적학습공동체 활동과 효과적으로 연계될 수 있습니다. 학교 안과 학교 밖 전문적학습공동체 운영에 있어 학교 안 전문적학습공동체를 우선하는 것이 학교 구성원들에게 신뢰받을 수 있습니다. 전문적학습공동체 활동을 지속적으로 운영하기 위해서는 학교 구성원들의 신뢰를 통한 동료성이 형성되지 않고서는 어렵습니다. 따라서 학교 안과 학교 밖 전문적학습공동체 활동을 균형있게 운영하는 것이 지속가능한 전문적학습공동체 운영을 가능하게 할 것입니다.

제6장 전문적학습공동체 공동연구와 나눔

1.
전문적학습공동체 공동연구와 나눔

　전문적학습공동체는 공동연구와 공동실천을 통해 나눔을 통해 성장할 수 있습니다. 전문적학습공동체를 통해 성장한 교사는 연수를 통해서 나눔을 진행할 수 있습니다. 또한 연수는 학교 안 전문적학습공동체, 학교 밖 전문적학습공동체 활동에 포함될 수 있어 전문적학습공동체에서 함께 살펴보아야 할 중요한 요소라고 할 수 있습니다.

2.
Top-down 연수와 Bottom-up 연수

　연수는 처음 계획을 어디서 하는가에 따라 크게 Top-down 연수와 Bottom-up 연수 형태로 나눌 수 있습니다.

1. Top-down 연수와 Bottom-up 연수 정의

　먼저, Top-down 연수는 교육 현장에서 가장 쉽게 볼 수 있는 일반적인 연수형태라할 수 있습니다. 연수 운영 기관에서 연수과정을 기획하고, 연수생들은 연수과정에 직접 참여하는 형태의 연수가 됩니다. 반면에 Bottom-up 연수는 일반적인 형태는 아니지만 전문적학습공동체 운영 연수의 형태를 말함입니다. 연수생이 연수과정을 직접 기획하고 운영하는 연수로, 연수 운영 전반에 걸쳐 행정적, 재정적 지원 유무에 따라 조금씩 성격이 다를 수 있습니다.

2. Top-down 연수 특징

Top-down 연수는 여러 가지 특징이 있지만 가장 큰 특징은 연수기관의 연수 목적에 맞게 연수가 기획된다는 점입니다. 연수기관에서 주도적으로 연수를 기획하고 운영하기 때문에 참여하는 연수생인 교사의 경우 수동적으로 참여할 수밖에 없습니다. 교사는 자율적으로 연수 과정을 고를 수 있지만 반드시 원하는 연수가 없을 수도 있어 연수 강좌에 대한 선택권이 부족하다고 볼 수 있습니다. 게다가 연수 콘텐츠 구성에 있어 제한적으로 참여가 가능하다는 점이 특징입니다. 연수 전에는 연수 과정에 대한 피드백이나 검토에 참여할 수 있고, 연수 후에는 연수 후기를 제출하는 형태로 소극적인 참여가 가능하다 볼 수 있습니다.

3. Top-down 연수의 장점과 한계점

그럼에도 불구하고 Top-down 연수는 다양한 장점을 지닙니다. 그 중 첫 번째는 연수기관에서 원하는 연수과정을 개발하고 운영하다 보니 연수 개발과 운영 등의 과정이 체계화 되어 있다는 점입니다. 연수 목적, 취지, 배경, 강사 섭외 등이 연수기관에서 원하는 의도에 맞게 원활하게 이뤄질 수 있습니다. 게다가 많은 양의 정보를 교사에게 체계적으로 전달할 수 있으며 검증된 연수과정과 강사진을 운영함으로써 양질의 콘텐츠가 개발될 수 있습니다. 게다가 이렇게 만들어진 연수는 지속적인 운영 결과 피드백을 통해 보완 발전할 수 있다는 장점이 있습니다.

그러나 Top-down 연수에는 한계도 분명히 존재합니다. 특히 주도적인 측면에서 교사가 원하는 내용에 대한 배움과 성장이 어렵다는 점에서 한계가 있습니다. 연수과정에 대해 교사는 수동적으로 참여할 수밖에 없고, 능동적인 문제해결자가 아닌 수동적 멘티의 역할만 수행가능하다는 점은 단점이라고 볼 수 있습니다. 게다가 경직된 연수과정이라는 점에서도 한계가 있습니다. 한 번 개발된 연수의 내용이나 질을 변화시키기 쉽지 않으며 교사의 필요를 즉각적으로 반영하기 어렵다는 한계점도 있습니다. 교육환경의 변화에 적응력이 부족하다는 점도 두드러진 단점이라고 볼 수 있습니다.

4. Bottom-up 연수의 장점과 한계점

그렇다면 Bottom-up 연수는 어떤 특징을 가지고 있을까요? 먼저, Bottom-up 연수는 교사가 주도적으로 연수 과정을 준비한다는 점에서 큰 특징을 가지고 있습니다. 교사가 연수과정을 직접 개발하여 적용하고 운영함으로써 다양한 교육문제 있어 능동적 해결자의 역할을 수행한다고 볼 수 있습니다. 게다가 교육현장에 있는 교사가 직접 연수를 제안하다보니 연수과정이 매우 유연하다고 볼 수 있습니다. 연수생이 필요로 하는 연수 과정이 반영되고 교육환경 변화에 쉽게 적응할 수 있다는 적응력이 Bottom-up 연수가 가지는 큰 장점이라고 볼 수 있습니다.

또, 연수주제에 대한 연수생의 비판적인 수용이 가능해서 연수과정에 대한 피드백이 즉각적으로 이뤄질 수 있습니다. 연수생들은 연수 기획자나 연수 참여자로 자발적인 참여가 가능해서 자발성을 높일 수 있으며 현장성 높은 연수주제와 내용을 가진 연수과정에 연수생들이 다양한 방법으로 참여도 가능합니다.

이러한 여러 가지 장점에도 불구하고 Bottom-up 연수에게도 한계점이 분명히 존재합니다. 특히 연수를 담당하고 운영하는 교사의 연수 운영 업무에 부담을 준다는 것이 가장 큰 단점입니다. 연수주제 기획부터 강의자 섭외, 교수학습 과정 설계, 예산 확보나 처리 등 하나의 연수를 처음부터 끝까지 담당한다는 것은 부담스러운 일이기 때문입니다. 게 다가 연수 장소를 확보하는 것도 쉽지 않습니다. 연수생들이 가장 쉽게 모일 수 있는 장소를 선정해야 하는 데 대여가 가능한 곳은 대부분 가격이 비싸고 시간적 제한도 있어 장소 확보에도 어려움을 겪습니다.

그럼에도 불구하고 전문적학습공동체는 Bottom-up 연수의 한 형태로 교사가 직접 연수과정을 직접 만들 수 있어 교육 현장의 이야기를 명확히 담을 수 있다는 점에서 앞으로 더욱 각광받을 수 있는 연수 유형입니다.

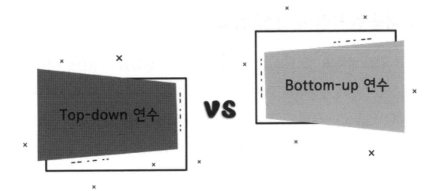

3.
전문적학습공동체 연수 과정 개발

그렇다면 전문적학습공동체 연수 과정을 어떻게 개발할 수 있을까요? 지금부터는 전문적학습공동체 연수 과정 개발을 단계별로 자세히 살펴보도록 하겠습니다.

1. 연구 주제 관련 도서, 연구물 연구

전문적학습공동체 연수 과정을 개발하는 첫 단계는 먼저 연구 주제와 관련된 도서나 연구물을 연구하는 것입니다. 연수 주제에 대한 배경지식을 갖추기 위해서는 충분한 사전 학습이 전제되어야 합니다. 연수 주제에 대한 충분한 연구를 통해 전문성이 바탕이 되어야 연구주제와 관련한 하위영역 내용을 유목화해서 정리할 수 있기 때문입니다. 연수 주제 하위영역 내용을 유목화하면서 세부강좌 주제를 결정하고 이에 따른 연수 세부 강좌 차시를 결정합니다.

2. 연수 내용 강사진 계획 및 섭외

연수 세부 강좌 주제와 차시가 결정되었다면 차시를 담당할 강사진을 섭외해야 합니다. 가장 쉽게 강사진을 계획하는 것은 연수 주제 영역과 관련된 외부 우수자원을 활용하는 방법입니다. 만약 전문적학습공동체 구성원들 중에서 강사진을 구성하고 싶다면 전문적학습공동체 연수 주제 연구 활동 가운데 전문성이 뛰어난 우수 자원을 육성하면 됩니다. 내부 강사는 몇 명의 실력 있는 뛰어난 강사를 육성하여 여러 세부차시를 담당해도 되지만 여러 명의 강사들을 세부 차시별로 담당하게하여 전문성을 높일 수 있도록 육성하는 방법도 효과적입니다. 여러 명의 강사들은 점차 연수 경험이 더해질수록 전문성이 더 높아지며 아울러 세부 차시를 확장하여 새로운 학교 밖 전문적학습공동체 연수를 담당, 운영할 수 있게 되기 때문입니다.

3. 연수 과정 설계

연수 세부주제와 차시, 강사진을 구성했다면 연수 전반적인 과정을 설계하면 됩니다. 먼저 언제 연수를 진행할지에 대한 연수 시기, 특정 학년이나 연령대가 있는지에 대한 연수 대상, 보다 면밀하게 검토된 세부 주제, 세부 주제에 대한 강사 등 연수 과정 전반에 걸쳐 세심하게 결정하게 됩니다. 이 때에 온라인일지 오프라인일지 연수 형태는 물론, 예산과 관련하여 유료 연수일지, 무료 연수일지 연수 세부사항도 빼놓지 않고 면밀하게 준비합니다.

연수 과정 설계가 완료되면 다음으로는 연수 과정을 담당할 연수 운영 리더를 선정해야 합니다. 이 때 연수 운영 리더는 주제의 전문성이 뛰어날 필요는 없습니다. 연수 운영에 필요한 행정 업무를 담당하게 되는데 리더 교사 혼자서 운영하는 것은 힘든 상황이 많기 때문입니다. 예를 들어 연수 진행을 하는 도중에 필요한 연수 운영 물품을 구입해야 할 경우 한 명의 운영 리더 교사로는 제한적이기 때문에 리더를 도울 보조 교사를 두는 것이 좋습니다.

연수를 담당할 운영 리더를 선정하게 되면 다음에는 예산확보를 위한 계획을 수립 할 필요가 있습니다. 교육청과 관련된 공모 연수나 학교 밖 전문적학습공동체 형태로 공적인 활동의 경우 사전 신청을 통해 준비만 잘하게 되면 일정한 예산을 손쉽게 확보할 수 있습니다. 아니면 외부 연수원 업체와 계약을 통해 예산을 지원을 받을 수 있습니다. 연수를 진행하는 데 있어 예산이 확보되지 않을 경우 강사료 지급이나 장소 대여 등 연수 전반에 걸쳐 연수의 질을 담보할 수 없기 때문에 예산 확보는 매우 중요한 연수 과정 설계 단계라고 할 수 있습니다.

예산까지 일정부분 확보가 되었다면 다음은 연수 과정 개발 세부일정을 수립하는 것입니다. 연수 주제 영역에 맞게 집필진을 결정한 후 담당 연수 내용을 제작하게 됩니다. 이미 제작된 콘텐츠를 활용할 수 있으며 교육현장의 요구에 맞게 일부 콘텐츠를 새롭게 제작할 수도 있습니다. 그럴 경우 리더교사가 콘텐츠 초안을 먼저 작성한 후 샘플 형태로 강사진에게 제공하여 동일한 형식과 방향성을 지니도록 합니다. 초안을 참고하여 각 담당 집필진의 역량, 연수 내용 등을 바탕으로 개발 일정을 최종적으로 결정할 수 있습니다.

4. 연수 과정 개발

연수 과정 개발 세부 일정까지 수립이 되면 이제는 연수 개발 일정에 맞게 단계별로 연수 과정을 개발하면 됩니다. 온라인 형태의 원격 연수 개발 단계는 9단계로 이뤄집니다. 먼저 집필진 협의회를 통해서 연수 콘텐츠나 형태를 면밀하게 조율하고, 원고 1차 집필에 들어가게 됩니다. 집필된 원고를 검토하고 수정하면서 프로필 원고를 작성하게 됩니다. 프로필 원고를 바탕으로 과정별 기획과 함께 프로토 보드를 설계하게 됩니다. 프로토 보드의 경우에는 원격 연수 형태이기 때문에 영상 촬영을 위해 필요한 단계입니다. 프로토 보드를 확인한 후 차시별 스토리보드를 설계하고 검토하게 됩니다. 이렇게 원고와 차시별 스토리보드가 완성이 되면 이를 바탕으로 촬영 및 녹음이 진행 됩니다. 영상을 제작하는 제작팀에서 연수 콘텐츠를 개발하고 집필진들은 콘텐츠를 검토하는 것으로 연수가 완성되게 됩니다. 이후 시범 운영기간을 거친 후 원격(온라인) 연수 형태로 연수 개발한 곳에서 운영을 하게 됩니다.

오프라인 연수의 경우에는 개발 단계가 다릅니다. 집필진 회의와 원고 1차 집필, 원고 검토 및 수정, 프로필 원고 작성까지는 동일하게 되며 이렇게 완성된 원고가 콘텐츠를 개발하는 형태로 진행이 됩니다. 영상 촬영을 위한 스토리보드를 만들 필요가 없기 때문에 콘텐츠가 개발되고 나면 콘텐츠를 검토하는 과정은 반드시 필요합니다.

왜냐하면 집필진이 다수인 경우 전체적인 일관성 및 방향을 유지하기 위해서 검토 단계가 반드시 필요하기 때문입니다. 검토 과정을 통해 콘텐츠 오류를 최소화해야만 추후 콘텐츠가 완성되고 나서 수정하기 위해 재촬영하거나 콘텐츠를 재제작할 필요가 없게 됩니다.

4.
전문적학습공동체를 연수 운영

전문적학습공동체 연수 개발이 완료되면 연수 콘텐츠를 바탕으로 운영을 하게 됩니다. 운영 방식 또한 원격(온라인) 연수 형태인지, 오프라인 연수 형태인지에 따라 다르게 운영할 수 있습니다.

1. 원격(온라인) 연수 운영

먼저, 원격 연수의 경우에는 연수를 제작하거나 담당하는 곳에서 운영을 하게 되는 것이 일반적입니다. 운영하면서 생기는 문제점이나 오류에 대해서도 이 곳에서 보수하게 됩니다. 교육청을 통해서 원격 연수가 제작된 경우 연수원에서 운영하게 될 것이며, 외부 업체와 계약을 통해 제작된 경우라면 외부 연수원에서 운영하거나 보수를 하게 됩니다. 그러나 운영이 진행되고 난 이후에 콘텐츠를 재촬영하거나 추가 제작해야 하는 경우가 발생합니다. 콘텐츠 내용이 새로운 교육정책과 맞지 않은 경우 오류를 줄이기 위해서 재촬영을 요구하는 경우가 있습니다. 또 연수 주제와 연계하여 심화 연수로 필요로 하는 경우에는 추가 제작을 하게 됩니다.

2. 오프라인 연수 운영

오프라인 연수 운영의 형태는 원격 연수와는 전혀 다르게 진행됩니다. 외부 업체와 연계한 오프라인 연수의 경우에는 운영 자체를 외부 업체에서 맡기 때문에 별다른 역할 없이 주어진 담당 차시만 강사로서 참여하면 됩니다. 그러나 공모 연수나 학교 밖 전문적학습공동체 연수의 경우에는 연수 운영 담당을 연수 담당 리더교사가 맡게 되므로, 연수 담당 리더 교사는 연수 사전 계획부터 결과보고까지 전체적인 과정을 담당해야 합니다.

먼저 연수 담당 리더 교사는 연수 운영 계획을 수립해야 합니다. 개발된 사전 강의안에 이상한 부분이 없는지 이상유무를 확인하고 일정 및 장소, 강사진 일정, 홍보 계획 등을 수립하게 됩니다. 이 때 무엇보다 홍보 계획을 수립하는 것이 중요한 이유는 양질의 연수가 개발되고 준비되어 있더라도 참여 구성원들이 알지 못해서 참여를 못하는 경우가 번번히 발생하기 때문입니다. 많은 구성원들이 참여할 수 있도록 홍보계획을 꼼꼼히 세우는 것이 사전 연수 계획 수립 때 함께 이뤄져야 할 부분입니다.

연수 운영 계획이 수립되었다면 공문을 발송하면 됩니다. 연수 대상자가 교원인 경우가 대부분이기 때문에 공문 형태로 발송하게 되는데 연수 운영 리더 소속교 공문으로 계획 및 모집 형태 등을 발송하면 됩니다. 그러나 공문의 형태로 연수가 안내되어도 홍보가 제대로 안될 수 있어 주변 소개나 SNS을 활용하는 등 다양한 연수 홍보 방법을 적극적으로 도입하는 것이 좋습니다. 연수 홍보까지 완료되어 연수를 직접 운영하게 되었을 때 여러 가지를 사전에 준비 해야 합니다. 우선 연수를 준비하는 모든 담당자들은 연수 참여자들이 연수를 통해 얻을 수 있는 교육적 효과를 극대화하기 위해 연수 참여자들의 입장에서 그들을 위해 최선을 다해 섬기는 마인드가 필요합니다. 마인드 공유를 바탕으로 각 연수 차시를 담당 할 강사진들과 사전 협의회를 진행하게 됩니다. 일부 강사의 경우에 사전에는 가능하다고 했더라도 막상 연수 운영날이 되었을 때 담당이 어려울 수도 있어 예비 강사도 미리 염두해두는 것도 좋습니다. 사전 협의회에서는 전반적인 연수 방법을 공유하고 각 강의에 필요한 내용이나 준비물에 대해 사전 조율을 하게 됩니다. 사전 협의회 결과에 따라 여러 가지 준비물이나 부식 등을 준비하게 됩니다. 이 때 연수를 운영할 장소를 섭외하기가 쉽지 않기 때문에 평소 오프라인 연수들이 어떤 곳에서 이뤄졌는지를 살펴본다면 훌륭한 연수 장소를 구할 수 있습니다. 연수는 일일 8시간까지만 인정받을 수 있어 오전과 오후 사이에 점심이 필요한 경우도 있습니다. 이 때에는 사전에 식사가 가능한 장소나 방법 등을 사전에 마련해두어야 합니다. 연수이수 결과보고에 대한 개인정보 동의 등 필요한 내용을 준비하여 문자나 설문조사를 발송해야 합니다.

연수가 시작되면 연수 시작 시간보다 일찍 도착하여 컴퓨터나 안전대책, 부식 등 연수를 준비하도록 합니다. 이 때 강사진들의 당일 참여를 미리 확인하는 것이 좋습니다. 만약 연수 시간이 되었을 때 오지 않는 경우가 발생하면 연수 운영에 큰 차질이 생기므로 일정 안내 문자를 발송하거나 시간을 재확인 할 필요가 있습니다. 연수 당일 참여 연수생들의 출석이나 건강 상태를 확인하고, 만약 일부 연수 일정이 변경되는 경우나 계획이 변경되는 경우에는 연수 참여자들에게 상황 설명 후 충분한 동의를 얻어 융통성 있게 변경하면 됩니다. 연수 담당자들은 연수 운영 도중에 틈틈히 사진이나 동영상 등을 통해 기록해두면 추후 결과 보고 때 도움을 받을 수 있습니다.

계획했던 연수가 모두 마무리가 되면 피드백을 위한 평가 설문조사를 반드시 실시해야 합니다. 왜냐하면 연수가 계획했던 목표를 달성했는지, 혹시 수정·보완할 사항들은 없었는지를 면밀히 검토해야 추후 연수 운영에 반영할 수 있기 때문입니다. 설문조사 결과를 바탕으로 강사진들과 함께 사후 협의회를 진행합니다. 사후 협의회 결과를 가지고 추후 연수 운영이나 내용에 수정 보완해야 될 사항을 확인하도록 합니다. 공모 연수나 학교 밖 전문적학습공동체 연수 등 연수 형태에 따라 결과를 보고하며 예산 사용과 관련된 행정업무를 처리하게 되면 연수 운영은 최종적으로 끝이 나게 됩니다.

3부

전문적학습공동체 운영의 주제별 사례

제1장 전문적학습공동체를 맡았다면,
이렇게 처리하세요!

1.
전문적학습공동체 업무 담당자 가이드라인

전문적학습공동체를 처음 맡게 된다면 처음에는 굉장히 막막합니다. 여러 교육청에서 핵심적으로 추진하는 사업이기 때문에 학교 업무에서도 그 중요도가 높습니다. 교원의 능력개발과 학생의 배움이라는 요소들이 모두 포함되어 있는 업무라 더욱 중요합니다. 어느정도 경력이 있는 교사들도 전문적학습공동체 업무는 부담스러운 것이 사실입니다. 초임교사라면 더욱 그렇게 느낄 수 밖에 없습니다.

지금부터는 교사들을 위해 전문적학습공동체를 맡았다면 어떻게 처리할지 처음부터 이수 결과 신청까지 대략적인 운영과 업무 유의점까지 안내해드리고자 합니다. 물론 지역마다 학교마다 차이가 있습니다. 여기에서는 경기도교육청을 기준으로 내용을 소개하고자 합니다. 다른 지역과 학점 이수 등에서 차이가 있을 수 있으나, 전문적학습공동체의 목적과 운영은 거의 대동소이 하니 참고하여 주시기 바랍니다.

1. 연수 계획 수립 및 학습공동체 구성

가. 시간부족

전문적학습공동체의 시작은 조직입니다. 대상은 학교 내 교원들로 구성하며 협의를 통해 기간제 교사, 강사 등도 참여 가능합니다. 구성 단위는 다양하게 할 수 있습니다. 학년, 주제, 교과 단위로 할 수 있습니다. 그러나 여기에서 친목 및 동아리 활동은 지양해야 합니다. 전문적학습공동체는 수업 및 학교 교육활동으로 실천하는 부분이 친목 목적 동아리와 매우 다릅니다. 또한 교원 1인당 직무연수 학점 인정 학습공동체는 연간 1개 입니다.(경기도)

여기서 신규 교사는 15시간 이상 신청 및 참여를 해야 합니다.(경기도)

구성 인원은 학교급에 따라 다르지만, 최소 2~3명 이상으로 구성합니다. 구성원은 모두 함께 이끌어가는 것이며 리더나 담당자가 운영하는 것이 아닙니다. 이를 위해 정기적으로 운영할 시간 확보가 필수적입니다. 애초에 교육과정 수립시 정기 요일이나 시간을 편성하는 것이 좋습니다. 당연히 관리자의 적극적인 관심과 참여가 필요하겠습니다.

연수 진행은 교직원 1인이 과정 전체의 진행자(강사)가 되어 연수를 운영하는 형태는 바람직하지 않습니다. 함께 주제에 대한 연구를 실시하고 토의하며 탐구하는 것이 바람직합니다. 주제탐구를 위해 이론연수 및 사례 연구를 위해 외부 전문가를 강사로 활용 할 수 있습니다. 이 때 외부 강사에 의한 강의는 가급적 전체 연수시간의 1/3시간 이내로 권장합니다.

나. 구성 방법

보통 학교의 규모에 따라 구성 방법을 달리합니다. 일반적인 중·대규모 학교에서는 학년(군)별, 주제별, 교과 단위로 구성합니다. 학년(군)별 구성은 교육활동의 특성에 맞게 주제를 선정하여 조직합니다. 주제별 구성은 희망하는 주제를 선택하여 자율적으로 조직하여 실시합니다. 교과 단위별 구성은 교과 단위 조직을 중심으로 한 통합 조직을 말합니다. 소규모 학교에서는 보통 주제별, 학교별 구성을 실시합니다. 학교가 직면하고 있는 문제를 중심으로 조직하고 희망 주제에 따라 자율적으로 조직하기도 합니다.

주제를 잡을 때는 공동연구와 실천이 가능한 실행 연구 주제를 설정합니다. 학생의 행복한 성장을 위해 연구, 실천 할 수 있는 주제가 적합합니다. 또한 구성원 개인의 목표와 학교 발전을 함께 모색하는 연구 주제는 전문적학습공동체에 알맞은 주제입니다.

다. 구성원의 역할

전문적학습공동체에서 리더의 역할은 정말 중요합니다. 리더는 동료성을 발휘하는데 심혈을 기울여야 합니다. 리더는 구성원들보다 한 발 앞서 생각하고 행동해야 합니다. 모범을 통해 신뢰를 얻어야 합니다. 또한 구성원들이 지속성있게 나아갈 수 있는 분위기를 형성하는 것이 매우 중요합니다. 제일 중요한 것은 동료 교사들이 리더로 성장할 수 있도록 옆에서 지원하는 것입니다. 멀리 함께 갈 수 있도록 동료성 리더쉽을 발휘하는 것이 중요합니다.

구성원의 역할은 일단 성실해야 합니다. 또한 자신의 역할이 주어지면 책임감있게 수행하는 것이 중요합니다. 모두가 공동체의 주인으로서 자발성과 적극성을 가지고 모임에 참여해야 합니다. 또한 이를 통해 배움과 성장으로 함께 발전하는 것이 핵심입니다.

라. 연수 계획서 작성 <직무 연수로 인정 받는 경우>

연수 계획서에 필수적으로 들어가야 하는 항목은 다음과 같습니다.

• 학습공동체명	• 과정명	• 주제
• 교육과정(활동내용)	• 기간	• 시간
• 인원		

승인 받은 연수 계획서 및 연수 신청서 내용 중 아래 항목은 변경이 불가합니다.

• 과정명	• 기간	• (승인 받은) 연수 시간
• 인원	• 주제	

위의 변경 불가 항목을 제외한 교육과정의 내용, 연수 일시, 강사 등은 학교장의 허가(내부결재)를 받아 변경 운영이 가능합니다.

2. 교육과정 편성

가. 교육과정 편성 전 환경 조성하기

인적 환경

교육과정 편성을 위해서는 인적 환경의 조성이 필요합니다. 우선 공동체를 위해 역할 분담을 합니다. 각자의 역할을 통해 개인 뿐만 아니라 공동체가 함께 성장 할 수 있습니다. 또한 동료들 간의 관계성을 만듭니다. 동료의식은 공동체의 연구를 원활하게 운영할 수 있는 중요한 요소입니다. 여기서는 반드시 개인의 자발성을 기초로 합니다. 자발성이 없다면 전문적학습공동체의 운영은 형식적인 업무가 될 것입니다. 자발성은 개인의 자기 결정권에서 출발합니다. 또한 구성원들의 면면을 파악할 필요가 있습니다. 나를 알고 서로를 잘 알아야 어떤 문제가 주어져도 함께 헤쳐나갈 수 있습니다.

물리적 환경

제일 중요한 것은 시간과 장소입니다. 전문적학습공동체를 위한 정해진 시간을 확보합니다. 보통 학교에서는 어떤 요일을 정해서 그날을 '전학공 데이'로 운영합니다. 예를 들어 수요일이라면 교육과정 편성시 수요일 오후 시간 3시부터는 모든 교사가 전학공을 할 수 있도록 교과 수업 마치는 시간을 학년별로 조절하여 고정 시간을 확보합니다. 물론 관리자의 적극적인 참여와 협조가 필요합니다. 그리고 각 전학공 별로 운영 할 수 있는 공간을 확보하는 것이 중요합니다. 보통은 학년별이면 연구실, 주제별이면 학급 교실 등등 학교 안에 다양한 공간을 활용할 수 있습니다. 이 장소는 구성원들이 모두 의견을 내어 함께 정하면 좋을 것 같습니다.

나. 교육과정 구성

주제탐구

주제탐구 단계에서는 실행연구 과제 및 다양한 교육과제를 탐구합니다. 이때 구성원들의 토의나 토론(독서 토론)은 주제 탐구에 대한 이해를 깊게 합니다. 또한 필요하다면 다른 학교를 탐방하거나 초청 강연이나 세미나를 통해 주제에 대한 탐구를 실시합니다. 과제 탐구 시 필요하다면 액션 러닝 등을 통해서 구성원들의 적극적 참여를 이끌어 낼 수 있습니다.

영역		활동 내용	방법
주제 탐구	인성교육	• 인성교육 관련 소주제에 대한 고민과 토의 • 학생에게 적용할 수 있는 인성교육에 대한 토의	토의, 실행학습
	인성교육 및 상담	• 학생상담 운영 사례 공유 • 학교폭력 예방을 위한 토론	전문가 초청
	과제 탐구	• 공동과제 운영 설계 및 해결과정 구성 - (예시) 초등5학년 역사교육에서 지역화 교육과정 연계 방안 - (예시) 과목 선택권 확대를 위한 국어교과 교육과정 편성방안	동료 장학, 액션러닝

<주제탐구 단계 예시>

공동연구

공동연구 단계에서는 집단지성을 통한 연구를 실시합니다. 주제탐구 단계에서 주제에 대한 충분한 이해를 바탕으로 공동연구를 하기 위한 역할을 분담하고 문제해결을 위한 조사를 실시합니다. 주제를 학생들의 교육과정에 반영하여 재구성하고 설계할 수 있는 방법을 연구합니다. 이를 위해 선행 연구나 선진 사례를 탐구합니다. 이 때는 구성원들의 심도 있는 토의가 필요합니다. 또한 교육과정 재구성 및 운영에 대한 협의도 꼭 필요합니다.

영역		활동 내용	방법
공동 연구	선행 및 문헌연구	• 교육과정 재구성 연구, 선행연구물 탐구	토의, 실행학습
	교육과정 연구	• 교육과정 재구성 설계 및 운영 협의	실행학습

<공동연구 단계 예시>

이 단계에서는 수업 나눔과 성찰을 통해 교실 수업을 개선합니다. 구성원들과 공동연구를 통해 공동 수업안을 개발하여 각 교실에서 적용해보고 결과에 대한 토의를 합니다. 이를 통해 더 나은 방법을 찾고 공유합니다. 같은 수업안이라도 누가 수업하느냐에 따라 천차만별입니다. 따라서 같은 수업 나눔 후에 꼭 동료성에 기반한 성찰을 하게 되면 교사 개개인의 성장에 매우 큰 도움이 됩니다. '수업 개발- 수업 공개 및 참관- 수업 나눔'의 절차에서 교사들은 서로 배우고 학생들의 배움과 성장은 크게 늘어납니다. 동료들의 관계성(동료성)은 이 단계에서 필수 요건입니다.

영역		활동 내용	방법
공동 실천	수업 개발	• 교육과정과 연계한 창의적 수업 개발 • 주제관련 수업공개 및 공동 수업안 개발	실행학습
	수업 개발 및 참관	• 수업 공개 및 수업 참관	실습
	수업 나눔	• 수업 참관 후 동료 컨설팅, 수업분석 공유	토의, 토론

<공동실천 단계 예시>

연구결과 공유

이 단계에서는 연구 및 실천 결과의 나눔을 합니다. 학기말이나 학년말 학교 단위의 컨퍼런스를 열기도 하고 세미나를 실시하기도 합니다. 방식은 다양하게 진행할 수 있지만 핵심은 학습공동체 간 연구 결과를 공유할 수 있도록 운영해야 한다는 것입니다. 예를 들면 학교마다 연말에 실시하는 '교육과정 평가회'에서 학습 공동체 간 공유와 나눔을 실시합니다. 작은 발표가 될 수 있고, 결과물을 소개해도 됩니다. 다양한 방식으로 서로의 생각을 공유하고 발전할 기회를 나눕니다. 더 나아가 지역 내 학교 대상 학교 개방을 통해 정보를 공유하기도 합니다. 전학공 컨퍼런스를 열어서 연구 과정과 결과를 함께 공유하여 지역 전체의 발전을 꾀하기도 합니다.

영역		활동 내용	방법
연구 결과 공유	성과나눔 및 컨퍼런스	• 교육과정 운영 결과 나눔, 학습공동체 간 공유 • 지역 내 학교 대상 학교개방을 통한 정보의 공유	컨퍼런스

<연구결과 공유 단계 예시>

다. 교육과정 편성시 유의점

연수 계획을 수립할 때 전제 조건은 학습 공동체 구성원 모두가 참여하는 교육과정 편성입니다. 또한 주제탐구는 모두가 성장할 수 있는 실행 연구 과제 및 교육과 관련된 탐구 활동이어야 합니다. 이론 연수를 편성할 때는 주제탐구와 공동연구 영역에서 편성합니다. 외부강사를 초청해 할 수 있지만 이때 이론 연수를 지양하고 소속 교직원이 진행하는 토의·토론, 교육과정과 수업 개발 및 실천 등 실행 학습 위주로 실행합니다. 공동실천에서는 수업공개 및 수업 나눔 시간을 편성합니다. 공동연구, 공동실천 과정이 없는 일회성 수업공개와 협의회 위주의 수업 나눔 운영 방식을 지양합니다. 또한 학습공동체 간 공통 교육과정을 편성하여 연수 운영이 가능합니다. 다양한 주제의 학습공동체 간 협력과 배움이 일어날 수 있는 과정을 편성할 수 있습니다.

구분	(예시) 교육과정 내용	운영 방식
학년별 학습공동체	학년별 교육과정 연구 및 수업 개발	학습공동체별 운영
교과별 학습공동체	교과 수업 전문성 신장	
주제별 학습공동체	관심 주제별 연구활동	
학교 단위 활동 (공통 과정)	교내 특강 또는 정기적 실천 나눔 (수업나눔, 학교 컨퍼런스 등)	학교 공통 과정 운영

<학습공동체별 교육과정 내용 예시>

3. 연수 운영

가. 연수 신청 및 이수 승인 절차

연수 신청 승인 단계

1, 2월 학교에서는 계획서를 작성하고, 연수 승인을 신청합니다. 전체 전문적학습공동체의 운영 계획을 수립한 후, 학습 공동체를 구성하고 운영 계획서를 받아 신청서를 제출합니다. 보통 3월에 연수가 승인되고 정식 운영을 시작하게 됩니다.

이수 결과 승인 단계

12월 학교에서는 연수 결과 보고서 및 이수 대상자 명단을 제출하게 됩니다. 교육지원청에서는 보고서와 명단을 검토하고 도교육청으로 보내 이수 승인을 받게 됩니다. 그리고 이듬해 1월에는 이수자 명단 알림이 실시되고 나이스에 등재됩니다. (경기도)

나. 연수 과정 개요

교원의 근무 기간과 인사 변동 유형에 따른 과정이 있습니다. 정기형, 단기형, 하반기형으로 구분됩니다. 정기형은 기본 과정입니다. 보통 15~60시간 이내에서 운영하고 운영 기간은 학교 교육과정 운영 안에서 1, 2학기에 걸쳐 진행됩니다. 대상은 병설유치원을 포함한 전 교직원입니다. 운영 기간은 고정되어 있습니다. 이 유형은 운영 기간 동안 소속교에서 근무가 예정된 교원들에게 적합합니다. 그러나 단기형은 인사 변동 예정 교원이 대상입니다. 보통 기간제 교사, 휴직 예정 교원, 전보 예정 교원, 퇴직 예정 교원을 대상으로 합니다. 인사변동이 있기 때문에 신청자별 운영 기간이 상이합니다. 하반기형도 마찬가지로 인사 변동 교원이 대상입니다. 신규 발령 교사, 전입 교원, 기간제 교사, 복직 교원, 신설 학교 교원 등 하반기형 신청자는 운영중인 정기형 학습공동체에 편입하여 운영합니다.

과정 유형	연수 시간	운영 시간	대상	비고
① 정기형 (기본과정)	15~60시간 이내	2020.03.23(월) ~ 2020.12.18(금)	초,중,고 소속 교직원 (병설유치원 포함)	운영 기간 고정
② 단기형 (선택과정)	60시간 이내 (근무 기간 동안 정기형 교육과정으로 편성된 시간)	2020.03.23(월) ~2020.12.18(금) 중 (인사변동 전 근무일 까지)	인사 변동 예정 교원 •기간제교사 •휴직예정교원 •전보예정교원 •퇴직예정교원	신청자별 운영 기간 상이
③ 하반기형 (추가과정)	60시간 이내 (운영 기간 내 정기형 교육과정으로 편성된 시간)	2020.09.07(월) ~ 2020.12.18(금)	인사 변동 예정 교원 •신규발령교사 •전입교원 •기간제교사 •복직교원 •신설학교 교원	운영 기간 고정

<연수 과정 예시(경기도)>

다. 연수 운영 시간과 유의점

1일 최대 연수 가능 시간은 4시간입니다. 일반적으로 2시간씩 운영합니다. 토요일, 공휴일, 방학 기간도 동일하게 적용 합니다. 또한 학점 환산은 15시간 단위로 1학점입니다. 이때의 시간 단위는 연간 누적 시간입니다.

연수를 운영할 때 교직원 전체 회의, 협의회 등을 연수 교육과정 내용과 연수에 포함하지 않아야 합니다. 또한 출장, 공가, 육아 시간 등으로 인한 불참 시 연수 출석 인정이 불가합니다. 학교장이 허가(내부결재) 할 경우 승인 받은 '운영 기간' 범위 내에서 해당 학습공동체의 교육과정 일정을 조정하여 운영할 수 있으며 출장, 공가, 육아 시간 등으로 이수 기준을 충족하지 못한 교원의 연수 이수를 위해 필요한 연수 시간을 확보할 수 있습니다. 이 경우는 공동연구, 공동실천하는 전문적학습공동체의 취지에 부합하도록 운영하여야 합니다.

4. 이수 결과 인정 및 실적 등재(경기도)

이수 결과 학점 인정은 경기도와 몇몇 시도에서만 진행하고 있습니다. 경기도를 기준으로 이수 결과 서류의 제출 대상은 정기형(기본과정), 단기형 (선택과정), 하반기형(추가과정)입니다. 이때 학교에서 필요한 제출 서류는 연수 결과 보고서와 이수 대상자 명단입니다. 이수 결과 제출에 대한 세부 사항은 공문을 통해 별도로 안내됩니다. 승인 받은 연수 시간의 90% 이상 수강 시 이수를 인정하며 '90% 이상 수강'한 교원은 직무연수 신청 시간을 모두 인정합니다. 연수 실적은 도교육청 교원역량개발과에서 일괄 등재합니다. 또한 이는 별도의 이수증을 발급하지 않으며 학교정책과의 '이수자 명단 알림' 문서로 대신합니다.

제2장 학교 안 전문적학습공동체
- 학년 경제교육(BEC)
학급 경영 공동연구

1.
학교 안 전문적학습공동체
- 학년 경제교육(BEC) 학급 경영 공동연구

전문적학습공동체는 수업 개선을 위한 전문성 신장뿐만 아니라 학교 현장에 필요한 과제를 학교 구성원들이 협력하여 문제를 해결할 수 있는 교육 활동 전반을 대상으로 합니다. 학년 구성원의 합의를 통해 하나의 목표를 세우고 공동연구를 실행한다면 유의미한 성과를 얻을 좋은 기회입니다. 이 사례 중 하나인 학년 경제교육(BEC) 공동연구는 학급 경영을 위해 활동하는 SEC 경제교육의 범위를 넓혀 학급 간의 교류를 통해 학년경영의 범위로 넓히는 활동입니다. 이번 시간에는 경제교육(BEC)의 기본개념과 효과, 그리고 이를 활용한 전문적학습공동체 운영에 관한 내용을 학습하도록 하겠습니다.

1. BEC 경제교육 학급 경영의 목적과 필요성

가. BEC 경제교육이란?

BEC 경제교육은 Big Economy Class의 약자로, 경제교육을 기반으로 한 학급 경영입니다. SEC 경제교육을 시작으로 출발합니다. SEC 경제교육은 학급 단위로 실행하며, BEC 경제교육은 SEC 경제교육 주체들이 모여 학년으로 확장하게 됩니다.

SEC 경제교육이란 small Economy Class의 약자로, 학급을 하나의 작은 사회로 만들어 이 속에서 실제 경제활동과 유사한 활동을 통해 학급 경영을 합니다. 국가를 세우고 (국가 이름, 국기, 정부 만들기), 화폐와 재화를 발행합니다. 이를 통해 반을 국가의 개념으로 바꾸면 기본 틀이 완성됩니다. 다음으로 학생들은 직업과 기업을 선택하고 생산과 소비, 즉 경제 활동을 합니다. 경제활동을 시작하게 되면 다양한 문제를 만나게 됩니다. 이러한 문제를 해결하며 학급 운영을 하는 것이 SEC 경제교육입니다.

SEC 경제교육의 범위를 학년으로 확장한 것이 BEC 경제교육입니다. SEC 경제교육이 한 국가의 경제활동이라면 BEC 경제교육은 국가 간의 경제활동이 이루어집니다. 실제 사회에서 국가 간에 이루어지는 일들을 떠올리시면 어떻게 운영하는지 이해하기 쉽습니다. 무역, 국제법, 문화 교류 등을 다른 반과 함께 공유합니다. 그리고 반 안에서만 이루어지는 활동을 학년 범위로 확장하여 반과 반의 교류를 통해 학년 운영을 합니다.

정리하면, SEC 경제교육은 한 국가의 경제활동을 통한 학급 경영이고, BEC 경제교육은 국가 간의 경제교육을 통해 학급 경영의 범위를 학년으로 확장한 것이라고 할 수 있습니다.

나. BEC 경제교육 학급 경영의 목적

대부분의 학급 경영은 교사 주도로 1년 동안 학급을 어떻게 운영할지 계획을 세워 학생들이 교사가 세워둔 계획에 따라 학급 운영을 합니다. 학기 초 학급 규칙을 만든다 던가 수업 중 활동 내용을 선택할 때 학생 의견이 들어가기도 하지만 대부분은 교사가 준비하고 계획된 일정에 따라 진행됩니다. BEC 경제교육의 궁극적인 목적은 경제활동을 기반으로 하여 학생들의 참여로 이루어지는 학생 주도의 학급 경영입니다. 초등학생의 경우, 저,중,고학년에 따라 교사의 개입 정도의 차이는 있으나 학생들이 주인 의식을 가지고 일년동안 학급을 운영할 수 있는 것에 목적을 두고 있습니다.

다. BEC 경제교육 학급 경영의 필요성

첫째, 학생들이 학교에 오는 것을 즐거워합니다. 학교는 배움의 장소이지만 학생들은 배움보다는 또래 친구들과의 즐거움을 얻는 것에 가장 큰 의미를 두고 있습니다. 수업 시간과 쉬는 시간, 점심시간의 아이들 표정이 그것을 증명해 줍니다. BEC 경제교육 학급 경영은 학생이 학급에서 일어나는 일들에 관심을 갖고 궁금해하며, 어떤 활동을 할지 기대하는 마음으로 등교하기를 기다립니다. BEC 경제교육 학급경영은 학생들이 가장 즐거워 합니다.

둘째, 학급 경영에 필요한 규칙을 스스로 만들고 준수함으로써 학급에 대한 주인의식과 책임감을 함양할 수 있습니다. 자신의 의견으로 만들어진 규칙을 지키고, 학급 생활을 하며 부딪치는 상황에서 규칙을 수정하거나 새로 만들면서 학급에 대한 애정이 높아지게 됩니다.

셋째, 살아 있는 경제교육을 할 수 있습니다. 뉴스에서 어른들이 보는 경제 뉴스, 어려운 경제 용어들이 더는 낯설지 않고 학생들이 직접 경험해봄으로써 경제 개념에 대한 이해도가 높아지게 됩니다. 특히 기업 활동과 세금, 학급 간의 교류를 통한 무역이나 환율과 같은 개념을 이해하는 데 큰 도움이 됩니다.

넷째, 교사 전문성을 높일 수 있습니다. 교사 대부분은 학생 교육에 대한 어려움보다 학생과 학부모와의 관계, 학생 생활교육에서 어려움을 느낍니다. 이러한 어려움을 해결할 수 있는 방법의 하나는 교사 자신만의 학급 경영 기술을 갖는 것입니다. 교사는 BEC 경제교육 학급 경영을 경험함으로써 학급 경영에 대한 자신감과 기술을 습득할 수 있습니다.

1. BEC 경제교육 학급 경영의 목적과 필요성

지금부터는 BEC 경제교육을 활용한 전문적학습공동체 운영에 관한 내용을 알아보도록 하겠습니다.

가. 전문적학습공동체 역할 분담 및 운영 방법

전문적학습공동체를 BEC 경제교육으로 운영하기 위해서는 SEC 경제교육과 BEC 경제 교육을 통한 학급 경영 운영 방법을 안내할 교사가 1명 필요합니다. 이 교사는 BEC 경제교육의 전반적인 절차를 이해하고 모임의 리더 역할을 하며 모임을 이끌어나가는 주체가 됩니다. 주도 교사의 안내에 따라 동료 교사들과 함께 협의하며 BEC 경제교육의 기반을 만듭니다.

BEC 경제교육은 경제교육을 기반으로 한 학급 및 학년 운영입니다. 따라서 동 학년 교사들의 관심과 협조가 필요합니다. SEC 경제교육의 경우 학급 단위로 운영하지만, BEC 경제교육은 학년 단위로 운영하기 때문입니다. 교사마다 학급 경영 방법이 각기 다르므로 새로운 학급 경영 방식에 대한 부담감을 가질 수 있습니다. 특히, 학급을 국가의 개념으로 바꾸어 학급 경영을 한다는 것이 어렵게 느껴질 수 있습니다. 전문적학습공동체 모임을 통해 BEC 경제교육 절차 안내와 장점을 소개한다면 부담감을 낮출 수 있습니다. 매해 전문적학습공동체를 BEC 경제교육 활동으로 운영하는 입장에서 동료 교사들의 이야기를 들으면, 학년이 끝나는 시점에 교사의 만족도가 매우 높은 것을 느낄 수 있었습니다.

나. 실천과제 시행

BEC 경제교육 학급 경영은 SEC 학급 환경 조성, BEC 학년 환경조성, SEC 기업 활동 하기, BEC 기업 활동하기, BEC 경제교육 학급 경영 반성하기의 다섯 가지 실천과제로 구성되어 있습니다. 다음으로 각 실천과제의 세부 내용을 살펴보도록 하겠습니다.

1) 실천과제 1- SEC 학급 환경 조성하기

가. 국가 만들기
① 전문적학습공동체 모임: 3월 첫째 주
② 주제: SEC 국가 만들기
③ 협의 내용: 국가 이름, 국기, 화폐 만들기

전문적학습공동체에서 협의할 내용은 국가 만들기입니다. 3월 첫째 주는 교과 학습 보다는 1년 생활에 대한 안내와 새로운 학년 적응 교육이 많이 이루어집니다. 이 기간을 활용하여 학급을 국가의 개념으로 바꿉니다. 국가 이름은 보통 반 숫자를 넣은 이름으로 정합니다. 그리고 국가 이름과 어울리는 국기를 만들고, 국기 디자인을 활용해 화폐를 만듭니다. 국가 이름과 국기, 화폐 모두 학생 주도로 만듭니다. 학생들은 이 과정을 매우 흥미를 느끼고 참여하며 학급에 관한 관심도 높아지는 계기가 됩니다.

나. 국가 조직하기
① 전문적학습공동체 모임: 3월 둘째 주(또는 학급 임원선거 후)
② 주제: 학급 운영에 필요한 조직 설립
③ 협의 내용: 대통령, 은행장, 정부 기관 만들기

3월 2~3주는 학급 임원선거를 통해 회장과 부회장이 선출됩니다. BEC 경제교육은 국가 개념으로 학급을 경영하므로 회장은 대통령, 부회장은 부통령이 됩니다. 그리고 화폐와 재화를 관리할 은행장 1명과 정부 기관을 만듭니다. 정부 기관 조직은 학급 부서 조직과 같습니다. 국가를 운영하는 데 필요한 기관을 만들고 각 기관장을 뽑도록 합니다.

다. 학급 법
① 전문적학습공동체 모임: 3월 셋째 주(또는 학급 조직 설립 후)
② 주제: 학급 법 만들기
③ 협의 내용: 학급에서 지켜야 할 규칙 만들기

각 반 특색에 맞는 학급 법을 만들도록 합니다. 학급 법 역시 학생의 주도로 만들며 학급에서 지켜야 할 규칙을 자세하게 법으로 만드는 것이 좋습니다.

라. 학급 통장 만들기
① 전문적학습공동체 모임: 3월 셋째 주(또는 학급 법을 만들고 난 뒤)
② 주제: 학급 통장 만들기
③ 협의 내용: 학급 법을 기반으로 한 통장 만들기

학급 통장은 일종의 칭찬 통장입니다. 하지만 칭찬 통장과는 다른 특징이 있습니다. 바로 학급 법을 지켰을 경우 도장이 적립됩니다. 도장은 일정한 개수를 모았을 때 학급 화폐와 교환(도장 10개=1화폐) 합니다. 도장은 대통령, 부통령이 학급 인원을 나누어 찍어줍니다. 화폐 교환은 은행장을 통해 이루어집니다.

2) 실천과제 2- BEC 학급 환경 조성하기

가. 국제기구 만들기
① 전문적학습공동체 모임: 3월 셋째 주(또는 학급 조직 설립 후)
② 주제: 국제기구 조성
③ 협의 내용: 학년 헌법을 만들기 위한 국제기구 만들기

이 시기 전문적학습공동체 모임에서는 국제기구 만드는 것을 논의합니다. 국제기구를 조성하여 학년 공통법을 만들기 위한 준비를 하는 것입니다. 국제기구 구성원은 각 학급 대통령과 부통령이 속하게 되며 국제기구 이름도 이들이 직접 만듭니다. 그리고 학년 헌법을 만듭니다. 학년 모든 학생이 공통으로 지켜야 할 헌법을 만드는 시기입니다.

나. 국제법 만들기
① 전문적학습공동체 모임: 3월 셋째 주(또는 구제기구 조직 후)
② 주제: 국제기구 조성, 학년 헌법 만들기
③ 협의 내용: 학년에서 공통으로 지켜야할 규칙 만들기

국제법이란 학년 구성원 모두가 지켜야 할 공통규칙입니다. 국제기구 구성원들이 모여 보통 각 반의 학급 규칙을 정리하여 학년 구성원들이 지켜야 할 규칙을 포괄적인 의미를 담을 수 있도록 만듭니다. 실제 사회에서의 헌법과 법의 관계를 떠올리면 이해 하기 쉽습니다. 학년 규칙이 헌법이라면 법은 학급 규칙이 되는 것입니다.

다. 소비재 만들기
① 전문적학습공동체 모임: 3월 넷째 주
② 주제: 소비재 만들기
③ 협의 내용: 각 학급에서 판매할 소비재 만들기

소비재는 칭찬 쿠폰을 떠올리면 됩니다. 아이들이 원하는 소비재를 조사하고 투표하여 소비재를 정리합니다. 그리고 희소성의 원칙에 따라 소비재별 가격과 수량을 정합니다. 그

리고 소비재를 각 반이 나누어 갖습니다. 학생은 화폐를 이용하여 소비재를 살 수 있습니다. 소비재는 각 반에 고루 분포되어있기 때문에 자신이 원하는 소비재가 있는 반에서 살 수 있습니다.

3) 실천과제 3 – SEC 기업 활동 하기

가. 기업 활동
① 전문적학습공동체 모임: 4월 첫째 주
② 주제: 학급별 기업 활동
③ 협의 내용: 기업 활동 운영 방법 논의

기업 활동은 학생의 창의성과 아이디어를 활용하여 만듭니다. 각자의 재능을 활용한 기업을 설립하는 것입니다. 예를 들어, 그림을 좋아하는 학생은 캐리커처 기업을 만든다거나 쿠키 만들기가 취미인 친구는 만든 쿠키를 판매하는 기업 활동을 합니다. 사행성을 조장하거나, 실제 화폐를 이용하여 물건을 구입한 뒤 재판매하는 활동을 지양합니다. 모든 거래는 학급 화폐로만 가능합니다. 1학기에는 학급 단위의 운영을 통해 기업 활동을 정착할 수 있도록 합니다.

나. BEC 프로그램 점검 및 지원
① 전문적학습공동체 모임: 5월 첫째 주 ~ 학기 말
② 주제: 학급별 활동 상황 점검
③ 협의 내용: BEC 프로그램 활동 상황 점검 및 문제 공유, 지원책

기업 활동까지 완성되면 기본적인 BEC 경제교육 틀이 완성됩니다. 이 과정에서 수많은 상황과 문제들이 발생하게 됩니다. 1학기 남은 전문적학습공동체 시간을 활용하여 각 학급에서 일어나는 일을 공유하고 문제점은 없는지 확인합니다. 그리고 개선할 점을 의논하여 BEC 경제교육을 수정 및 발전시키는 시간을 갖습니다. 학급 행사나 학년 행사 활동을 BEC 경제교육과 접목할 수 있는 프로그램을 개발합니다. 반 티셔츠를 만들거나, 국가 대항 체육대회 열기, 벼룩시장 활동 등 다른 반과 교류할 수 있는 프로그램을 구안하여 활동합니다.

4) 실천과제 4 - BEC기업 활동 하기

가. 기업운영 확장
① 전문적학습공동체 모임: 9월 첫째 주
② 주제: 국제 기업 운영
③ 협의 내용: 국제 기업 활동 관련 내용 협의

학생들은 1학기 국가 기업 활동을 통해 기업운영에 익숙해졌습니다. 국가 기업 활동을 국제 기업 활동으로 범위를 확장합니다. 이 시기부터는 다른 국가의 기업 활동에 참여할 수 있습니다. 본인이 원하는 서비스를 제공하는 기업을 찾아가 이용할 수 있습니 다. 본격적인 무역 활동이 이루어지는 시기입니다.

나. 공동연구
① 전문적학습공동체 모임: 9월~11월
② 주제: BEC 경제교육 활동 활성화
③ 협의 내용: BEC 경제교육을 활성화할 수 있는 프로그램 개발

국제 기업 활동이 이루어지기 시작하면 BEC 경제교육이 완성됩니다. 학생들은 학년 헌법 아래에서 자유롭게 왕래하며 기업 활동을 할 수 있습니다. 이 과정에서 일어나는 분쟁은 국제기구를 활용하여 해결하도록 합니다. 또한, 학생의 아이디어를 모집하여 나라 간 교류할 수 있는 프로그램을 운영합니다. 그리고 3월부터 시작한 프로그램을 정리하며 전문적학습공동체 마무리 준비를 합니다.

5) 실천과제 5 - BEC 경제교육 학급 경영 반성

가. 반성
① 전문적학습공동체 모임: 마지막 전문적학습공동체 협의
② 주제: BEC 경제교육 활동 반성
③ 협의 내용: 반성할 점, 개선할 점 논의

1년간의 BEC 경제교육 활동을 되돌아보며 좋았던 프로그램과 개선할 프로그램을 살펴 논의합니다. 그리고 다음에 어떠한 방법으로 개선하고 적용할지 협의합니다. 이 협의를 마지막으로 BEC 경제교육을 활용한 전문적학습공동체 운영은 끝이 납니다.

3. BEC 경제교육 학급 경영의 효과

BEC 경제교육을 활용한 전문적학습공동체 활동은 초기 교사의 노력이 필요합니다. 학 급을 국가로 바꾸어 운영하고, 예측할 수 없는 수많은 상황에 놓이기 때문입니다. 하지만 BEC 경제교육을 충분히 이해하고 시기별 과정을 하나씩 완성해 나가면 교사가 주도하는 학급 경영이 아닌 학생이 적극적으로 참여하는 학생 주도 학급 경영이 이루어지는 것을 볼 수 있습니다. 무엇보다 전문적학습공동체를 활용해 동 학년 교사들과 함께 만들어가면 성공적인 경험을 할 수 있습니다. BEC 경제교육은 교육의 주체라고 할 수 있는 학생, 교사 학부모에게 모두 만족스러운 경험을 하도록 합니다. BEC 경제교육의 효과는 크게 다섯 가지가 있습니다.

가. 학생, 교사, 학부모의 학교생활 만족도 증가

학급 경영의 궁극적인 목표는 학생과 교사, 학부모의 만족스러운 학교생활 경험입니다. 학생은 학교에 가고 싶어 하고, 학부모는 교사를 믿고 안심하고 자녀를 맡기며, 교사는 원활한 학급 운영을 통해 더 나은 환경에서 학생을 교육할 수 있습니다. BEC 경제교육을 통한 학급 경영은 세 주체의 만족도를 높일 수 있는 활동입니다. 특히 학생들은 새로운 방법의 학급 경영을 경험하여 만족도가 특히 높습니다. BEC 경제교육을 하고 난 후, 학년말 인상 깊었던 활동에 항상 일 순위로 BEC 경제교육이 차지하고 있습니다. 자녀가 즐거운 모습으로 학교 가는 모습을 보며 학부모의 만족도 역시 올라갑니다. 학생들이 적극적으로 BEC 경제교육에 참여하여 교사 역시 학급 운영을 하기 훨씬 수월해집니다.

나. 학생이 주도하는 학급 경영

학급 경영은 주로 교사 주도로 이루어집니다. 교사가 만든 규칙에 따라 학생들이 따르는 형식입니다. BEC 경제교육은 교사가 커다란 틀을 제시하고 세부적인 활동은 학생 주도로 이루어집니다. 국가 이름을 짓는 시작부터 BEC 경제교육을 하며 발생하는 문제 해결까지, 학생의 의견이 가장 큰 역할을 합니다. 본인 의견이 학급에 반영되는 것을 보며, 학생은 학급에 대한 주인의식을 갖게 되고 책임감을 느끼게 됩니다. 학생은 교사를 따르는 수동적인 자세에서 학급을 이끌어가는 적극적인 자세로 바뀌게 됩니다. 이를 통해 학생의 공동체 의식이 높아집니다.

다. 학급 간 교류 활성화

학생은 학교생활을 하면서 다른 반과의 교류를 경험하기 쉽지 않습니다. 대부분의 활동이 학급 내에서 이루어지기 때문입니다. BEC 경제교육은 SEC 경제교육을 기반이므로 각 반의 정체성을 가지고 다른 반과 교류를 합니다. 학급의 다양한 프로그램을 다른 반과 함께 나누는 경험을 통해 학생의 시야를 넓히고, 다른 반을 이해할 수 있는 계기를 갖습니다.

라. 학년 생활교육을 통한 갈등 관리

교사가 큰 어려움을 겪는 영역 중 하나는 생활교육입니다. 학생들끼리, 학급 내에서의 갈등, 학급 간의 갈등이 일어나면 좌절을 경험하기도 합니다. 심각한 경우는 학급 위기 상황이 오기도 합니다. 이러한 어려움을 해결하는 방법이 BEC 경제교육입니다. BEC 경제교육은 경제교육을 바탕으로 학급과 학년 운영을 하는 것입니다. 학생들이 만든 학급 규칙과 학년 규칙을 통해 모든 학생에게 동일한 규칙을 적용하여 문제를 해결 할 수 있습니다. 또한, 앞에서 언급한 학급 간의 교류를 통해, 학생은 다른 반을 이해하는 경험을 함으로써 다른 반과의 갈등 상황을 줄일 수 있습니다.

마. 학생과 교사가 성장하는 교육

학생은 BEC 경제교육을 통해 많은 성장을 합니다. 창의적인 아이디어를 내고, 문제를 해결하는 경험을 향상시킬 수 있습니다.

교사는 나만의 학급 경영 방법을 확립하여 교육의 전문성을 신장시킬 수 있습니다. BEC 경제교육은 정형화된 활동이 아니라 주어진 환경(학년 구성원, 동료 교사, 학급 실태)에 따라 수정하여 운영할 수 있다는 장점이 있습니다. 그리고 BEC 경제교육은 학급 및 학년 운영 과정을 교사들끼리 지속해서 꾸준히 모여 협의하는 과정이 필요합니다. 이를 통해 교사 간의 교류와 함께 성장하는 교육 공동체가 될 수 있습니다. 이는 전문적학습공동체의 목적에 부합하는 활동입니다.

제3장 학교 안 전문적학습공동체 - 학년 생활교육(마이크로네이션, 헌법 교육) 공동연구

1.
학교 생활교육(LMA 마이크로네이션 자치공동체) 공동연구 사례

학년 생활교육 공동연구 사례는 실제 A교사가 직접 경험했던 공동연구 사례를 소개합니다. 법교육과 생활지도를 믹스해 동학년이 전문적학습공동체 공동연구를 통해 연구대회까지 입상했던 사례입니다.

1. 특성 및 환경

A초등학교 5학년을 대상으로 공동연구를 진행했습니다. 일단 학생들의 특징을 살펴보자면, 도농 복합지역에 위치한 이 학교 학생들은 맞벌이 가정이 대부분입니다. 학생들의 학업성취도는 크게 뛰어나지는 않지만, 적극성 만큼은 타학교에 비했을 때 매우 우수합니다. 또한 다양한 교육활동에 익숙하여 새로운 교육에 대한 거부감이 적었습니다. 동학년 교사들의 특성을 살펴보겠습니다. 30대의 중경력 교사로 구성된 5학년은 남교사 3명, 여교사 1명의 네 개 반입니다. 구성원 간 분위기는 협조적이며 어떤 일이든지 함께 하고 추진하려는 의지가 있는 교사들입니다. 또 무언가 배울 수 있는 것이 있다면 열정적으로 할 준비가 되어 있었습니다. 학교 문화에 대해서 살펴보겠습니다. 이 당시 학교는 열정적인 교사들로 구성된 학교였습니다. 학교 문화는 생기 있고 역동적이며 적극적인 분위기가 물씬 풍겼습니다. 다양한 사업들이 교사 각자의 의지에 의해 추진되고 있었습니다. 학부모님들은 이러한 교사들과 학교의 분위기를 긍정적으로 생각하고 있었으며 학교의 모든 일에 적극 협조했습니다.

2. 전문적학습공동체 공동연구 중 연구대회 출품의 장점

전문적학습공동체 공동연구 중 연구대회에 출품하는 것은 다양한 장점이 있습니다. 우선 구성원들의 전문성 신장에 더없이 좋습니다. 공동연구 중 많은 내용을 기억하기에는 어려움이 있기 때문에 과정에서 필요한 기록과 생각 정리는 전문적학습공동체 활동을 더 심도있게 할 수 있습니다. 또한 동료성을 크게 키울 수 있습니다. 애초에 신뢰있는 관계에서야 시작할 수 있지만, 연구대회를 진행하고 역할을 나누어 수행을 하면서 동료성을 더욱 공고히 할 수 있습니다. 마지막으로는 학생들에게 체계적인 주제 교육을 할 수 있습니다. 연구대회를 준비하려면 필수적으로 큰 틀을 생각하고 프로그램을 생각과 글로 정리해야 합니다. 서로의 의견 교류와 생각만으로 주제 연구를 진행하면 빠질 수 있어 빈틈을 글로 정리하고 기록하면 체계를 잡아갈 수 있습니다. 학생들에게도 조금 더 체계적인 교육이 더욱 효과를 높이고 성장과 배움이 즐거워지는 긍정적인 결과를 도출할 수 있습니다.

3. 전문적학습공동체 공동연구의 시작

몇 년간 근무해서 학생들을 비교적 잘 파악하고 있는 상황이었습니다. 학생들의 면면을 살펴보면 4학년 때에도 따돌림이나 학교폭력 등으로 생활지도에서 굉장히 많은 어려움이 있었던 학년이었습니다. 게다가 학생 수 감소로 5학급에서 4학급으로 줄어들어 교사 1인당 학생수가 조금 더 많아졌습니다. 교사 1인이 돌보기에는 이전보다 더 어려워진 상황이었습니다.

동학년 모임에서 이러한 상황에서 가장 효과적인 학교폭력 예방과 생활지도의 방법은 무엇이 있을까 고민했습니다. 단연코 학생들의 배려심 함양이 필요했습니다. 그리고 수동적인 모습에서 벗어나 적극적으로 학생 스스로 직접 이끌어가는 학생 중심의 생활지도 프로그램이 필요했습니다.

이 동학년 교사들은 학생 중심의 생활지도 프로그램을 머리를 맞대고 아이디어를 냈습니다. 학생 스스로 헌법을 제정하고 학급과 학년 전체에서 실행한다면 그야말로 학생 중심의 생활지도였습니다. 학생들이 학급에서 지켜야 할 규칙, 학년 전체에서 지켜야 할 규칙 등 학급에서 일어나는 활동을 확대해 학년에까지 적용시키면 학년 전체의 학교폭력 예방과 생활지도는 더욱 잘 되리라 생각했습니다.

4. 전문적학습공동체 공동연구의 필요성

학생들의 생활지도는 한 학급보다는 학년 전체에서 공동으로 이루어지는 것이 보다 효과적입니다. 각 학급별로 고유한 헌법을 제정해 생활지도를 할 수 있지만, 학년 전체로 확대할 때 훨씬 더 효과는 좋습니다.

생활지도는 학년에서 공동으로 지켜야 할 약속이 있습니다. 각 학급별로 규칙은 조금씩 다르지만 학년 단위의 일관성과 형평성을 위해 공동의 약속이 필요합니다.

교사의 생활지도 부담이 줄어듭니다. 1인의 교사가 생활지도를 실행하는 것보다 학년 교사 모두 공동으로 한다면 부담은 줄이고 더 효율적입니다.

학생들이 더 즐겁습니다. 교사뿐만 아니라 학생들이 학교 생활을 적극적인 자세로 참여할 때 더 재밌고 행복한 학교생활이 됩니다.

5. 주제 탐구

위의 아이디어를 바탕으로 이 동학년 교사들은 법 교육과 학교폭력예방 교육을 하기 위해 주제를 정하고 각자 역할에 맞게 탐구를 시작했습니다. 주제는 'LMA 마이크로네이션4 자치공동체를 통한 학교폭력예방과 배려심 함양'으로 정했습니다. 관련된 자료를 찾아 서로 머리를 맞대 그들끼리 용어와 개념을 정의했습니다. 용어는 다음과 같습니다.

가. LMA(Law Making Activity)

작은 국가인 마이크로네이션을 각 학급별로 만들고 그에 따라 학생들이 스스로 헌법을 제정하고 실행하는 활동입니다. 학생 자치 활동으로 학급의 문제를 스스로 인식하고 학급이 지향하는 가치를 반영하는 최고 규범을 만드는 과정입니다. 이를 통해 헌법의 필요성과 가치를 고민할 수 있는 기회를 제공합니다.

나. 마이크로네이션[4]

이는 작은 소국가를 의미하고 곧 각 학급을 의미합니다. 5학년 네 개 학급을 각각 마이크로네이션, 학년이 자치공동체가 된다는 의미에서 마이크로네이션[4]를 정의합니다. 이것은 LMA프로그램과 이어지는 활동이기도 하며 배려심을 향상하는 생활지도 프로세스를 의미합니다.

다. 자치공동체

학생들이 중점이 되어 운영하는 협의체를 의미합니다. 학급 구성원들이며 또한 학년 구성원입니다. 마이크로네이션의 LMA활동을 하는 주체를 의미합니다.

이와 같이 용어를 정의하고 주제를 확고히 정하게 되면 이제 학생들의 실태를 좀 더 객관적인 시선으로 분석하고 시사점을 도출해 연구 문제를 끌어내게 됩니다.

6. 공동 연구

전문적학습공동체에서 공동연구를 시작하기 전 이렇게 실태조사를 하기도 합니다. 실태조사를 통해 주제에 대한 학생들의 이해도와 실태를 정확하게 파악할 수 있습니다. 이 조사는 연구를 더욱 세밀하게 적용할 수 있도록 도와줍니다. 또한 공동연구이기 때문에 역할 분담을 실시하고, 주제에 따른 연구 실천 과제를 진행하게 됩니다. 연구 실천 과제에 대한 환경구축과 구안의 과정을 공동연구에서 실행합니다. 보통 연구 실천과제 진행은 '환경 구축 - 구안 – 실천'의 큰 틀로 진행됩니다. 공동연구에서는 환경 구축과 구안을 실행하게 됩니다. 실천은 공동실천에서 진행합니다. 지금부터 그 과정을 지금부터 소개해 보겠습니다.

가. 실태조사

학생들의 헌법기반 학급활동에 대한 인식 및 정확한 실태를 파악하기 위해 설문을 실시했습니다. 설문 문항은 송우진 외 2인(2012)[06]의 연구에서 활용하였던 자치공동체 설문 내용을 헌법기반 활동으로 수정, 활용하여 구성하였습니다. 또 이외에도 학생자치활동 및 법의식 검사, 학교폭력태도 수준 검사, 배려심 수준 검사를 통해 학생들의 실태 조사를 네 가지 분야로 세밀하게 나누어 실시하였습니다. 이로 인한 시사점은 다음과 같습니다.

나. 시사점

학생들은 자치활동을 중요하게 생각하고 있으나, 학급-학년 자치활동 경험과 헌법기반 활동의 인식이 매우 낮았습니다. 법의 필요성 및 준수 의지는 매우 강하나 경험은 부족했습니다. 학교폭력태도 수준의 경우 과반이 경험이 있었고 이에 대한 행동 변화를 원했습니다. 또한 배려심 수준의 경우 도와주려는 인식은 가지고 있으나, 자기중심적인 생각과 행동이 드러날 수 있음을 알 수 있었습니다.

다. 역할분담

공동연구에서 역할 분담은 매우 중요합니다. 전체 프로그램을 개발 적용하고 보고서 작성하는 것은 공동의 업무이지만, 그 안에서 자신의 역할을 세부적으로 나눔으로써 조금 더 체계적인 연구가 가능해집니다. 특히 이 연구는 전문적학습공동체 내의 공동연구이기 때문에 역할 분담이 더욱 철저히 이루어져야만 모두 성장하는 기회를 얻을 수 있었

---

06 송우진 외(2012). BEC화폐마일리지를 통한 2ZERO 국제경제공동체 지도. 한국교총 현장연구대회.

습니다. 공동연구 내에서 역할 분담은 아래와 같았습니다. 각자 역할에 대해 고민하고 기획하고 진행했지만 실행은 모두 함께 했습니다.

1반	실태조사, 설문작성 및 분석, 국제 환경 조성
2반	문헌연구, 사진촬영, PPT작성, 학생-학부모 만족도 조사, 학년 연계활동 운영
3반	지역사회 기관 연계 활동, 프로그램 홍보, 국제회담(5학년 정기 임원회의) 주관
4반	보고서, 영상 편집, 5학년 매거진 발간, 결과 설문 작성 조사 분석, 국제법 제정

라. 연구 실천 과제 선정 및 내용

연구에서 실천과제 선정은 무엇보다도 가장 중요합니다. 연구의 핵심 뼈대가 되기 때문입니다. 결국 목적한 바를 이루기 위한 도구는 바로 '실천과제'입니다. 실천과제의 내용이 알차면 올바른 활동으로 학생들에게 효과적으로 전달할 수 있습니다.

1) 환경 구축 : LMA 마이크로네이션[4] 자치공동체 제반 환경 구축

가) 실천과제 1-1 국가 및 사법제도 만들기

이 활동에서는 각 학급 즉, 마이크로네이션을 국가로 설정하고 국가의 상징을 만듭니다. 각 반의 국가 이름은 각반의 숫자를 응용하여 학급에서 공모전을 개최한 후 투표를 거쳐 결정했습니다. 또한 국기는 이름의 특징을 살려 학생들이 공동 디자인 한 뒤 투표로 선정하였습니다.

| 학급 국가이름 | 5학년 1반 코코넛 오일 | 5학년 2반 오이 | 5학년 3반 삼벤져스 | 5학년 4반 사계절 |
| 국기 | | | | |

제 3 부 전문적학습공동체 운영 주제별 사례

또한 국가 기구와 사법 제도를 각 반별로 만드는 활동을 합니다. 국가 조직에는 법무부, 경제부, 배려부, 회의부, 세무부, 환경부, 미화부 등등 각 학급에 필요한 조직을 3월에 구성하여 운영합니다. 사법제도는 학급 회의를 통해 학생들의 의견을 수렴해 헌법을 스스로 만들도록 안내합니다. 이 사법제도인 헌법을 바탕으로 한 자치공동체 활동을 통해 자율적으로 학급을 운영할 수 있습니다.

학급	5학년 1반	5학년 2반	5학년 3반	5학년 4반
학급 헌법				

나) 실천과제 1-2 국제 사회와 기구 만들기

학급 국가를 구성하면 학년 국제 사회와 운영 기구를 만들게 됩니다. 국제사회의 이름은 'LAW:5'로 법을 지키는 5학년 연합국가로 정해졌습니다. 상징은 이름의 특징이 잘 드러내도록 학년 디자인 공모전을 거쳐 의견 수렴 후 선정하였습니다. 또한 각 국가(학급)에서 국제사회(학년)에 건의, 청원되는 내용을 기반으로 학년에 필요한 기구를 설립하고 홍보하는 국제기구를 조직하였습니다. 국제 기구는 입법연합, 행정연합, 홍보연합, 배려연합으로 구성하였습니다. 또한 상위 헌법인 국제법률도 구성합니다. 마이크로네이션 4개 국가가 연합한 국제사회 기구활동 및 각 국가 헌법을 바탕으로 국가간 협력을 위해 국제법률을 제정했습니다.

LAW:5 국제연합 상징	LAW:5 국제헌법

다) 실천과제 1-3 환경 꾸미기

환경 조성은 물리적 환경, 개념적 환경 모두를 말합니다. 우선 각 국가별 조직, 헌법 등을 만들고, 헌법 지킴 통장을 만들어서 국가 환경을 조성했습니다. 학급 게시판과 공간을 고려하여 헌법을 게시하고 조직을 안내했습니다. 그 다음으로는 국제 기구 회담 장소를 선정하고 회담이 이루어질 수 있는 환경을 조성하였습니다.

2) LMA 마이크로네이션⁴ 자치공동체 프로그램 구안

구안활동이 사실상 전문적학습공동체 활동의 핵심입니다. 프로그램 계획이 잘 되면 실천은 교사별로 실행하고 피드백 받아서 고쳐나갈 수 있기 때문입니다. 이번 공동연구 활동은 프로그램 구안입니다. 여기서는 크게 여섯 가지로 분류하여 실시하였습니다. 이 여섯 가지는 학생들을 지도하는 큰 줄기로 볼 수 있습니다. 한 개씩 간단하게 소개해보겠습니다.

가) LMA(Law Making Activity) 운영방법 구안

학급 헌법을 학생들 스스로 제정하고 관련된 헌법교육을 통해서 학생들이 헌법에 쉽게 접근하고 고등사고력을 발달시킵니다. 이러한 활동들로 인해 학교폭력 예방 및 배려 심을 함양할 수 있도록 하는 것이 목표인 활동입니다. 세부적인 프로그램은 국가 LMA 활동, 국제 LMA 활동 LAW:5 참여재판, 국가 법안 상정, 국제 배려 법안 선포, 이루어 드림 청원 활동 등 주로 헌법과 관련된 활동들로 구성되어 있습니다.

나) 마이크로네이션⁴ 운영방법 구안

마이크로네이션⁴은 작은 소국가를 의미하고 이것은 곧 네 개의 학급 각각을 의미합니다. 이 프로그램은 학생들이 각각의 학급에서 다양한 상황에서 학교폭력과 배려심을 함양하기 위한 프로그램입니다. 각각의 마이크로네이션⁴은 학급 구성원의 성격과 교사의 교육철학에 따라 개성이 있습니다. 이 국가에서 실행되는 다양한 생활지도 활동이 바로 학교폭력과 배려심 함양을 위한 것으로 귀결될 수 있습니다. 마이크로네이션⁴ 프로그램은 학생들이 학급에서 실행되는 학교폭력 예방 및 배려심 함양을 위한 다양한 세부활동으로 이루어져 있습니다. 국무 회의 개최, 국제 기구 포럼, 국제 인터폴 제도, 배려 후원자 활동, 배려 유니세프, 아트리움 문화예술 공연 등의 활동이 있습니다.

다) 자치공동체 활동 구안

'자치(自治)'는 '저절로 다스려짐', '자기 일을 스스로 다스림'을 뜻하는 사전적 의미로,

학급이나 학교의 구성원으로써 어떤 문제점이나 갈등이 있을 때 공동의 상황을 해결하기 위해 민주적인 의사결정과 맡은 바 역할을 실천해 가는 자발적이고 자주적인 참여 활동이라고 정의됩니다.[06] 이 자치활동은 구성원들끼리 스스로 의사결정을 하여 결정된 바를 실천하기 위해 각자의 역할을 나누고 여러 자율적인 활동을 통해 민주시민으로서의 자질을 기르는 기본적이고, 매우 중요한 활동이라고 할 수 있습니다.(교육과학기술부, 2009) 이러한 내용을 바탕으로 '자치공동체'는 학급, 학년의 구성원으로 스스로 의사결정하여 역할에 따라 자율적 활동을 하는 실행주체를 의미합니다. 세부적 활동으로는 칭찬합시다 캠페인, LAW:5 스포츠리그, 학교폭력예방 캠페인, LMA 무료 법률 사무소, 배려심 플래시몹, 사랑의 배려 열매 등의 활동으로 구성되어 있습니다.

라) 마을교육 연계 활동 구안

학교 활동과 마을 교육을 연결짓기 위해서는 지역주민, 교육기관, 복지시설, 공공기관을 활용하는 것이 효과적입니다. 지역주민들이 교육 기부 및 협력을 통해 교육에 참여함으로써 마을이 공동으로 교육의 권한과 책임을 실천할 수 있습니다. 마을이 학생들의 배움터가 되고 자연, 사회, 삶 등 다양한 배움과 교육적 기회가 제공될 때, LMA 마이크로네이션4 자치공동체 활동이 학생들의 삶과 연계될 수 있습니다. 주된 활동으로는 마을교육 법조인과의 만남, 경찰관과의 만남, 언론인과의 만남, 예술인과의 만남, 인문학자와 만남 등입니다.

마) 나눔 일반화 활동 구안

배움이 앎에서 삶이 되려면 일반화 할 수 있는 계기를 제공해 줄 필요가 있습니다. 마찬가지로 LMA 마이크로네이션4 자치공동체 활동을 통해 학생들이 배우고 실천했던 학교폭력예방 및 배려심 함양 활동을 다른 학생, 마을과 공유한다면 일반화 할 수 있는 계기가 될 수 있습니다. 주된 활동들로는 LMA 마이크로네이션 배려네이버스, LMA 마이크로네이션 학교폭력예방 연극, LMA 마이크로네이션 월간 매거진 등이 있습니다.

바) 교육과정 재구성

이 많은 활동들을 우리가 교실에서 수행하는 교육과정에 접목시켜 진행하려면 성취기준과 교과서를 살펴보아야 했습니다. 전문적학습공동체에서는 이 과정도 공동연구를 통해 진행했습니다. 그 결과는 다음과 같습니다.

---

06 임선정(2015). 청소년 자치활동이 자아존중감과 자기효능감, 또래관계, 공동체의식에 미치는 영향. 고려대학교 석사학위 논문.

실천 과제	운영 목적	세부 활동	관련 교육과정	운영 시기
실천과제 1-1 LMA 마이크로네이션[4] 국가 및 사법제도 만들기	LMA 마이크로네이션[4] 자치공동체 제반환경 구축	국가 및 사법제도 만들기	[창체] 헌법활동,학급 어린이회의 [도덕] 3.책임을 다하는 삶	3월
실천과제 1-2 LMA 마이크로네이션[4] 국제사회와 기구 만들기		국제사회와 기구 만들기	[창체] 헌법활동,학년 다모임 [도덕] 3.책임을 다하는 삶	3월
실천과제 1-3 LMA 마이크로네이션[4] 환경꾸미기		자치공동체 환경꾸미기	[미술] 1-1. 삶 속의 미술 [국어] 2.토의의 절차와 방법	3월
실천과제 3-1 LMA (Law Making Activity) 활동	학교폭력 예방	국가 LMA 활동	[도덕] 7.모두 함께 지켜요	3월,연중
		국제 LMA 활동	[창체] 학년 다모임	4월,연중
	배려심 함양	LAW:5 참여재판	[국어] 3.토론을 해요	3월,9월
		국가 배려법안 상정	[도덕] 8.우리 모두를 위하여	3월,9월
		국제 배려법안 선포	[창체] 학년다모임	4월,10월
		이루어드림 청원활동	[국어] 5.매체로 의사소통해요	5월,10월
실천과제 3-2 마이크로네이션[4] 활동	학교폭력 예방	국무회의 개최	[창체] 학생 자치 활동	3월,연중
		국제기구 포럼	[창체] 학년 다모임	3월,연중
	배려심 함양	국제 인터폴 제도	[사회] 3.우리 경제의 성장과 발전	연중
		배려 후원자 활동	[창체] 친구 사랑의 날	연중
		배려 유니세프	[행사] 아름다운 가게	3월,연중
		아트리움 문화예술	[미술] 즐기며 배우는 미술관	4월,연중
실천과제 3-3 자치공동체 활동	학교폭력 예방	칭찬합니다 캠페인	[창체] 친구 사랑의 날	7월
		LAW:5 스포츠리그	[체육] 3.경쟁활동	6월
		학교폭력예방 캠페인	[창체] 학교폭력예방교육	10월
	배려심 함양	LMA 무료법률사무소	[국어] 5.매체로 의사소통해요	11월
		배려심 플래시몹	[체육] 4.표현활동	9월
		사랑의 배려열매	[도덕] 8.우리 모두를 위하여	12월
실천과제 3-4 LMA 마이크로네이션[4] 자치공동체 마을교육 연계활동	학교폭력 예방	법조인과의 만남	[창체] 법조인과의 만남	10월
		경찰관과의 만남	[창체] 학교폭력예방교육	3월
		언론인과의 만남	[국어] 5.매체로 의사소통해요	5월
	배려심 함양	예술인과의 만남	[미술] 관찰과 상상 표현	7월,10월
		인문학자와의 만남	[국어] 12.문학에서 찾는 즐거움	7월
실천과제 3-5 LMA 마이크로네이션[4] 자치공동체 나눔활동	나눔 일반화	배려네이버스	[도덕] 8.우리 모두를 위하여	12월
		학교폭력예방 연극 공연	[국어] 6.말의 영향	10월
		월간 매거진	[미술] 주제를 살려서	연중

제 3 부 전문적학습공동체 운영 주제별 사례

7. 공동 실천

전문적학습공동체 공동연구 단계 중 공동실천 단계는 중요합니다. 구성원들이 직접 구안한 프로그램을 실천에 나서서 기록하고 정리하는 활동 단계입니다. 이 전문적학습공동체에서는 이 단계에서 역할분담으로 만들고 어렵게 구안했던 다양한 프로그램을 실천하고 정리했습니다. 물론 각 교실에서 하는 활동과 전체 학년에서 하는 활동들로 구성되어 있습니다. 교실에서 시작한 활동이 학년으로 확산하여 전체 생활지도까지 하게 되는 원리입니다. 이 공동실천의 단계는 대략적인 연구의 활동 내용을 간략하게 표와 활동 사진으로 소개하겠습니다.

실행목표	실천과제 및 활동 내용			실천과제 목표
실행목표 3 LMA 마이크로네이션[4] 자치공동체 학교폭력예방 및 배려심 함양	**실천과제 3-1** LMA 활동 (Law Making Activity)	학교폭력예방	국가 LMA 활동 국제 LMA 활동 LAW:5 참여재판	LMA 활동(Law Making Activity)으로 헌법교육을 실시하고 학교폭력예방 및 배려심을 함양한다.
		배려심 함양	국가 배려법안 상정 국제 배려법안 선포 이루어드림 청원활동	
	실천과제 3-2 마이크로네이션[4] 활동	학교폭력예방	국무회의 개최 국제기구 포럼 국제 인터폴 제도	마이크로네이션 활동을 통해 학급뿐만 아니라 학년 전체가 학교폭력예방 및 배려심을 함양한다.
		배려심 함양	배려 후원자 활동 배려 유니세프 아트리움 문화예술	
	실천과제 3-3 자치공동체 활동	학교폭력예방	칭찬합니다 캠페인 LAW:5 스포츠리그 학교폭력예방 캠페인 LMA 무료법률사무소	자치공동체 활동을 통해 자치적 사고력을 길러 학교폭력예방 및 배려심을 함양한다.
		배려심 함양	배려심 플래시몹 사랑의 배려열매	
	실천과제 3-4 LMA 마이크로네이션 자치공동체 마을교육 연계활동	학교폭력예방	법조인과의 만남 경찰관과의 만남 언론인과의 만남	LMA 마이크로네이션 자치공동체 마을연계 활동으로 학생들의 학교폭력예방과 배려심을 함양한다.
		배려심 함양	예술인과의 만남 인문학자와의 만남	
	실천과제 3-5 LMA 마이크로네이션 자치공동체 나눔활동	나눔 일반화	배려네이버스 학교폭력예방 연극 공연 월간 매거진	LMA 마이크로네이션 자치공동체 활동을 통해 나눔을 일반화한다.

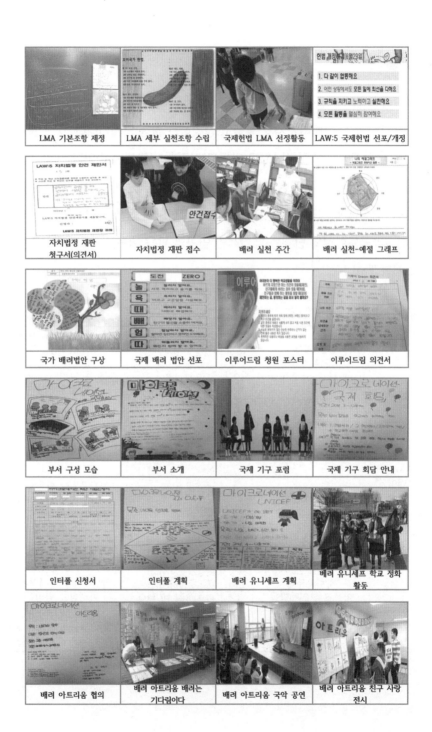

LMA 기본조항 제정	LMA 세부 실천조항 수립	국제헌법 LMA 선정활동	LAW:5 국제헌법 선포/개정
자치법정 재판 청구서(의견서)	자치법정 재판 접수	배려 실천 주간	배려 실천-예절 그래프
국가 배려법안 구상	국제 배려 법안 선포	이루어드림 청원 포스터	이루어드림 의견서
부서 구성 모습	부서 소개	국제 기구 포럼	국제 기구 회담 안내
인터폴 신청서	인터폴 계획	배려 유니세프 계획	배려 유니세프 학교 정화 활동
배려 아트리움 협의	배려 아트리움 배려는 기다림이다	배려 아트리움 국악 공연	배려 아트리움 친구 사랑 전시

8. 결과 나눔과 성찰

거의 1년간 진행된 전문적학습공동체 공동연구는 매우 긍정적인 결과가 나왔습니다. 연구를 목적으로 했던 모든 것이 좋게 나오진 않았지만 한 가지 분명한 것은 이 공동연구로 학생들은 즐겁고 다양한 교육을 경험했고, 그 과정에서 교사의 전문성은 한층 성장했다는 것입니다. 사후 실태조사 결과 학교폭력예방 효과가 현저히 드러났고, 학생들의 자기주도적 능력이 많이 신장되었습니다. 또한 법의 개념을 학생 수준에서 적절히 이해하고 적용하는 모습들을 발견할 수 있었습니다. 또한 지역기관, 지역인사와 연계한 활동으로 인해 마을에 대한 이해와 학생들의 시야가 확장되는 결과를 얻었습니다. 학생들은 이 많은 활동으로 인해 배려심 함양에 긍정적인 효과를 얻게 되었습니 다.

전문적학습공동체 구성원들은 이 공동연구로 인해 진행과정에서 많은 성찰을 통해 동료성이 강화되었으며 주도적으로 연구하는 전문성을 얻을 수 있었습니다. 이러한 변화는 전문적학습공동체를 통해서 가능했습니다. 혼자서는 결코 이룰수 없는 결과입니다.

마지막으로 학생들의 소감문 조사를 실시하여 얻은 결과를 소개합니다.

학반	이름	학생 관찰 기록 내용
5-1	정○○	학급 헌법과 학년 헌법을 지키는 것에 관심이 적었다가 생기면서 활동에 몰두함.
5-1	김○○	친구들의 이야기를 듣다보니 친구가 왜 그랬는지 조금 더 이해가 갔다고 함.
5-2	노○○	나의 의견을 말하고 그것을 이루어간다는 것이 신기했고 앞으로도 계속 하고 싶다고 함.
5-2	이○○	친구의 의견을 듣고 마음에 들지 않아 말하지 않고 울기만 했는데 이제는 조금씩 말함.
5-2	전○○	친구들에게 배려를 하는 것이 처음보다 점점 더 기뻐진다고 이야기 함.
5-3	김○○	우리 반, 학년끼리 더 친해지게 되고 사이가 좋아지게 되는 것이 가장 좋다고 말함.
5-3	최○○	내 생각과 친구들의 생각이 다르면 친하지 못한다고 생각했는데 더 배려하게 됨.
5-3	김○○	내가 스스로 법을 정하니까 꼭 지켜야겠다는 생각이 든다함. 못지키게 되면 속상해 함.
5-4	윤○○	친구와 서로 기분이 상하는 말이나 표정 때문에 속상할 때가 있었는데 줄어들어서 좋아함.
5-4	유○○	법을 스스로 만드는 다는 것을 어려워하였으나 차츰 주도적으로 회의를 이끌어 감.

2. 국가 헌법(학급 헌법)을 만들고 실천한 생각이나 느낌을 써 봅시다.

학급친구들끼리 서로 배려를 주고 받으니까 싸움이나 다툼이
별로 일어나지 않게 되며 학교폭력을 예방할 수 있고 서로 서로
사이도 좋아져서 5학년동안 정말 즐거웠고 행복했습니다.

4. 법을 만들고 실천하는 활동이 여러분에게 어떤 도움이 되었나요?

먼저 법을 스스로 만들어 스스로 하는 법을 깨닳고 실천해나가면서
처음에는 어려울것 같았지만 점점습관처럼 법을 지키게 되었다.
법을 지키며 친구들과 배려, 협동을 더 많이 하게되었다.

1) 법을 스스로 만들고 자발적으로
실천하는 활동에 흥미를 느끼게 되
었으며 법에 대하여 관심을 가지게
되었다.

2) 친구들과 싸움이나 다툼이 줄어들
고 배려를 실천하게 되었다는 응답
이 많았다.

3) 처음에는 어려웠지만 습관처럼 법
을 지키게 되면서 친구들과의 사이
가 좋아졌다고 표현하였다.

제4장 학교 안 전문적학습공동체
- 학년 간 주제별(인성, 진로교육) 공동연구

1.
학년 간 주제별(인성 교육) 공동연구 사례

학년 간 주제별 공동연구 사례에서는 A 초등학교의 주제별 전문적학습공동체 사례를 소개합니다. 인성 교육과 관련된 주제로 전문적학습공동체를 통해 연구대회까지 출품했던 사례입니다.

1. 학교 특성 및 환경

A 초등학교는 경기도 남부의 도시에 위치한 학교이며, 읍면 지역 학교로 도시와 농촌의 복합적 성격을 가지고 있습니다. 맞벌이 가정이 대부분이며 다문화 가정도 증가하고 있습니다. 현재 24개 학급이며 교원의 절반이 남교사인 특징을 갖고 있는 이 학교는 그 당시 혁신학교와 연구학교를 동시에 진행하고 있었습니다. 이 학교의 또 다른 특징은 비교적 도시학교의 교사들보다 맡은 일에 열정적이며 학교 동료 간 분위기가 협조적이었습니다. 학교 문화가 다 같이 열심히 해보자는 적극적인 분위기로 많은 업무와 행사가 진행되는 학교였습니다.

학부모와 학생들은 이러한 학교의 분위기를 긍정적으로 받아들이고 있었으며 학교의 일에 협조적이었습니다. 학교와 학부모, 학생 교육 삼주체의 관계가 긍정적인 장점이 있는 학교였습니다. 또한 교사들은 학교에서 배우고 싶어하는 열정이 있었습니다.

2. 전문적학습공동체 공동연구 속성과 필요성

학교는 혁신학교와 연구학교로 전문적학습공동체를 한 가지 핵심 축으로 운영하고 있었습니다. 특히 전문적학습공동체를 강화하여 교사의 성장, 학생의 배움을 강조하고 있었습니다. 경기도교육청에서는 학교혁신을 이루기 위한 혁신학교의 4대 중점과제 중의 하나로 전문적학습공동체 구축을 제시하고 있습니다. 공동연구와 공동실천을 통해 수업이 개선될 뿐 아니라 더 나아가 분업적인 학교조직을 역동적이고 협업적인 연구 실천 조직으로 학습조직화하고 폐쇄적 학교 문화를 개방과 협력, 공유의 학교 문화로 바꾸어 집단 지성의 조직 역량을 갖도록 하는 것을 지향합니다.

특히 이 학교에서는 자발성 높은 교사들과 기존에 연구해 온 리더 교사들이 있었기에 전문적학습공동체의 운영이 조금은 수월했다고 할 수 있습니다. 전문적학습공동체의 주요한 속성(DuFour & Eaker(1998)와 DuFour(2004))인 미션, 비전, 가치의 공유가 수월했고, 공동 목적을 공유하는 협력적 팀을 구축하여 공동 탐구가 가능했습니다. 교사들은 실천 및 실험 지향적이었습니다. 또한 자기 성찰을 통해 지속적인 개선을 추구했습니다. 그리고 결과에 기초한 효과적 평가를 실시할 수 있었습니다.

3. 자발적인 교사들의 의지

이러한 상황에서 이 학교의 인성교육 전문적학습공동체는 인성교육에 대한 교사들의 자발적 관심과 연구에 대한 의지때문에 시작되었습니다. 해마다 '인성교육실천사례 연구대회'가 실시됩니다. 이 연구대회는 학기 초 계획서를 제출하고, 각자의 주제를 선정해 인성교육을 교실에서 실시한 후 보고서로 작성해내는 인성교육 연구대회의 한 종류입니다.

A 초등학교 교사들 중 그 당시 인성교육을 적극적으로 해보고 성과를 내보고자 하는 사람들이 있었습니다. 당시 여섯 명의 교사가 개인의 성장과 학생의 배움을 위해 인성교육연구대회 계획서를 제출했습니다. 누가 시킨 것도 아닌데 스스로 연구하고 성장하고자 신청한 것입니다. 그 당시 학교 상황은 혁신과 연구학교로 많은 업무적 어려움이 있던 시기 였습니다. 그런데도 연구를 통해 성장하고자 계획서를 제출했습니다. 문제는 이 교사들 모두 처음으로 인성교육 연구대회를 도전하는 것이었습니다.

4. 리더교사의 비전 공유

이 학교에는 인성교육과 진로교육의 경험이 많은 교사가 존재했습니다. 사실 전문적학습공동체는 리더교사의 역할이 중요합니다. 리더교사의 비전과 가치를 공유하고 미션을 함께 수행해나가는 책임감있는 구성원이 중요합니다. 여기서 경험이 있는 교사가 연구 대회를 자발적으로 신청한 교사들에게 모임을 제안했습니다. 리더교사는 인성교육에 대한 비전과 가치에 대해 참여교사에게 제안하였습니다. 참여교사들이 생각하는 인성교육은 무엇이며, 교사의 역할과 학생이 얻게 되는 성장은 어떤 점인지 진지하게 토론했습니다. 이렇게 전문적학습공동체가 시작 되었습니다.

5. 주제 탐구

전문적학습공동체의 시작은 주제탐구입니다. 특히 여기서는 협력적 팀 구성을 통해 주제에 대한 깊은 탐구를 하는 것이 중요합니다. 이 전문적학습공동체의 주제는 '인성교육'입니다. 이들에게는 인성교육을 하는 공동의 목표와 비전이 설정되어 있었습니다. 굳이 자발성을 위해 애쓰지 않아도 이미 스스로의 의지로 목표가 설정되어 있습니다. 여기에 팀의 비전을 공유하니 자연스럽게 전문적학습공동체의 다음 순서로 넘어가게 되었습니다.

주제는 '인성교육'으로 동일했지만 각자 이 것을 어떻게 학급에 적용할 지는 자신의 특기와 전문성에 따라 조금씩 달랐습니다. 또한 이들 모두 학년이 달랐습니다. 다양한 학년에서 각기 다른 교사들이 모여 주제별(인성교육) 전문적학습공동체를 공동연구로 진행하게 된 것입니다. 각각의 소주제에 대해 소개해보겠습니다.

첫 번째 A 교사의 소주제는 '인문학'과 '놀이' 를 적용해 2학년 아이들에게 교실에서 즐겁게 인성교육을 할 수 있게 하는 것이었습니다.

'일단 내가 좋아하면서 아이들에게 교육적으로 도움이 되는 수단이 무엇이 있을까 생각했습니다. 다양한 것들이 있지만 '독서'가 떠올랐습니다. 인문학 독서를 놀이 형식으로 적용해 2학년 아이들에게 인성교육을 해보면 어떨까 하는 생각을 계기로 주제를 선택하게 되었습니다.'

　-A 교사 인터뷰-

B교사는 '미술'을 통해 6학년 학생들에게 적용하는 인성교육이었습니다.

'3월 초 학급 아이가 그린 폭력적인 그림에 정말 많은 충격을 받았습니다. 아이가 그린 그림에 등장한 인물들은 날카로운 흉기를 가지고 싸우면서 피를 흘렸습니다. 더 충격적인 것은 이 그림을 보고 반 아이들이 재미있다고 웃으며 보았다는 것입니다. 무분별한 폭력적인 미디어의 노출로 폭력적이고 잔인한 행동을 쉽게 따라 하지는 않을까 걱정이 되었습니다. 이런 아이들에게 변화를 주고자 과정 미술 활동과 인성교육을 혼합한 프로그램을 구안하게 되었습니다.

　-B 교사 인터뷰-

C 교사는 '마을 교육'을 통해 5학년에게 적용하는 인성교육이었습니다.

학생들의 인성교육의 출발은 '나'에게 있다고 생각합니다. '나' 없이 타인에 대한 이해와 용서는 어렵습니다. 그래서 나 자신의 인성을 깊이 생각(思)하며 타인에 대한 이해와 용서(赦)의 마음을 기르며, 또래 및 사제 간 인성 배움(師)을 실천하고, 더 나아가 가정, 지역사회와 인성 실천 공동체(社會)를 이루고자 했습니다. 이러한 NASA프로젝트는 미래 사회의 구성원으로서 바르고 건강하게 성장할 수 있는 발판을 마련해주어 '인성교육진흥법' 에서 추구하는 인간다운 성품과 역량을 기르는 목표에 한 단계 가깝게 해줄 것이라 기대하며 연구를 시작했습니다.

　-C 교사 인터뷰-

주제탐구 모임 때 자신의 주제에 대해서 심도있는 대화를 나눕니다. 주제에 대한 이야기를 서로 나누면서 방향성을 확인하고 큰 틀을 세우기 위한 생각을 정립합니다. 또한 이야기를 나누며 자신의 주제에 대해 보완하고 수정하며 도움을 서로 받습니다. 전문적학습공동체의 큰 장점 중 하나는 이렇게 다른 사람의 생각을 배울 수 있다는 점입니다. 다 같은 인성교육을 하지만 모두 다른 방식으로 교육을 시도합니다. 똑같은 수업안으로 수업을 해도 모두 천차만별의 수업을 하듯이 이 구성원들은 공동의 주제 탐구 수업을 해 나갑니다.

주제탐구 활동에서는 관련된 주제를 탐색했던 방법을 공유합니다. 참고할 수 있는 다양한 방법이 있지만 일반적으로 쉽게 접근할 수 있는 방법을 소개합니다.

첫째, 기존 연구대회 입상작들을 살펴봅니다. '에듀넷'에 연구대회 관련 자료들이 탑재 되어 있습니다. 이 자료들은 각종 교사 연구대회의 자료를 열람하고 저장할 수 있습니다. 특히 연도별, 대회별, 학교급별, 등급별 등 필터링이 가능해서 매우 유용합니다. 1, 2등급 입상작들의 제목 리스트를 보면서 각자의 주제와 관련 있는 것들은 열람하여 살펴볼 수 있습니다.

둘째, RISS(리스, 학술연구정보서비스)를 통해 자료를 찾을 수 있습니다. 학술논문, 학위논문, 학회지 등 다양한 자료가 RISS에 올라와 있습니다. 관련된 연구 자료는 열람하여 확인합니다. 논문 연구 자료는 굉장히 질 높은 내용들이 많이 있어서 주제를 심도있게 공부하는 데 많은 도움이 됩니다.

셋째, 관련 도서를 읽습니다. 도서관이나 서점의 검색 시스템을 이용해 최신 도서를 찾아 읽습니다. 책은 작가의 생각을 담는 좋은 도구입니다. 같은 주제로 다양한 사람의 생각을 비대면으로 배울 수 있어서 아주 유용합니다.

넷째, 뉴스를 찾아봅니다. 뉴스는 시의성과 근접성, 저명성 등 다양한 특성이 있습니다. 따라서 가장 최신의 이슈를 뉴스를 통해 접할 수 있습니다. 또한 어떤 통계와 조사 자료도 뉴스에 많이 포함되어 있기 때문에 주제를 탐구할 때 뉴스 및 기사를 꼭 참고 하는게 좋습니다.

6. 공동 연구 활동

이 전문적학습공동체는 학년 간 주제별(인성교육) 공동연구입니다. '인성교육'을 주제로 학년 간 교사들이 자발적 의지로 공동연구를 진행하면서 학생들과 교사 스스로의 성장을 꾀하고 있습니다. 공동 연구 활동은 다양한 방식이 있지만 이 전문적학습공동체 공동연구는 연구를 중심으로 진행하였습니다.

우선 첫 번째로는 연구의 체계 잡기입니다. 이 단계에서는 본격적으로 연구의 전체적인 흐름을 결정하는 체계를 설정하도록 노력합니다. 이 교사들은 지금껏 교실에서 인성 교육을 주제로 수업을 실행했지만, 어떤 체계적인 틀이 없어 활동은 그냥 분절적으로 운영되었습니다. 정리한 체계적인 계획은 아직 없었고 일지나 디지털 기기로 기록은 해놓은 상태였습니다. 일단 전체적인 연구의 뼈대를 잡기 위해 구성원들은 고민을 했습니다. 틀을 잡기 위해서는 '목차'가 가장 중요합니다. 주제탐구를 통해 기존 보고서와 논문들을 보니 연구라면 꼭 포함되어야 할 목차가 있었습니다. 그들은 목차를 짜기 위해 탐구해 온 내용을 보며 공통점을 찾기 시작했습니다. 곰곰이 살펴보니 대부분 비슷한 절차로 연구가 진행된 것을 확인할 수 있었습니다. 구성원들은 비교와 대조를 통해 공동연구를 위한 '목차'를 완성하였습니다. 그 이후는 각자 연구를 토대로 목차에 알맞은 분량을 할당했습니다. 구성원들이 생각했을 때 강조해야 할 부분과 덜 중요한 부분 등을 충분히 토의 후, 목차에 따라 분배했습니다. 목차와 분량을 마치고 구성원들은 큰 성취감을 느꼈습니다. 더 잘해야 겠다는 의지를 갖게 되었습니다.

그 다음 공동연구 활동은 교육과정 재구성입니다. 각자의 실천과제에 맞는 소주제와 활동, 인성 덕목 등을 관련 교과 및 단원에 재구성하는 작업입니다. 인성교육을 우리 학급에 어떻게 적용할 수 있을지 성취기준과 관련 수업 요소를 찾아 구성원 각자의 연구에 맞게 배치하고 계획합니다. 이 절차에서는 우선 본인 연구의 실천과제-활동주제에 맞는 관련 교과 및 단원을 찾는 것이 선행되어야 합니다. 이것은 본인 연구의 실천과제와 활동주제가 이미 나와 있어야 가능한 부분입니다. 그렇다면 그와 관련된 교과와 단원을 분석하여 재구성 할 수 있습니다.

구성원들은 이 단계에서 속도가 달랐습니다. 어떤 교사는 실천과제에 따른 활동과제가 다 완벽하게 나오지 않았습니다. 어떤 교사는 이미 활동주제가 다 준비가 되어있어서 재구성하는데 수월했습니다. 그러나 이렇게 다른 속도의 구성원들이 본인의 것들을 공동으로 공유하면서 연구하는 것은 서로에게 매우 큰 도움이 되었습니다. 각자 활동들을 살펴보며 자신의 것과 비교하며 보완할 수 있는 기회가 될 수 있었습니다.

재구성 이후에는 연구 보고서에 들어갈 디자인을 고민하고 공유하였습니다. 사람의 취향이 모두 다르고 다양한 것을 여기서 느낄 수 있었습니다. 같은 목차와 주제로 시작을 했지만 그것을 풀어나가는 방식과 디자인은 정말 개인차가 많이 났습니다. 다들 기본적으로 한글 프로그램을 통해 했지만, 특색있는 디자인과 그림들은 저작권에 유의하여 제작하고 만들었습니다. 구글이나 무료 디자인 툴을 활용하여 사용하기도 했습니다. 여기서 서로 디자인 툴을 어떻게 찾았고 서로 정보를 공유했습니다. 그 뒤 본인의 것이 더 발전하게 됩니다.

<A교사의 교육과정 재구성 예시>

7. 공동 실천 활동

목차와 틀, 실천과제와 활동의 재구성까지 정해졌으면 거의 모든 실천 준비가 완료 되었습니다. 이제는 교사 각자가 계획한 활동에 따라 수업을 실천하고 기록해 나갑니다. 계획한 활동을 모두 순서대로 할 수는 없습니다. 미리 교육과정 재구성을 통해 순서를 맞춰 활동들을 실천합니다. 이는 교과수업과 창의적체험활동을 모두 활용하여 실행합니다. 이러한 실천활동은 교육과정 재구성에서 계획합니다.

또한 공동연구이므로 공동 실천활동도 계획하여 서로 실행하고 성찰할 수 있습니다. 이 전문적학습공동체의 구성원들은 '인성교육'이라는 같은 수업 주제로 서로 비슷한 활동을 모았습니다. 그리고 그 활동에 대한 공동 수업안을 협의했습니다. 같은 인성교육 수업이지만 여기에 자신만의 연구 주제들이 들어가 특색있는 수업이 가능했습니다. 공동 수업안 협의와 작성은 여러번의 절차에 거쳐 피드백과 성찰이 이루어졌습니다. 서로의 수업을 확인하고 체크하고 자신의 수업에서 보완하고 실행하여 인성교육이 더 잘 전해질 수 있도록 구성원끼리 토의하였습니다. 중요한 것은 본인의 성찰과 동료의 피드백이었습니다. 수업을 실천 한 후에 반드시 피드백을 전문적학습공동체에서 서로에게 받습니다. 그 과정을 통해 그 다음 활동 및 본인의 연구가 더 보완될 수 있기 때문에 공동 실천 단계에서 이 과정이 핵심요소입니다. 전문적학습공동체는 이렇게 교사의 수업과 연구의 전문성이 한층 신장된다는 점이 큰 장점입니다. 자신의 시야가 아닌 신뢰있는 동료의 피드백을 받아 서로 도와주고 성장하는 관계로 나아갑니다.

공동 실천 활동을 통해 구성된 활동뿐만 아니라 본인이 계획한 활동들도 꾸준히 학급에서 실행합니다. 인성교육은 교실 속 어느 순간에 진행이 됩니다. 학생들이 스스로 만든 규칙과 생각은 쉬는 시간에도 자치활동 속에서 이루어지며, 학급 안에서 살아 숨쉬게 됩니다.

이러한 내용은 본인의 연구 기록으로 채워집니다. A 교사는 활동 내용을 준비, 활동, 정리, 소감의 네 가지로 구분했습니다. 활동하기 전 목표와 성취기준, 인성 요소 및 관련 교과는 준비에 작성합니다. 그리고 활동 내용을 정리하고 사진을 첨부해 활동란을 채우게 됩니다. 변화된 모습을 정리에 작성하고, 학생과 교사의 소감이나 느낀점 등을 소감란에 작성했습니다. 이러한 기록은 수업 성찰에 해당합니다. 이러한 수업 성찰은 전문적학습공동체에서 공유하고 서로 살펴봅니다. 수업성찰과 나눔은 서로를 더욱 발전 시킬 수 있는 기회가 됩니다.

활동목표 ❖ 나의 인생흐름표를 그려보고 소중한 나의 권리와 어린이 인권에 대해 알 수 있다.

인성 핵심 역량 및 가치·덕목		인문학 요소	활동 시기	관련 교과
자기관리 역량	존중	율법	4월 중	통합교과, 창체

인문학 공감놀이 준비하기

❸ 스스로를 소중히 여기지 않는 학생들에게 자신의 **인생그래프**를 그림으로써 자신의 과거에 대해 조사하고, 많은 축복 속에서 태어난 소중한 사람이란 것을 느끼게 한다.

❸ 자신의 권리만 주장하고 타인의 권리를 침해하는 학생들에게 **어린이 인권에 대해 공부하고 어린이 인권보호에 대해 우리가 할 수 있는 것을 알아보고 존중의 의식을 함양하고자 한다.**

❸ 내가 좋아하고 잘하는 것을 찾아보고, **나의 꿈 설계를 통해 자신이 소중하다는 것을 깨닫고 자기 존중의 마음을 함양하고자 한다.**

가. 나의 인생 흐름표 🔖통합(봄)-1.알쏭달쏭 나 / 인생흐름표 만들기 / 4월 1주

➡ 사전에 숙제로 자신의 어릴 때 사진과 그때의 간단한 설명을 집에서 가져오게 한다.
➡ 활동표를 크게 그리고 나이 별로 자신의 사진과 설명을 붙이고자 한다.
➡ 모둠 속에서 돌려보며 현재의 나는 어떤 삶을 살아가고 있는지 의견을 나눈다.
➡ 교실 벽면에 게시하여 학급 친구들이 서로의 어릴 때 모습을 공유한다.

나. 어린이 인권 알기 🔖창체-자율활동 / 어린이 자치회의 / 4월 1주

➡ 인문학 도서 '우리에게 희망을 보여주세요'를 읽어준다. 보호받아야 할 다섯 명의 아이들에게 일어난 일을 발표하고 내용을 확인한다.
➡ 책에 나온 어린이 인권을 다시 한번 보면서 가장 중요한 인권이 어떤 것인지 왜 그렇게 생각하는지 생각하고 발표한다.
➡ 어린이 인권이 보호되려면 우리가 무엇을 할 수 있는지 생각해보는 시간을 갖고 의견을 나눈다.

인문학 공감놀이 즐기기

세계아동인권선언(이라고도 하며, 전문(前文)과 본문 10조로 되어 있다. 어린이가 건전하게 성장하기 위해서는 가정이나 사회의 특별한 보호를 받을 권리가 있다는 것, 사회보장을 받고 부모의 애정과 사회의 이해 속에 길러져야 한다는 것, 자유로운 교육을 받을 권리가 있으며 학대되거나 착취되어서는 안 된다는 것 등이 명시되어 있다. (두산백과)

다. 소중한 나 🔖창체-자율활동 / 학교폭력예방 / 4월 1주

➡ 내가 좋아하는 것 잘하는 것 나에 관한 것들을 자기소개 육각퍼즐에 표현한다.
➡ 내가 좋아하는 것을 바탕으로 나의 꿈을 꿈 마스크에 표현하고 그림과 설명을 쓴다.
➡ 나의 꿈에 대한 구체적인 계획을 작성하고 표현한다.
➡ 친구들의 꿈에 대해 듣고 의견을 나누는 시간을 갖는다.

인생 흐름표	인문학 도서	자기소개 육각퍼즐	꿈 마스크 발표	꿈 표현하기

어린 변화가기

✓ 자신의 어릴 때 모습을 살펴보고 정성스럽게 **인생그래프를 꾸며 봄으로써 자신을 더 사랑하는 마음을 가지게 되었다.**
✓ 인문학 인권 도서 읽고, 독후 활동을 통해 **어린이 인권에 대해 알게 되었으며, 자신의 권리뿐만 아니라 다른 사람의 권리도 소중하다는 것을 알게 되었다.**
✓ 내 꿈 설계하기 활동을 통해 **자신의 꿈을 구체적으로 생각해보며 자기 존중의 마음을 갖게 되었다.**

포매별의 이야기 ❸정○○ : 저도 소중한 사람이고 저 아이들도 소중한데 마음이 아팠어요. 어린이 인권에 대해 더 자세히 알아 보고 싶어요.

활동목표 ❖ 가족이 읽어주는 인문학 도서를 읽고 책에 대한 즐거움을 느끼고 부모님께 감사한 마음을 함양할 수 있다.

인성 핵심 역량 및 가치·덕목		인문학 요소	활동 시기	관련 교과
공동체 역량	효도	고전	5월 중	창체, 국어, 통합

인문학 공감놀이 준비하기

❸ 직접 학생들의 **어머니가 읽어주는** 고전이나 인문학 도서의 낭독은 학생들에게 책에 대한 즐거움을 느끼게 하고 **부모님께 감사한 효의 마음을 갖게 되는 효과를 기대할 수 있다.**

❸ 함께 들은 책을 다양한 인문학 공감 독서놀이를 통해 내용을 쉽고 재밌게 이해할 수 있으며 **책에 대한 즐거움을 느끼게 하고자 한다.**

❸ 책을 읽고 관련된 문제를 만듦으로써 **내용에 대한 이해를 깊게 하고 또한 모둠이나 학급학생들과의 공동체 역량을 키우고자 한다.**

가. 즐거운 북맘 시간 🔖창체-자율활동 / 학급특색교육 / 연중

➡ 목요일 아침활동 학교 도서지원단 어머니들 활동의 '북맘'을 학교에서 운영하고 있다.
➡ 아침시간 학생들은 등교 후 책의 분위기에 따라 자유롭게 앉거나 책상에 앉아 듣는다.
  ▸ 책의 주제는 주로 동화책이며 다양한 인문학 주제의 책을 2학년수준에 맞게 선정하여 읽어주신다.
➡ 이야기를 경청한 후, 소감을 나눈다.

나. 북맘과 함께 인문학놀이 🔖통합(여름)-1.어린집 / 자연집 / 인상 깊은 경험을 말해요 / 5월 3주

➡ 북맘 도서를 듣고 학생 자신이 하고 싶은 독후활동의 양식으로 각자 알맞게 독서공감놀이를 시작한다.
  ▸ 주인공에게 편지쓰기, 책표지 그리기, 동서남북 종이접기(종이접기 후 색종이의 안쪽에 언제, 어디서, 무엇을, 어떻게, 왜 등의 내용을 적고 서로 번갈아 가며 접고 답하기)
➡ 여러 가지 인문학 공감놀이를 실행하고 독후활동 후 소감을 발표한다.

다. 독서 퀴즈 놀이 🔖창체-자율활동 / 어버이날 행사 / 5월 1주

➡ 북맘과 함께 들은 도서를 이용해 인문학 독서 퀴즈를 인생공감노트에 정리한다.
➡ 퀴즈를 모둠에서 상의하여 2개 정도를 정하고 모둠 골든벨 판에 정리한다.
➡ 모둠 퀴즈를 앞으로 나와 발표하며 친구들이 정답을 맞추어 본다.
➡ 다 같이 독서 퀴즈를 즐긴다.

북맘 활동 모습	북맘과 함께하는 인문학 놀이	독서퀴즈 제작하기	독서 퀴즈 활동 모습

어린 변화가기

✓ 어머니의 책 읽어주는 활동으로 인해 학생들은 그 시간을 기다리고, **부모님께 감사한 효의 마음을 지니게 되었다.**
✓ 다양한 인문학 공감 독서놀이를 통해 학생들은 **책에 대한 관심도가 매우 높아지고 책을 즐기는 마음으로 골든벨과 독후활동을 하였다.**
✓ 퀴즈를 내면서 도서에 대한 생각과 느낌을 공유하고 이해를 쉽게 할 수 있었으며, 모둠에서 퀴즈 모으기 활동에서 **공동체 역량을 기를 수 있었다.**

포매별의 이야기 ❸김○○ : 부모님이 읽어주시는 책이 너무 재미있어서 또 했으면 좋겠고 감사한 마음이 든다.

<**A교사의 활동내용정리 예시**>

8. 결과 및 나눔 활동

연구를 시작할 때 전문적학습공동체에서 모두 중요하게 다루었던 것은 사전, 사후 설문이었습니다. 이 설문이 정확하고 계획적으로 진행되어야 결과의 평가가 체계적으로 이루어 질 것이라는 모두의 공감이 있었습니다. 구성원들은 인성 설문과 학부모 설문, 그리고 질적 검증을 위한 학생 개별 관찰 결과를 사전 실태 분석에 실행했습니다. 공통되는 인성, 학부모 설문은 전문적학습공동체에서 머리를 맞대어 만들고, 자신의 연구에 맞게 조금씩 변경하여 사용했습니다. A 교사의 설문은 인문학 독서와 관련된 내용이기 때문에 이 설문을 추가하여 양적 검증으로 인성 설문, 인문학 독서 설문, 학부모 설문을 실시했습니다. 학생들의 연초 모습을 관찰하여 기록한 질적 검증 내용도 추가하였습니다.

구성원들은 활동을 전부 마치고 학생들의 변화를 살펴보기 위해 설문을 다시 실시하습니다. 각자 학급에서 직접 활동한 학생들의 소감문도 이때 같이 받았습니다. 저학년 아이들도 있어서 설문 결과가 자세히 나올지 조금은 우려했지만 그것은 기우였습니다. 저학년 아이들도 설문을 알기 쉽게 풀어주면 정말 자세하고 정확하게 할 수 있었습니 다. 사전에 측정한 통계와 사후의 것을 비교해보니 상당히 유의미하게 변화하였습니다. 어떤 부분에서는 부족할 수도 있지만 그래도 대체로 구성원들이 계획한 인성 교육이 어느 정도 학생들에게 적용이 됐다는 것은 확인 할 수 있었습니다. 교사와 학부모, 학생들이 작성한 소감은 연구의 질적 결과 분석과 평가에 아주 큰 도움이 되었습니다.

특히 어떤 학급에서는 연초에 적응을 잘 못하고 생활 습관이 잘 길러지지 않은 친구와 똑똑하지만 매우 자기중심적인 행동을 하는 아이의 행동이 눈에 띄게 많이 변화된 점을 확인했습니다. 인성교육의 효과가 이 아이들에게서 확연하게 드러나는 것을 보고 전문적학습공동체 구성원들은 모두 기뻐했습니다.

<A교사의 사후 설문 예시>

<A교사의 학생 개별 관찰 결과 예시>

9. 전문적학습공동체 공동연구에 대한 성찰

구성원들은 공동연구를 시작하면서 과연 처음인데 잘 할 수 있을지에 대한 걱정이 컸습니다. 전문적학습공동체 공동연구라는 것이 업무의 연장선이라서 괜히 필요없는 서류나 귀찮은 일이 될까봐 걱정도 많이 했습니다. 하지만 업무를 떠나서 이번 공동연구는 구성원들에게 굉장히 많은 울림을 주었습니다. 교사의 특성상 자신의 수업이나 노하우를 공유하는 기회가 사실 많이 없습니다. 연구 수업이나 동료 장학이 있지만 형식적인 경우가 많고 피드백을 제대로 못 하거나 안 하는 경우가 더 많습니다. 동료성이 기반 되지 않는다면 어려움이 있는 것이 사실입니다.

이번 전문적학습공동체 공동연구는 처음부터 끝까지 모르는 것은 그들끼리 탐구하고 머리를 맞대고 노력한 과정 자체가 교사의 전문성 신장에 도움이 되었습니다. 그러다 보니 자연스럽게 서로를 믿고 신뢰하는 분위기가 형성 되었습니다. 서로에게 수업을 공개하고 공동수업안을 짜서 수업하고 피드백 받는 것이 오히려 필요한 것이 되었습니다. 그 이유는 연구를 하면서 같은 내용이지만 조금이라도 자신의 연구 주제에 맞게 변형을 해야 하니 다른 점이나 보완점이 있다면 오히려 연구자에게는 도움이 된 것입니다. 그 점이 바로 연구의 차별요소이고 핵심 컨텐츠이기 때문입니다.

연구 관점에서 보면 이번 연구 도전은 구성원들에게 공동연구가 아니었다면 쉽지 않았을 도전이었습니다. 목차부터 틀, 실천과제 및 디자인까지 어느 하나 서로의 의견이 반영되지 않은 것이 없었습니다. 모두 혼자 했다면 초기부터 포기했을 연구를 어느새 끝까지 서로 공유하고 토의하며 완주를 했습니다. 공동연구라 부담스러울 수도 있지만, 교사들은 각자의 연구를 각자 학년에서 다르게 실시했습니다. 그렇지만 그 전체적인 틀과 뼈대는 공동연구와 공동실천 있었습니다. 그래서 더 의미가 있고 보람된 작업이었습니다.

전문적학습공동체 공동연구는 다양한 장점이 있지만 그 중 제일은 교사 스스로 성장하고 학생들은 배움의 다양성이 늘어난다는 것입니다. 교사의 성장은 곧 학생의 배움으로 직결됩니다. 교사가 가진 전문성과 폭넓은 지식이 학생들에게 풍성한 수업으로 전달되는 것입니다. 전문적학습공동체 공동연구는 이러한 면에서 교사들에게 한번쯤은 반드시 경험해 보아야 할 좋은 도전 수단이라고 생각합니다.

제5장 학교 밖 전문적학습공동체
- 자율연구회

1.
학교 밖 전문적학습공동체 - 자율연구회

　학교 밖 전문적학습공동체는 학교 안이 아닌 학교 밖에서 이루어지는 전문적학습공동체를 의미하며, 운영모델에 따라 자율연구회와 등록연구회로 나눌 수 있습니다.

1. 자율연구회의 특징

　자율연구회는 교육청이나 교육부에 공식적으로 등록하지는 않으나 자율성과 교육철학을 공유한 전문적학습공동체의 형태로 운영하는 연구회 또는 연구모임을 말합니다. 공통된 주제와 관심사를 연구하는 지역의 교사 연구회, 각종 교사 커뮤니티를 통한 연구 모임 등 온·오프라인의 다양한 형태로 자율연구회가 운영되고 있습니다.

　자율연구회는 전문적학습공동체 활동을 외부의 지원없이 운영하는 자립형 전문적학습공동체의 형태입니다. 이 때, 외부의 지원이란 교육청이나 학교의 예산지원 같이 전문적학습공동체 외부에서 무언가 지원되는 것을 말합니다. 그래서 자율연구회의 특징은 외부의 지원이 없기 때문에 대부분 자체 회비로 운영된다는 데 있습니다.

　자율연구회는 자체 회비로 운영하기에 외부의 지원이 끊어져도 전문적학습공동체 활동이 흔들리지 않는다는 장점이 있습니다. 다만 교육청이나 기타 외부 사업에 참여할 기회가 많지 않음으로 전문적학습공동체 활동을 하는 선생님들의 활동과 교육경험의 폭이 좁을 수 있다는 단점도 있습니다.

2. 자율연구회의 운영 사례

　다음은 자율연구회의 다양한 사례 중 ○○지역 소속 교사들로 구성된 SEC 진로교육 연구회의 운영 사례입니다.

가. SEC 진로교육 연구회의 조직

SEC 진로교육 연구회는 교실을 작은 경제국가로 운영하는 SEC(Small Economy Classroom) 프로그램을 기반으로 한 진로교육 연구회입니다. SEC 진로교육 연구회는 2010년 ○○초 학교 내 SEC 현장연구 교사 소모임으로 시작하였습니다. 2010년에서 2013년까지 같은 학교 교사를 중심으로 SEC 현장연구 학교 안 전문적학습공동체를 운영하였으며, 2014년부터는 SEC 프로그램을 기반으로 진로영역까지 확장하여 SEC 진로교육 학교 안 전문적학습공동체를 운영하였습니다.

2017년부터는 학교 안 전문적학습공동체에서 학교 밖 전문적학습공동체로 확대하여 SEC 진로교육 연구회로 운영하고 있습니다.

나. SEC 진로교육 연구회의 운영

1) SEC 진로교육 연구회 구성

SEC 진로교육 연구회는 경기도 ○○지역과 인근 지역 교사를 중심으로 회장 1인, 부회장 1인, 총무 1인, 회원 약 20여명으로 구성되어 있습니다.

2) SEC 진로교육 연구회의 운영 목표

SEC 진로교육 연구회의 운영 목표는 크게 세 가지입니다.

첫째, SEC 프로그램 및 다양한 영역의 진로교육 연구를 통해 교사의 진로교육 전문성을 신장하는 것입니다. 둘째, 학교 현장에 필요한 진로교육 자료와 프로그램을 보급하고 일반화하는 것입니다. 셋째, 교사 진로교육 연수 운영 등의 현장 지원을 통해 교사의 진로교육 역량을 강화하는 것입니다.

3) SEC 진로교육 연구회의 활동 내용

SEC 진로교육 연구회에서는 크게 연구회 회원의 역량강화 활동, SEC 진로교육 연구 활동, 학교현장 지원활동 이렇게 세 가지 활동으로 운영합니다.

가) 연구회 회원 역량강화 활동

SEC 진로교육 연구회 회원의 역량강화를 위하여 정기모임 및 임시모임을 실시합니다.

정기모임은 월 1회 셋째 주 수요일 18시에 실시하며, 임시모임은 학교 안 전문적학습공동체 지원 및 자체 연구활동 목적 등의 필요 시 실시합니다.

또한 연구회 회원 진로교육 역량강화를 위해 매월 모임 시 진로교육 문헌연구를 진행합니다. 그리고 1학기에는 진로교육 세미나를, 2학기에는 진로교육 포럼을 개최합니다. 매월 1회 진로교육 자체연수를 진행하며, 분기별 1회 진로교육 우수 외부강사를 초청하여 전문가 연수도 진행합니다.

나) SEC 진로교육 연구활동

SEC 진로교육 연구활동은 크게 우수 진로교육 프로그램 분석·자료화와 교사 연수 프로그램 개발로 구분할 수 있습니다.

첫째, 우수 진로교육 프로그램 분석·자료화에서는 진로교육 우수 프로그램의 활동방법을 분석하여 교실에서 바로 활용 가능하도록 자료화 연구를 합니다. 또한 학생들의 흥미를 유발하고 꿈과 끼를 키우는 다양하고 창의적인 진로교육 프로그램을 구안하는 연구활동을 진행합니다. 둘째, 학생을 위한 진로교육 프로그램 뿐 아니라 교사가 교실에서 진로교육을 실천할 수 있는 교사 연수 프로그램 개발합니다. SEC 진로교육 연구회에서는 15차시 내외의 교실 진로교육 직무연수 프로그램인 초등 담임교사 진로교육 역량강화 직무연수를 개발하기도 했습니다.

다) 학교현장 지원활동

SEC 진로교육 연구회의 학교현장 지원활동에는 공모연수 운영을 통한 지원, 학교 안 전문적학습공동체 진로교육 교사 역량강화 지원, 연구회의 개방과 협력적 참여를 통한 지원, 진로교육 집중학년·학기제 연구·선도학교 연계 운영을 통한 지원, 진로교육 연구회 지역 네트워크 구축 및 연합활동을 통한 지원이 있습니다.

(1) 공모연수 운영을 통한 지원

SEC 진로교육 연구회에서는 2016년부터 거의 매년 ○○교육청(○○교육연수원)에서 운영하는 공모연수를 통해 진로교육에 관심이 있는 학교 현장의 교사들에게 진로교육의 나눔을 실천하고 있습니다.

- 공모연수 교육과정 예시

일시	강의/활동 제목	강의/활동 내용	시간
○/○	진로교육 융합 수업 실천방안	초중고 진로교육 영역 및 수업실천	2
○/○	실태 분석 및 융합수업 주제	학생실태분석 문제해결 융합수업 주제 만들기	2
○/○	교육과정 재구성	진로 양성 교육과정 재구성 방안	2
○/○	수업실천 사례나눔	수업사례1(진로) 수업사례2(인성)	2
○/○	인성교육 융합 수업 실천방안	유초등, 중등인성교육 영역 및 수업실천	2
○/○	인성교육 융합수업	인성수업1 자아존중감 인성수업2 친구관계 인성수업3 인성공동체	2
○/○	진로교육 융합수업	진로수업1 자기이해 진로수업2 직업이해 진로수업3 진로탐색	2
○/○	수업실천 사례나눔	수업-평가,기록 방법 및 나눔	2
○/○	배움중심수업 나눔	배움중심수업 이해 수업실천 경험공유	2
○/○	평가기록 이해	정의적 평가 양적평가	2
○/○	융합수업 성찰,공유	주제융합수업 성찰 수업 결과분석	2
○/○	실행연구	융합수업주제 선정,교육과정 재구성	2
○/○	실행연구	진로, 인성 주제수업1 실천	2
○/○	실행연구	진로, 인성 주제수업2~3 실천	2
○/○	실행연구	평가,기록 및 수업실천결과 성찰	2
계			30

<진로 인성교육 관련 공모연수(30시간)>

위 공모연수는 <진로·인성교육 관련 공모 연수>입니다. 총 30차시의 연수로 구성하여 대면, 비대면 연수를 병행하여 운영하였습니다. 진로교육과 인성교육의 교수학습평가를 큰 주제로 초·중·고 진로·인성교육의 정책, 영역이해에서부터 진로·인성교육의 교육과정 재구성방안, 수업실천, 수업의 평가 및 기록, 수업분석과 더불어 수업사례 나눔 등의 내용으로 구성하였습니다. 연수대상자인 학교 현장의 교사들이 직접 진로·인성 교육과정을 재구성하고, 수업을 디자인해 보는 활동에 참여함으로써 함께 만들어가는 연수를 운영하였습니다.

(2) 학교 안 전문적학습공동체 교사 진로교육 역량강화 지원

SEC 진로교육 연구회는 학교 안 전문적학습공동체의 교사 진로교육 역량강화를 지원합니다. 학교 현장의 진로교육 수업코칭 지원과 진로교육 전문적학습공동체 운영 지원을 통해 교사의 진로교육 역량이 강화될 수 있도록 합니다. SEC 진로교육 연구회에서는 2019 ○○교육지원청 교육연구회 연계 학교 안 전문적학습공동체 활성화 지원프로그램(2019 찾아가는 학교 안 전문적학습공동체 연수) 운영 지원을 통해 진로교육에 관심이 있는 학교 안 전문적학습공동체를 직접 방문하여 진로교육과 관련된 다양한 내용을 나눔 및 공유하였습니다.

(3) 연구회의 개방과 협력적 참여를 통한 지원

SEC 진로교육 연구회는 학기별 1회, 연 2회 학교 밖 전문적학습공동체의 날을 운영하여 연구회의 연구활동을 공개하고, 전문적학습공동체 오픈 활동을 실시합니다. 그리고 타 지역 교육연구회 연계 세미나 및 강의 운영에 참여하는 등 타 지역 교육연구회와 연계 활동을 통한 협력적 연구회 활동을 운영합니다. 이러한 연구회의 개방과 협력적 참여는 일반 교사의 진로교육 역량 신장에 기여할 뿐 아니라 연구회 간의 교류를 통해 운영 노하우를 공유할 수 있는 기회를 줍니다. 또한 SEC 진로교육 연구회는 2017 ○○지역 신규교사 교육연구회 나들이 참여 운영을 통해 교직을 처음 접하는 신규교사에게 진로 교육 연수를 실시하기도 하였습니다.

(4) 진로교육 집중학년·학기제 연구·선도학교 연계 운영을 통한 지원

SEC 진로교육 연구회에서는 2018~2019 ○○초 진로교육 연구·선도학교 교육

프로그램 개발 및 운영과 우수 진로교육 프로그램 일반화를 위한 운영사례 공유에 연계 참여하여 진로교육 집중학년·학기제 운영을 지원하였습니다.

(5) 진로교육 연구회 지역 네트워크 구축 및 연합활동을 통한 지원

진로교육 연구회 지역 네트워크 구축을 위해 SEC 진로교육 연구회에 참여하는 타 지역 교사 중심으로 지부 설립을 지원하고 있으며, 교육연구회 성과나눔 연합활동 (교육연구회 성장나눔의 날)에 참여하여 발표회, 페스티벌 등의 형태로 연구 활동의 협력적 교류를 시행하고 있습니다. 특히 SEC 진로교육 연구회는 2017 교육부 진로교육 집중학년학기제 교사연구회(○○○ 진로교육연구회)와 연합 연구 발표회를 개최하기도 하였습니다.

라) SEC 진로교육 연구회 연간 운영 계획(예시)

연구활동명	세부 추진 내용	시기
회원역량 강화 활동 (월별 연구모임 연수주제)	○ 진로교육 이해 활동	3월
	○ 진로교육 교육과정 이해 활동	4월
	-교육부 4대 영역 진로교육 영역 이해	
	-○○교육청 진로교육 운영 방안 이해	
	○ SC*EP(창의적 학교진로교육 프로그램) 이해	5월
	○ 진로교육 현장연구 이해	6월
	○ 교육연구회 세미나 시행	3월~6월
	-상반기 : 상반기 연구활동 정리 및 보완	5월
	-하반기 : 하반기 연구활동 정리, 차년도 계획	9월
	○ 강사 초청 연수 1, 2분기	3월, 6월
	○ 강사 초청 연수 3, 4분기	8월, 10월
진로교육 연구활동	○ 진로교육 우수 교실 수업사례 분석 (문헌연구)	3월~6월
	-우수 수업사례 자료화	
	-초, 중, 고 학교급별로 우수 수업 프로그램 분석	
	○ 진로교육 교실수업 프로그램 개발	
	-우수 교실 진로교육 프로그램 구안	
	-개인 진로교육 프로그램, 학교 SC*EP 프로그램	
	○ 개인 진로교육 교실수업 실천 실행연구	7월~10월
	-연구회 회원 교실 진로교육 수업실천 및 결과 나눔	
	-교실 진로교육 수업사례에 대한 수업코칭 운영	
	○ 진로교육 집중학년·학기제 연구·선도학교 연계 운영	3월~12월
	-연구·선도학교 교육 프로그램 개발 및 운영	

	-학교 안 전문적학습공동체 교사들의 진로교육연구 참여	3월~10월
	-우수교육프로그램의 일반화를 위한 운영사례 공유	
	○ 타 교육연구회와 연계한 협력 연구활동	3월~12월
	-○○교육연구회(○○지역) 및 타 지역연구회 연계	
	-현장연구 세미나, 강의 공동운영 및 지원	
학교현장 지원활동	○ 진로교육 공모연수 운영 및 지원	7월~8월
	○ 학교 안 전문적학습공동체 진로교육 현장지원	
	-연구회 회원 소속교 및 강의 요청 기관	5~6월
	○ 타지역 진로교육연구회 설립 지원활동 (타지역 연구회원)	3월~11월
실천 사례발표	○ 교육연구회 성과나눔 연합활동	5~11월
	-학교 밖 전문적학습공동체 날 운영	

다. SEC 진로교육 연구회의 나눔 실천과 성장을 위한 노력

1) SEC 진로교육 연구회의 나눔 실천

SEC 진로교육 연구회는 ○○지역 신규교사 직무연수(신규 멘토링) 운영과 교육부 진로교육 교사연구회와 컨퍼런스 공동 개최를 통해 진로교육의 나눔을 실천하였습니다. 또한 2016년부터 현재까지 거의 매년 ○○교육청 공모연수를 통해 진로교육 연수를 운영하고 있으며, 지역 학교 진로교육 나눔 컨퍼런스 등을 개최하여 학교 안과 학교 밖 전문적학습공동체 활동을 지원하고 있습니다.

2) SEC 진로교육 연구회의 지속적인 성장을 위한 노력

SEC 진로교육 연구회는 교사와 교육의 지속적인 성장을 위해 다음과 같은 노력을 하고 있습니다.

첫째, 진로교육 뿐 아니라 다른 영역과의 융합 연구를 통해 교사의 미래교육 전문성을 신장하고자 합니다. 둘째, 다양한 블랜디드 진로교육 자료와 프로그램을 보급하고 일반화하고자 합니다. 셋째, 학교 안팎 진로교육 현장 지원을 통해 교사의 진로교육 역량 신장과 지속가능한 성장 교육공동체 구현에 기여하고자 합니다.

제6장 학교 밖 전문적학습공동체
- 등록연구회

1.
학교 밖 전문적학습공동체 - 등록연구회

학교 밖 전문적학습공동체는 학교 안이 아닌 학교 밖에서 이루어지는 전문적학습공동체를 의미하며, 운영모델에 따라 자율연구회와 등록연구회로 나눌 수 있습니다.

1. 등록연구회의 특징

등록연구회는 교육청이나 교육부 등의 교육연구회에 등록하여 운영하는 외부지원형 또는 혼합형 전문적학습공동체의 형태를 말합니다. 이러한 등록연구회는 교육청 또는 교육부의 예산 등 외부의 지원을 받아 운영하는 외부지원형의 형태 또는 자립형과 외부지원형을 섞어서 운영하는 혼합형의 형태로 운영합니다.

등록연구회는 예산 등의 외부지원을 받기때문에 연구회를 운영하기가 편리하고, 교육청 등의 외부 사업에 참여할 기회가 많아 교사의 활동 폭이 넓을 수 있다는 장점이 있습니다. 다만 외부지원형의 경우 매해 똑같이 외부지원을 받는다는 보장이 없기 때문에 연구회 활동이 위축되거나 사라질 수도 있으며, 외부지원을 받는 만큼 결과보고서 및 예산 사용 등과 관련한 여러 서류를 제출해야 한다는 단점이 있습니다.

그래서 등록연구회는 자립형을 기본으로 운영하되, 연구회의 여건에 따라 외부지원형을 적절히 혼용하는 형태가 바람직하다고 볼 수 있습니다.

2. 등록연구회의 운영 사례

가. 등록연구회 신청

시·도 교육청에서는 일반적으로 매해 등록연구회 신청을 받습니다. 경기도교육청 기준 보통 매년 1월경 등록연구회인 교육연구회(도 교육연구회, 지역 교육연구회)모집 공문을 각 지역교육청과 학교로 발송합니다. 또한 정책적 필요가 있을 시 교육부에서도 시·도 교육청의 협조를 얻어 등록연구회를 모집하기도 합니다.

다음은 시·도 교육청 중 경기도교육청 등록연구회의 모집 예시이며, 각 시·도 교육청별로 모집 내용과 방법이 상이할 수 있으니 각 시·도 교육청별 모집 공문을 참고 바랍니다.

1) 지역 교육연구회

지역 교육연구회는 도 교육청 계획을 바탕으로 교육지원청 자체계획에 의거 보통 매년 2~3월경 공모 신청을 받은 뒤, 심사를 거쳐 선정하는데 2022년 ○○지역 교육지원청 기준 교과, 범교과, 지역정책실행 등의 영역으로 모집, 선정합니다.

교과 영역은 교과융합 및 국어, 수학, 한문, 물리학, 사회, 심리학, 철학 등의 교과와 관련된 영역이 여기에 해당됩니다. 범교과 영역은 미래교육, 시민교육, 학교 자치, 생태교육, 교육과정, 수업, 평가, 생활교육, 상담, 특수교육, 고교학점제, 통합운영 학교, 진로직업교육 등과 관련된 영역이 해당됩니다. 그리고 지역정책실행 영역은 지역 정책의 현장 적용 가능성 모색 및 일반화와 정책실행을 목적으로 장학사가 현장과 함께 지역단위 교육연구회를 운영하기 위해 모집하는 영역입니다. 이 때, 각 영역의 지역 교육연구회는 정회원(교원, 전문직) 최소 15명 내외의 인원으로 구성되어야 합니다.

2) 도 교육연구회

도 교육연구회는 매년 2~3월경에 이전 연도의 우수 교육연구회로 이듬해 재지정되는 재지정 교육연구회, 공모를 통해 새롭게 선정되는 신규 교육연구회, 그리고 경기도교육청 정책부서가 현장과 함께 경기 교육정책을 연구하는 정책실행연구회를 모집, 선정합니다.

도 교육연구회의 신청 조건은 경기도 내 두 개 지역 이상 교원을 중심으로 구성된 회원 수

30명 이상의 연구회(정책실행연구회의 경우 20명 내외)이어야 합니다.

도 교육연구회의 유형은 연계형과 독립형으로 구분하는데 연계형은 도 단위 연구회가 2개 이상의 지역 교육연구회와 연계하여 공통 연구주제를 수행하는 연구회 유형이며, 독립형은 도내 여러 지역 교원을 대상으로 구성하여 공동연구 및 공동실천을 수행하는 연구회 유형을 말합니다.

이러한 도 교육연구회는 연구주제의 필요성, 연구역량, 연구내용의 적합성, 연구활동의 공공성, 운영의 책무성을 기준으로 심사하여 선정합니다.

3) 교육부 교육연구회

교육부 교육연구회는 교육부에서 정책적으로 필요가 있을 경우 모집하며, 일반적으로 시·도 교육청의 협조를 통해 운영합니다. 예를 들어 초·중등학교 학생들에게 보다 실질적인 진로교육·체험 기회를 제공하기 위하여 특정 학년 또는 학기 동안 진로체험 교육과정을 집중적으로 운영하는 제도인 진로교육 집중학년·학기제의 교육정책 실현을 위해 시·도별 규모에 따라 분배하여 진로교육 집중학년·학기제 교사 연구회를 모집 선정하기도 했습니다.

나. 등록연구회의 운영(경기도교육청 예시)

1) 지역 교육연구회

지역 교육연구회의 운영 목적은 지역 교육연구회를 통한 지역 교육역량 제고 및 지역 리더교사 육성지원, 자발성 기반 현장 중심 교원연구 활성화를 통한 학습·연구하는 지역 교직문화 조성에 있습니다. 경기도교육청 기준 25개 교육지원청에서 지역 교육연구회를 운영합니다. 또한 지역 교육연구회의 지원 예산은 교육지원청 지원 예산과 도교육청 지원 예산으로 구분하여 지급합니다.

지역 교육연구회의 운영 방법은 지역 여건과 특색, 정책 방향을 고려한 다양한 방법으로 운영할 수 있으며 자체 운영의 방법 이외에도 마을 연계형, 지역 유관기관 활용형, 지역 시민단체 협력형, 교장·교감 지구장학 네트워크 활용형, 도 연구회 연계형 등으로 운영할 수 있습니다.

지역 교육연구회의 운영 내용은 연구회 내 회원 간 협의와 선택에 따라 연구활동 중심의 자율 내용을 기본으로 하되, 공통 필수활동과 자율 선택활동으로 구분하여 운영합니다.

지역 교육연구회의 공통 필수활동의 첫 번째는 지역 교육연구회 회원 역량강화를 위한 연구모임 및 활동의 정례화입니다. 이를 통해 공통과제(2022년도 공통과제: 에듀테크 활용 및 디지털 리터러시 역량)를 고려한 자율 연구과제를 설정하여 연구주제별 교육과정 재구성 및 교실수업 개선과 이어지는 실행적 연구를 실천하며, 지역의 여건과 특색을 반영하여 지역기반 교육실행 연구를 실행합니다.

공통 필수활동의 두 번째는 연구과정과 성과 공유를 위한 지역 교육연구회 성장나눔 컨퍼런스 참여이며, 마지막 세 번째는 지역 교육연구회의 보고서, 장학자료 등의 <경기도 교육연구회 홈페이지> 탑재입니다. 이러한 필수활동은 지역 연구회에서 연구 및 운영 결과를 공유함으로써 연구회 뿐 아니라 교직 및 지역 사회가 더불어 성장할 수 있는 기회를 제공합니다.

지역 교육연구회의 자율 선택활동은 연구과정과 성과로서 자체 세미나, 워크숍, 토론회, 자료 개발 등의 현장 공유, 학교 밖 전문적학습공동체 활동을 통한 지역의 학교 현장 지원, 지역-도 교육연구회 네트워크 참여로 지역 교육연구회 활성화, 도 교육연구회와의 연계활동으로 지역 교육연구회 연구활동 심화 운영 등이 있습니다. 특히 학교 밖 전문적학습공동체 활동을 통한 지역의 학교 현장 지원 과정에서는 수업 개선을 위한 전문적학습공동체 활동과 지역교육과정 및 교재, 프로그램 등의 개발을 통해 연구주제별 지역 교육 활성화의 선도적 역할 수행할 수 있습니다.

2) 도 교육연구회

도 교육연구회는 교원의 자율성과 주도성을 기반으로 운영하는 경기도교육연구회와 경기도교육청 정책부서가 현장과 함께 운영하는 정책실행연구회로 구분하여 운영합니 다.

먼저 경기도교육연구회는 자발성을 기반으로 한 현장 중심 연구활동 학습공동체인 교육연구회의 내실화를 통해 교원의 전문성 신장과 학교 교육력을 향상하는 데 운영 목적이 있습니다. 경기도교육연구회의 운영은 재지정 교육연구회, 신규 교육연구회로 운영되며, 지원 예산은 도 교육청에서 직접 예산을 지원하여 연구회의 유형(연계형과 독립형)에 따라 예산의 차등 지급이 이루어집니다.

- 경기도교육연구회

경기도교육연구회의 운영 방법은 2개 이상의 지역 교육연구회와 연계하여 공통 연구주제를 수행하는 연계형과 도내 여러 지역 교원을 대상으로 구성하여 공동연구 및 공동실천을 수행하는 독립형으로 운영할 수 있습니다.

경기도교육연구회의 운영 내용은 연구회 내 회원 간 협의와 선택에 따라 연구활동 중심의 자율 내용을 기본으로 하되, 공통 필수활동과 자율 선택활동으로 구분하여 운영합니다.

경기도교육연구회의 공통 필수활동 첫 번째는 도 교육연구회 회칙 및 회원을 구성하고, 총회를 연 1회 이상 개최하는 것이며, 두 번째는 교육연구회 회원 역량 강화를 위한 심도 있는 연구모임 및 활동을 정례화하는 것입니다. 이를 통해 공통과제(2022년도: 에듀테크 활용 및 디지털 리터러시 역량)를 고려한 자율 연구과제를 설정하여 연구주제별 교육과정 재구성 및 교실수업 개선과 이어지는 실행적 연구를 실천하고, 다양한 회원의 요구 수용 뿐 아니라 참여 확대를 위한 연구회별 자체 소모임을 활성화할 수 있습니다.

그리고 마지막 세 번째는 도 교육연구회의 교육자료, 공개행사, 보고서 등의 <경기도 교육연구회 홈페이지> 탑재입니다. 이러한 연구 및 운영 결과 공유의 활동은 연구회 뿐 아니라 교직 및 지역 사회가 더불어 성장할 수 있는 기회를 제공합니다.

경기도교육연구회의 자율 선택활동은 먼저 도 교육연구회 <학교 밖 전문적학습공동체의 날> 운영의 연구활동 현장 공유 활동이 있습니다. 이 활동은 연구과정과 성과로서 자체 세미나, 워크숍, 토론회, 특강, 포럼 등을 통해 운영할 수 있습니다.

다음으로 도 교육연구회 <학교로 찾아가는 교육기부> 운영 자율 선택활동을 운영할 수 있습니다. 도 교육연구회는 이 활동을 통해 학교 전문적학습공동체 활동을 지원함으로써 연구 역량 기반 교육과정(수업, 평가) 개선 등의 학교 현장 발전에 기여할 수 있습니다.

또한 도 교육연구회는 도 교육연구회 간 <연구나눔 컨퍼런스> 운영, 경기도교육청 연수기관 주관 공모연수 운영 참여의 선택활동을 운영함으로써 융·복합적 교원 전문성을 신장할 수 있으며, 지역 교육연구회 연계 운영 및 활성화 지원, 도 교육연구회별 소통과 자료, 정보 공유를 위한 홈페이지, SNS 등의 활성화 선택활동을 통해 교육의 네트워크 허브 역할을 담당할 수 있습니다.

- 정책실행연구회

정책실행연구회의 운영 목적은 현장 중심 교원연구를 통한 정책실행으로 정책과 현장의 연계성 강화에 있습니다. 정책실행연구회는 경기도교육청 정책부서가 현장과 함께 운영하며, 지원 예산은 도 교육청에서 직접 예산을 지원하여 운영합니다.

정책실행연구회운영의 방법은 교육청 정책부서와의 협의를 통해 연구회 회원(교원 및 교육전문직)을 구성하고, 연구회 운영회칙을 정하여 운영합니다.

정책실행연구회의 운영 내용은 교육청 주요 정책의 현장 적용 가능성 및 일반화와 정책실행의 내용을 다룹니다. 따라서 현장 우수사례 일반화를 위한 정책 실행연구, 주요 정책의 현장 적용을 위한 실행연구, 실행 연구 결과의 학교 현장 환류를 위한 연구성과물 도출 노력이 정책실행연구회의 주된 운영활동이라 할 수 있습니다. 그래서 정책실행 연구회는 주요 정책의 현장 적용을 위한 자료 및 프로그램 개발, 현장 모니터링을 통한 분석 및 환류, 정책의 현장 안착을 위한 매뉴얼, 장학자료, 우수사례집의 제작, 발간 활동 등을 하고 있습니다.

3) 교육부 교육연구회

교육부 교육연구회는 교육부에서 정책적으로 필요가 있을 경우 모집하여 운영하기에 교육부의 정책과 운영방침에 따라 교육부 교육연구회 운영이 각기 다를 수 있습니다. 그중 2017년 교육부 진로교육정책과에서 주관하여 모집, 선정한 진로교육 집중 학년·학기제 교육연구회를 예시로 살펴보겠습니다.

진로교육 집중 학년·학기제 교육연구회의 운영 목적은 진로교육 집중학년·학기제 정책 실현 및 현장 적용 가능성, 일반화를 목적으로 운영하였습니다. 운영 규모는 시도별 규모에 따라 전국 40개의 교육연구회가 운영되었고, 지원 예산은 교육부에서 시·도교육청을 통해 연구회로 교부되었습니다.

진로교육 집중 학년·학기제 교육연구회의 운영 방법은 전체 시·도 가운데 경기도교육청의 경우 배정된 교육연구회를 정책연구회와 교사연구회로 구분하여 운영하였습니다.

진로교육 집중 학년·학기제 교육연구회의 운영 내용은 교육부 진로교육 정책의 현장 적용 가능성 및 일반화와 정책실행 내용을 다루었습니다. 이러한 내용을 바탕으로 진로교육 집중 학년·학기제 교육연구회는 진로교육 집중 학년·학기제 편성·운영과 관련된 교수·학습 모형 개발, 진로전환기 진로교육 중심 학교 교육과정의 편성·운영, 학교 간 진로 교육 및 진로체험 협력모델 개발 등의 연구 실시 뿐 아니라 인근 지역의 진로교육 연구·시범학교 워크숍, 공개수업, 보고회 등의 지원을 담당하는 역할을 하였습니다.

제7장 학교 밖 전문적학습공동체
- 학교 간 학습네트워크

1.
학교 간 학습네트워크

1. 학교 간 학습네트워크란?

학교 간 학습네트워크란 교육공동체의 자발성을 기반으로 학교 간 개방·협력·공유의 활동을 통해 학교의 자율역량 강화와 혁신교육의 확산을 목적으로 운영하는 경기도교육청 공모연수 형태의 전문적학습공동체를 말합니다.

2. 학교 간 학습네트워크의 운영

학교 간 학습네트워크는 교사 장학네트워크, 교장 지구장학 협의회, 교감 지구장학 협의회 세 가지 영역으로 나누어 운영하며, 공모연수 형태로 30시간(2학점)의 직무연수로 인정됩니다.

학교 간 학습네트워크 영역 중 교사 장학네트워크는 자체 교육과정으로 운영되며, 교장, 교감 지구장학 협의회는 '학교 간 학습네트워크 연수'와 '지역 간 교류 네트워크 연수' 과정으로 운영됩니다. 학교 간 학습네트워크의 운영 방법은 교사 장학네트워크, 교장 지구장학 협의회, 교감 지구장학 협의회 구성원이 연수를 기획·운영하되 강사선정, 프로그램 구성 등을 교육지원청, 도 교육청과의 협의·논의를 통해 소통 협력하여 공동의 아이디어로 운영할 수 있도록 합니다. 또한 운영과정은 토의토론, 실행학습, 현장체험 등 참여 중심의 교육과정으로 구성하여 운영합니다.

3. 학교 간 학습네트워크의 세부 운영

학교 간 학습네트워크의 세부 운영은 다음과 같습니다.

가. 교사 장학 네트워크

교사 장학네트워크의 운영 목적은 지역의 협력적 교사 장학네트워크 형성 및 동반 성장으로 교육의 실천역량 강화에 있습니다. 지원 예산은 도 교육청에서 연수원을 통해 각 과정별로 지원하며, 교사 장학네트워크의 운영 목적과 내용에 맞게 자체교육과정으로 구성하여 운영합니다. 이 때, 운영 내용은 경기교육의 철학 반영, 현장 요구에 부합하는 실천 중심의 내용, 구성원의 집단 성장과 직무역량강화를 위한 내용을 포함하여 구성해야 합니다.

교사 장학네트워크의 운영방법은 지역단위의 초·중·고 장학 네트워크 교사 구성원들이 지역의 특성에 따라 창의적으로 운영하는 방식으로 이루어지며, 대표적인 활동방법은 다음과 같습니다.

첫째, 구성원 주도의 상호학습 활동으로 구성합니다. 특정분야의 전문성이나 노하우를 가진 네트워크 구성원들이 프로그램 진행자가 되어 연수 진행하고, 주제별 토의토론, 실습 등을 통해 함께 나누고 공유하는 상호학습을 실천합니다.

둘째, 전문가 초빙 역량강화 활동을 실시합니다. 내부 구성원으로 해결할 수 없는 주제에 대해 강의, 강연, 액션러닝 등의 전문가 초빙 역량강화 연수를 진행하고, 학교 문제 공동해결형, 운영사례 공유형 등 네트워크 유형별 운영 방법에 대한 전문성 확보 연수를 실시합니다. 또한 연수 시 듣기 위주의 강의보다는 강의를 포함하여 구성원이 참여할 수 있는 실습학습을 병행합니다.

셋째, 전문적학습공동체 운영 계획 등 학교 자체 계획 및 점검사항에 대하여 상호 교차 컨설팅 등을 통한 협력장학을 운영하고, 학교 간 상호 방문, 우수 실천사례 및 역경 극복사례 공유 등을 통해 직무역량을 증진할 수 있도록 운영합니다.

나. 교장, 교감 지구장학 협의회

교장, 교감 지구장학 협의회의 운영 목적은 학교 간 개방과 공유의 협력적 장학활동 경험 확대를 통한 동반 성장 도모와 지역 간 교육 교류를 통한 교육 마인드 제고 및 인문학적 소양 함양에 있습니다. 지원 예산은 도 교육청에서 연수원을 통해 지구장학 협의회별로 지원합니다.

교장, 교감 지구장학 협의회는 '학교 간 학습네트워크 연수'와 '지역 간 교류 네트워크 연수' 두 가지 내용으로 운영합니다.

첫째, 학교 간 학습네트워크 연수는 학교경영 사례 나눔, 지역 공동문제의 해결, 학교 경영 역량강화의 내용으로 운영합니다. 학교경영 사례 나눔 과정에서는 학교 실천사례, 학교 과제 실천 전략 등 우수 실행 사례를 공유하고, 구성원 간의 사례 발표, 토의토론, 실습, 협의, 학교방문 등의 방법으로 내용을 실천합니다. 지역 공동문제 해결 과정에서는 지역 내 학교교육 현안문제의 공동해결 방안을 모색하며, 구성원 간의 토론, 협의, 포럼, 심포지엄, 세미나 등의 방법으로 내용을 실천합니다. 학교경영 역량강화 과정에서는 교육비전, 학교장 리더십, 교육과정 운영, 학교경영 전 략, 조직 인사의 내용을 다루며, 지구 장학협의회 구성원 간의 요구 및 필요에 의한 맞춤형 연수로 구성하여 운영합니다.

둘째, 지역 간 교류 네트워크 연수는 타시도 및 경기도 지역 학교와 기관 방문, 문화 탐방의 내용으로 운영합니다. 타시도 및 경기도 지역 학교와 기관 방문 과정에서는 학교와 기관 탐방 계획을 수립하고 탐방 결과, 실행 사례를 공유하여 상호학습을 실천합니다. 그리고 문화 탐방 과정에서는 타시도 및 경기도 내 역사 유적지 및 문화 탐방지를 방문하고, 문화체험 및 교류를 실시합니다.

2.
학교 간 학습네트워크의 운영 사례

1. ○○지역 진로교사 장학네트워크

<○○지역 진로교사 장학네트워크 운영사례 1>

가. 운영 목적

- ○○지역 학교 간 전문적학습공동체 주제별 진로교육 수업전문성 및 연구역량 향상
- 교사 장학네트워크 이해 향상 및 학교 간 진로 전문적학습공동체 효과적 운영
- 독서, 소그룹 토론토의, 실행연구로 연수생 스스로가 만드는 연구수업
- 학교 교사들이 함께 동반성장하는 학교 진로교육 전문적학습공동체 연구
- 학생의 꿈을 키우는 개인 및 학교 특색사업, 역점사업 진로연구 프로그램 구안
- 지역학교가 함께 성장하는 교육 구현(학교 간 전문적학습공동체 수업연구)
- 학교 간 학교 안과 학교 밖 전문적학습공동체 연계로 진로교육의 확산

나. 운영 방법

- 진로교육 전문적학습공동체 공개강좌 개설 운영 4차시
- 우수 진로교육 전문적학습공동체 공동연구 수업사례 분석과 수업실천 나눔
- 개인 및 학교 특색 진로수업 프로그램 개발 및 참여와 실행학습으로 구성
- 개인 진로수업연구 주제에 대한 소모임 토의토론 및 발표 구성
- 실습의 경우 강사 2명의 소모임 공동 멘토링으로 진행
- 학교 안과 학교 밖 전문적학습공동체 연계방안 공동연구로 진로교육 수업역량 집단 성장

다. 운영 내용

- 주요 교육과정 편성

· 강의: 11차시 기본 강의와 독서, 토론, 실습, 수업 나눔을 함께 진행

· 독서: 7차시 편성(토론과 함께 진행)

· 토론: 6차시 편성(강의, 독서와 함께 진행)

· 실습: 6차시 편성(소그룹 강의 실습으로 진행)

교육과정 편성 내용

| 일시 | 활동 제목 | 활동 내용 | 시간 | 방법 | | | | 장소 | 비고 |
				강의	독서	토론	실습		
○/○	꿈과 끼를 키우는 진로교육	교실 진로교육 방향	2	1		1		○○초	공개 강좌
○/○	SCEP와 SC⁺EP	학교진로교육 프로그램	2	1	1				
○/○	학생 진로교육 진단방법	학생 진로교육 및 진로탐색 능력 진단	2	1	1				
○/○	STP	전환기 진로교육	2	1		1			
○/○	진로교육 정책 이해	교육부 및 경기도교육청	2	1	1				
○/○	진로교육 교육과정작성	교실 진로교육 연간교육과정	2			1	1		
○/○	진로교육 이론과 실태분석	학생 실태분석 방법, 진로교육 이론 분석	2	1	1				
○/○	진로교육 4가지 수업 영역	진로교육 수업활동 4영역	2	1		1			
○/○	진로교육 수업연구	진로교육 연구대회	2	1			1		
○/○	학교급별 진로교육 방안	1.초등학교 진로교육 2.중학교 진로교육 3.고등학교 진로교육	2	1	1				
○/○	교실 진로교육 프로그램 만들기1	진로교육영역1 자기이해 수업활동	2	1			1		

O/O	교실 진로교육 프로그램 만들기2	진로교육영역2 자기이해 수업활동	2			1	1
O/O	교실 진로교육 프로그램 만들기3	진로교육영역3 자기이해 수업활동	2	1			1
O/O	교실 진로교육 프로그램 만들기4	진로교육영역4 자기이해 수업활동	2		1		1
O/O	진로교육 전문적 학습공동체 운영	함께 성장하는 전문적학습공동체	2		1	1	
계			30	11	7	6	6

○○지역 진로교사 장학네트워크 운영사례 2

가. 운영 목적

- ○○지역의 진로교육 담당교사들과의 진로교육 네트워크 형성 및 진로교육 수업 사례 나눔으로 지역 학교의 진로교육 역량 함양

- 경기도교육청 진로교육 연구학교(○○초등학교)의 진로교육 연구수업 사례 나눔을 통한 진로교육 연구사례 나눔 및 확산

- 교육부 진로탄력성 정책 이해 및 학교 안에서 적용할 수 있는 진로탄력성 모델 구축 및 관련 자료 공유와 확산

- 개인 및 학교 단위의 진로교육 수업사례 나눔을 통한 진로교육 담당교사들의 진로교육 수업역량 함양

나. 운영 방법

- ○○지역 진로교육 연구회 회장교 및 진로교육 연구학교인 ○○초등학교를 거점으로 한 지역 학교의 진로교육 담당교사 및 관심 교사들의 네트워크 형성

- 학교 단위 진로교육 및 개인의 진로교육 수업사례 나눔 공유

- 네트워크 구성원이 소속된 학교의 진로교육 전문적학습공동체 형성 및 연간 운영과 정 수립

- 진로탄력성 적용 진로교육 수업모델 구안 및 자료제작 공유

- 진로교육 담당교사의 학교 및 개인 진로교육과정 재구성 및 연간 실천계획 작성

- 학교에서 실천한 진로교육 수업실천사례를 함께 공유, 발표, 나눔의 방식으로 운영

- 진로교육 전문적학습공동체 운영 관련 독서토론 운영

- 진로교육 연구학교 및 진로교육 연구회 담당교사와의 진로교육 우수사례 나눔과 공유

다. 운영 내용

- 주요 교육과정 편성

• 진로교육 수업 사례: 다양한 진로교육 수업사례 나눔 및 공유

• 진로교육 전문적학습공동체: 전문적학습공동체의 연간운영 계획

• 진로탄력성 수업모델: 진로탄력성 적용 수업사례 나눔 및 수업모델 구안

교육과정 편성 내용

일시	활동 제목	활동 내용	시간	방법				장소	비고
				강의	토론	실습	기타		
O/O	진로교육 연구학교 수업나눔	○○초 진로교육 연구학교 나눔	2	2				○○초	공개 강좌
O/O	진로 전문적학습공동체	학교 안 진로교육 전학공 운영	2	1			1		
O/O	수업나눔1	전래동화 팬픽션 진로교육	2	1	1				
O/O	진로탄력성1	진로탄력성 정의	2	2					
O/O	수업나눔2	직업미니어처 진로교육	2	1	1				
O/O	진로탄력성2	진로탄력성 교육과정 구안	2	1		1			
O/O	수업나눔3	롤모델 포토콜라주 진로교육	2	1	1				
O/O	수업나눔4	마을액션! 드림픽쳐스 진로교육	2	1	1				

O/O	진로교육 수업설계1	진로교육 주제 선정하기	2	1		1		
O/O	진로교육 수업설계2	진로교육 교육과정 재구성, 실천	2	1		1		
O/O	수업나눔5	꿈브릭 인문학 BASE+ 진로교육	2	1	1			
O/O	진로탄력성3	진로탄력성 수업모델 구안	2	1			1	
O/O	수업나눔6	학교단위 진로교육 연구	2	1	1			
O/O	수업나눔7	드림 VT 컬러링 진로교육	2	1	1			
O/O	진로탄력성4	진로탄력성 회복사례 나눔	2	1	1			
계			30	17	8	3	2	

1. ○○지역 초등교장 ○○학교 네트워크

가. 운영 목적

○○지역 초등 ○○학교 간 정보 공유 및 교장의 전문적 역량 신장

나. 운영 내용 및 방법

1년차 ○○학교에 대한 운영 컨설팅

• 2년차 성장 나눔교 및 4년차 종합 평가교의 운영결과 정보 공유 및 교류

• 온·오프라인 교육상황에서 미래교육으로 나아가기 위한 교육 방향 협의

• 교장의 교육활동 전문적 역량 신장

교육과정 편성 내용

일정	내 용	비고
○/○	• 지구별 ○○학교 협의회 개최 - ○○구, ○○구, ○○구별 협의회 실시 • ○○지역 초등교장 ○○학교네트워크 활동 방향 정립 • 혁신학교 간 정보 나눔 및 우수사례 공유	온라인(Zoom)
○/○	• 1학기 평가(종합평가 및 성장나눔)교 총 8교 - 평가교(학교장, ○○부장) - ○○학교네트워크 협의회(초·중·고 교장, 교사 대표) - ○○교육실천연구회 (초·중등 회장, 간사) - ○○교육지원청 : 교실개방 및 콘퍼런스 운영에 관한 보고회 관련 협의회 • 종합평가 및 성장나눔 평가관련 협의회 참가	비대면 (Zoom을 통한 협의회)

○/○	• 2학기 평가(종합평가 및 성장나눔)교 총 8교 • 종합평가 및 성장나눔 평가관련 협의회 참가	대면 실시 예정 (상황에 따라서 변경 가능)

○/○	• 지구별 ○○학교네트워크 협의 및 되돌아보기
	  - 독서토론회 실시
	  - ○○구, ○○구, ○○구별 협의회 실시
	• ○○학교 운영 사례 나눔, 독서토론
	  (위대한 교장은 무엇이 다른가, 4차원 교육 및 미래역량)
		대면 실시 예정
		(상황에 따라서
		변경 가능)

제8장 연구학교 전문적학습공동체
- 진로교육 연구학교 전문적학습공동체

1.
학교 특색교육 주제 탐구형 전문적학습공동체

'A' 학교는 진로 연구학교를 운영하며 '진로'를 학교 특색교육 주제로 잡았습니다. 학교 안의 많은 프로그램을 진로와 융합하여 재구성하였습니다. 전문적 학습공동체 운영 또한 학교 특색을 잘 나타낼 수 있도록 구성하여 운영하였습니다. 이 장에서는 'A' 학교에서 운영한 전문적 학습공동체에 관한 이야기를 나누도록 하겠습니다.

2.
주제별 전문적학습공동체란?

학교 안 전문적학습공동체를 운영할 때 크게 학년별 운영과 주제별 운영으로 나눌 수 있습니다. 학년별 전문적학습공동체는 담임교사들이 모이기가 쉽고, 교과나 생활지도 등을 주제로 쉽게 구성하여 운영할 수 있는 장점이 있습니다. 그러나 비담임 교사 및 영양교가, 보건교사, 특수학급 교사 등 소수 교과 교사들이 소외될 수 있는 단점이 있습니다. 그에 반해 주제별 전문적학습공동체는 학교 구성원들의 협의와 동의를 거쳐 몇 개의 커다란 주제를 뽑아 교사 개인이 주제를 선택하여 같은 주제를 선택한 교사끼리 모여 전문적학습공동체를 운영합니다. 'A' 학교에서는 연구학교 2년 차를 주제별 전문적학습공동체로 운영하기로 의견이 모였습니다.

주제별 전문적학습공동체의 장점은 다음과 같습니다. 첫째, 다양한 주제 교류가 가능합니다. 주제별 전문적학습공동체의 시작은 관심 분야에 대한 주제들을 모으게 됩니다. 이 첫 번째 과정에서 다양한 주제들이 나오고 협의를 거쳐 효과적인 교육을 거둘 수 있는 주제들을 선정합니다. 모든 교사가 참여하기 때문에 다양한 주제들이 나오게 됩니 다. 둘째, 적극적인 전문적학습공동체 참여를 끌어낼 수 있습니다. 여러 개의 주제 중 자신의 흥미와 관심을 끄는 전문적학습공동체에 참가하기 때문에 교사의 적극적인 참여를 불러옵니다. 셋째, 교사 전문성을 높일 수 있습니다. 교사의 전문성의 핵심은 학생의 성장과 발달을 돕는 데 있습니다. 학생의 성장과 발달을 돕기 위해서 교사는 끊임없이 연구하고 고민해야 합니다. 새로운 주제와 교육 방법을 습득하고 이를 활용하는 과정을 통해 교사의 전문성을 신장할 수 있습니다.

3.
주제별 전문적학습공동체 구성

다음으로 주제별 전문적학습공동체를 구성하는 방법에 대해 알아보도록 하겠습니다. 주제별 전문적학습공동체 조직을 위해서는 먼저 전문적학습공동체 구성원이 주제별 전문적학습공동체 운영에 관한 관심과 참여가 선행되어야 합니다. 'A' 학교의 경우, 2018 학년도에는 학년별 전문적학습공동체를 운영하였습니다. 1년 뒤, 진로교육이 학교 교육 과정과 학교생활 전반에 이루어지도록 할 필요성을 느꼈습니다. 그래서 2019학년도에는 주제별 전문적학습공동체로 운영하기로 합의하였습니다. 구성원의 합의가 이루어지면 주제별 학습공동체 조직을 위해 3단계를 거칩니다.

1. 전문적학습공동체 주제 선정

'A' 학교는 학생들의 진로개발 역량을 함양하기 위해 지녀야 할 소양에 대한 의견을 모았습니다. 그리고 많은 의견 중 의사소통 능력, 사회성 함양, 미래사회의 적응, 다양한 경험이 필요하다고 판단하였습니다. 이것을 바탕으로, 진로 인문학/ 진로 학급경영 프로그램/ 미래 교육/ 진로 수업/ 진로상담 다섯 주제의 전문적학습공동체를 만들었습니다.

2. 주제별 교사 선택

주제별 전문적학습공동체가 만들어지고 난 후, 학년에 구애받지 않고 교사의 희망에 따라 조직을 구성했습니다. 주제별 전문적학습공동체의 커다란 장점은 각자 다른 주제를 연구한 교사가 동 학년에서 다시 나눌 수 있기 때문입니다. 동 학년 교사가 각자 다른 주제를 선택하여 운영하면 더 많은 주제를 모두 나눌 수 있는 장점이 있기 때문입니다. 이러한 이유로 한 주제에 동 학년 교사가 3명 이상 소속되는 것은 지양하였습니 다.

3. 주제별 전문적학습공동체 운영

주제 선택이 끝난 뒤, 각 공동체별로 전문적학습공동체를 운영하였습니다. 연수 기간은 4월 초부터 12월 중순까지 계획을 세우고, 30시간 직무 연수로 진행하였습니다. 30시간 중 학기 당 2시간(총 4시간)을 외부 강연에 배정하였습니다. 그리고 1학기 말 중간 발표회, 2학기 말 결과 발표회로 각 2시간을 배정하였습니다. 나머지 22시간을 각 주제별로 구성원이 모여 전문적학습공동체 활동을 하였습니다.

4.
주제별 전문적학습공동체 활동 사례

지금부터 각 주제별 전문적학습공동체 활동 사례에 대해 알아보도록 하겠습니다. 'A' 학교는 학생의 진로개발 역량 함양을 위해 다섯 가지의 주제를 선정하여 운영하였습니다.

1. 진로 인문학 전문적학습공동체

가. 진로 인문학 독서 토론 활동 방향

진로 인문학 독서 토론 전문적학습공동체에서는 비경쟁 독서 토론을 활동 방향으로 잡고 1년 동안 구성원이 직접 실천하였습니다. 비경쟁 독서 토론이란 찬성과 반대의 입장이 없으며 '공감한다'와 '공감하지 않는다'의 선택만 있습니다. 사용하지 않는 표현으로는 반론, 반박, 반대가 있습니다. 기존 토론과의 차이점은 책을 중심으로 깊이 있는 독서와, 책 속 이슈 짚기, 독서 토론 진행을 위한 논제 발제를 합니다. 그리고 다른 사람의 의견과 가치관을 공유합니다. 비경쟁 독서토론의 특징은 의제 설정 능력을 배운다는 것입니다.

나. 진로 인문학 독서 토론 활동 계획

각 구성원이 추천했던 책 중 3권을 공통으로 구입하여 2주 안에 읽는 것을 목표로 하였습니다. 3권의 책 외에는 개인별 대출이나 구입 후 읽기로 협의하였습니다. 발췌자는 2~3장으로 책을 요약한 다음, 의견을 나눌 논제를 정해옵니다. 논제는 다양한 화두를 제시할 수 있으면 좋습니다.

다. 진로 인문학 독서 토론 실제 활동

진로 인문학 독서 토론에서 읽고 토론한 책은 랄프 왈도 에머슨의 '자기 신뢰', 토드 로즈의 '평균의 종말', 유발 하라리의 '초예측', 다치바나 다카시의 '자기 역사를 쓴다는 것' 모두 4권입니다. 그 중 몇 가지의 실제 활동을 말씀드립니다.

'평균의 종말'을 읽은 구성원은 제도권 교육의 평가에 대해 토론을 하였습니다. 과거와 같이 성적을 평균하여 아이들을 줄세우는 식의 평가는 지양하는 것에 모두 동의하였고, 학생 개인의 재능을 뽑아낼 수 있는 교육이 필요하다는 결론을 내렸습니다. 그렇게 하기 위해서는 사회 시스템의 변화와 학부모, 학교와 교사의 인식이 바뀌어야 한다 는 것에 공감하였습니다. 학생이 못하는 것은 늦은 것이 아니라 느린 것이라고 생각하며 이해할 수 있는 교육이 필요하다는 결론을 내렸습니다. 또한, 전문적 우수성을 키우기 위한 교육이 필요하다는 의견이 있었습니다. 이 의견에 대한 한 선생님의 생각은 '이것과 관련하여 마스터고가 생기지 않았나' 합니다. 고학년의 경우 본인은 공부 머리가 없으니 다른 것을 하겠다고 하지만 그래서 무엇을 하고 있는지 물어보면 아무것도 안 하고 있는 경우가 대부분이었습니다. 남과 비교하지 않고 자신의 성장에 더욱 중점을 두면 좋겠지만, 자신의 성장에 대한 기대치가 들쭉날쭉이라 과연, 어떻게 보는 것이 좋은지 의문이 들었습니다.' '초예측'의 독서 토론에서는 '미래의 교사 존립 여부, 미래 교사의 역할은?', '미래 아이들에게 무엇을 가르쳐야 하는가?'라는 발제가 나왔습니다. 빠르게 변화하는 시대에 교육 역시 많은 변화를 겪고 있습니다. 전통적인 교육 방법에 대한 변화와 외부 환경의 요구에 교사는 어떻게 대응 해야할지, 어떤 역할을 해야할지에 대한 의견을 나눴습니다. 그리고 미래 아이들에게 무엇을 가르쳐야 하는가? 에 대한 토론도 하였습니다. 중경력 이상의 선생님들께서 '아이들이 많이 달라졌다.'는 말씀을 가끔 하시곤 합니다. 빠르게 변화하는 시대에 아이들 역시 빠르게 변화하고 있습니다. 달라지는 것은 아이들 뿐만 아닙니다. 아이들이 살아가는 환경은 더욱 빠르게 변화하고 있습니다. 교사로서 미래 아이들에게 어떠한 것을 교육할지 고민해보는 시간을 가졌습니다.

진로 인문학 전문적학습공동체 활동에서는 교사가 직접 비경쟁 독서 토론을 실시한 뒤, 교실에서 아이들이 수준에 맞는 책을 선정하여 직접 적용해보았습니다. 그리고 교사들 역시 직접 독서 토론에 참여하며 교육이 나가야할 방향에 대해 성찰하는 시간을 가졌습니다.

2. 미래 교육 전문적학습공동체

가. 미래 교육 전문적학습공동체 방향

미래 교육 전문적학습공동체는 소프트웨어 교육에 관심을 두는 구성원이 모였습니다. 현재 학교 교육에서도 소프트웨어 교육이 강조되고 있습니다. 구성원들은 4차 산업 시대의 교사 역할과 교육과정 속 소프트웨어 교육을 분석한 후, 학생들에게 가르칠 수 있는 내용을 선정하는 방향으로 활동 계획을 세웠습니다.

나. 미래 교육 전문적학습공동체 계획

미래 교육 전문적학습공동체는 4차 산업혁명, 4차 산업혁명 속 초등교육과 교사의 역할, 미래 사회가 요구하는 인재상, 이 세 가지 주제를 선정하였습니다.

다. 미래 교육 전문적학습공동체 활동

첫째, 4차 산업혁명입니다. 4차 산업 혁명은 3차 산업혁명을 기반으로 디지털, 바이오와 물리학 사이의 모든 경계를 허무는 융학 기술 혁명'으로 정의하고 사회 전 영역에 걸친 새로운 패러다임으로 제시하였습니다(2016년 다보스포럼 기조연설, 클라우스 슈 바프). 그리고 주요 특징과 주요 기술, 이로 인한 미래 직업 세계의 변화에 대한 정보를 찾아 함께 공부하였습니다.

둘째, 4차 산업혁명 속 초등 교육과 교사의 역할입니다. 2015 개정 교육과정 속 소프트웨어 교육을 분석하였습니다. 소프트웨어 교육이란 컴퓨터 과학의 기본적인 개념과 원리를 기반으로 다양한 문제를 창의적이고 효율적으로 해결하는 컴퓨팅 사고력을 기르는 교육입니다. 소프트웨어 교육의 목표는 컴퓨팅 사고력을 갖춘 창의 융합적 인재 양성하는 것입니다. 그 중 초등교육에서는 소프트웨어교육의 기초 소양을 함양하는 것을 목표로 알고리즘 체험과 프로그래밍 체험 하는 것을 교육 내용으로 두고 있습니다. 따라서 미래 교육 전문적학습공동체에서는 초등학생들 수준에 적합한 로봇을 활용하여 학생들을 지도하였습니다. 미래 교육 전문적 학습 공동체의 구성원이 직접 시연을 해보고 배운 뒤, 교실에서 학생들과 체험하는 형태로 진행하였습니다. 그리고 4차 산업혁명 속 교사 역할에 대한 이해를 바탕으로 지녀야 할 교사 역량에 대한 정보를 찾아 이야기를 나누었습니다. 미래 교육 전문적학습공동체에서는 급변하는 미래 시대에 맞는 소프트웨어 교육과 미래 교육에서 교사가 지녀야 할 역할과 역량에 대한 연구를 하였습니다.

3. 진로 학급경영프로그램(SEC) 전문적학습공동체

가. 진로 학급경영프로그램 전문적학습공동체 활동 방향

진로 학급경영프로그램 전문적학습공동체 구성원은 SEC 학급 경영 경험이 있는 교사와 경험이 없는 교사들로 구성하였습니다. 경험이 있는 교사가 리더 역할을 하며, 모임에서 나머지 교사에게 SEC 학급 경영을 소개하며 함께 SEC 학급 경영을 진행하는 형태로 활동 방향을 잡았습니다.

나. 진로 학급경영프로그램 전문적학습공동체 계획

SEC 학급 경영은 학급을 하나의 국가로 운영하는 학급 경영입니다. 3부 제2장의 자료를 보시면 이해가 더 쉬우실 것입니다. 시기별 적용할 프로그램 내용에 따라 전문적학습공동체 계획을 세우고 실천하였습니다.

다. 진로 학급경영프로그램 전문적학습공동체 활동

구성원은 SEC 학급 경영에 관한 관심이 높은 교사들이었습니다. 첫 번째 전문적학습공동체 활동에서 리더 교사가 SEC 학급 경영에 대한 안내를 한 뒤, 시기에 맞는 프로그램을 사전에 교육하고 함께 프로그램을 투입하였습니다. 프로그램 투입 후 일어나는 상황들에 대해 함께 논의하고 개선점을 찾아 적용하며 일년 동안 함께 활동을 하였습니다.

일 년 후, 구성원들은 SEC 학급 경영 방법을 터득하였고, 모두 만족도가 높았습니다. 진로 학급경영프로그램 전문적학습공동체는 교사들이 새로운 학급경영 방법을 직접 적용하는 공동체로 활동하였습니다.

4. 진로 수업 전문적학습공동체

가. 진로 수업 전문적학습공동체 방향

'A' 학교는 진로 연구학교였기 때문에 진로수업 전문적학습공동체에서는 진로교육에서 길러야할 자아 이해와 사회적 역량 개발, 일과 직업 세계의 이해, 진로 탐색, 진로 디자인과 준비, 진로교육의 4가지 대 영역을 기반으로 초등교육에 적용할 수 있는 진로 수업을 개발하는 것을 방향으로 세웠습니다.

나. 진로 수업 전문적학습공동체 계획

구성원은 4가지 영역 아래 8개의 중영역과 성취기준을 분석하여 성취기준을 도달할 수 있는 활동을 수집하여 학교 상황에 맞게 구성하기로 계획하였습니다. 구성원이 모두 각자 다른 학년에 속해 있었기 때문에 수집한 자료는 학생 수준에 맞게 재구성하여 적용하도록 하였습니다. 또한, 진로 교육 시간을 확보하기 위해 교과 교육과정의 일부분을 재구성하는 것을 계획하였습니다.

다. 진로 수업 전문적학습공동체 활동

자아 이해와 사회적 역량 개발을 위해 '나에 대해 알아보기, 성장 과정 알아보기, 다양한 가족 모습의 이해, 장애 이해, 친구 장점 찾기, 홀랜드 유형검사, 나의 가치 찾기' 활동을 구성하여 학년 수준에 맞게 적용하였습니다. 일과 직업 세계의 이해에서는 '미래의 직업 생각해보기, 물건과 관련된 직업 찾기, **직업이 사라진다면? '고정관념 버리기' 활동을 실시하였습니다. 진로 탐색 활동으로는 '나와의 약속, 건강한 신체, 1인 1직업 수행하기, 직업인 초청하기, 전문가와의 만남' 활동을 하였습니다. 마지막 진로 디자인과 준비에서는 '중요 가치 결정하기, 의사결정 연습하기, 커리어 플랜 계획하기, 꿈 타임캡슐 묻기, 진로비전 선포식'을 하였습니다.

진로 수업 전문적학습공동체에서는 진로 교육을 교과 수업과 연계할 수 있도록 내용을 구성원이 함께 고민하고 재구성하였습니다. 그리고 다른 교사들에게 진로 수업 전문적학습공동체에서 실시한 진로 교육을 안내하고 적용할 수 있도록 도움을 주었습니다.

5. 진로 상담 전문적학습공동체

가. 진로 상담 전문적학습공동체 방향

진로 상담 전문적학습공동체에서는 부정적인 자아를 형성한 학생들이 많다고 느낀 구성원들이 모였습니다. 학교에서 자신의 특성을 표현하고 타인의 감정을 이해하고 소중함을 느낄 수 있는 기회를 제공하고자 하였습니다. 이를 통해 학생이 올바른 자기 이해와 의사소통 능력, 긍정적인 자아 개념 형성을 하도록 학습공동체의 방향을 세웠습니다.

나. 진로 상담 전문적학습공동체 계획

진로상담 전문적학습공동체에서는 진로상담 전문적학습공동체 활동은 비폭력 대화, 미덕 활용, 공동 수업안 개발 및 실천, 수업 후 반성회, 그림책 활용 온책 수업과 다문화 진로 상담 계획을 세웠습니다.

다. 진로상담 전문적학습공동체 활동

비폭력 대화란 우리 자신을 표현하고, 다른 사람의 말을 듣는 방법을 재구성하도록 이끌어주는 대화입니다. 방법은 아주 간단합니다. '관찰-느낌-욕구-부탁' 순으로 말하기 연습을 한 후 이를 상황에 맞게 활용하여 대화하는 것입니다. 전문적학습공동체 구성원이 사전에 연수를 한 뒤 학급 운영에 적용하였습니다. 진로상담의 본질 찾기의 방법으로 미덕을 활용한 자기 이해 교육을 실시하였습니다. '무엇을 하면 행복한 내가 될까?'에 초점을 맞추어 자기 자신을 이해하는 것이 진로 선택에서 중요한 요소가 될 수 있도록 하였습니다. 교과 성취 기준과 진로 성취기준을 분석하여 통합 성취기준을 만들어 공동 수업 지도안을 만들어 실제 활동이 될 수 있도록 계획을 세웠습니다. 그리고 실제 수업에 적용 후, 수업 나눔을 통해 반성하는 시간을 가졌습니다. 'A' 학교의 경우 다문화 학생이 전체 학생 대비 7%가 넘었습니다. 다문화가정 자녀들은 일반 가정에 비해 부모의 사회적 관계망이 제한적이기 때문에 진로 발달을 촉진하고 정보를 제공해줄 역할 모델이 주변에 많지 않습니다. 다문화 학생을 대상으로 진로상담을 실시하여 학생들의 진로 의식을 높였습니다.

진로상담 전문적학습공동체에서는 진로 영역과 상담 영역의 융합 교육에 관한 연구를 하였습니다. 올바른 진로 교육이 이루어지기 위해서는 학생들이 자신에 대한 이해를 높이고, 다른 사람과의 관계 속에서 조화롭게 살아가는 것이 선행되어야 한다고 판단하였기 때문입니다.

5.
전문적학습공동체 컨퍼런스 개최

'A' 학교는 전문적학습공동체의 마무리 활동으로 컨퍼런스를 개최하였습니다. 전문적학습공동체 별로 지난 일 년간의 활동을 정리하여 지역 학교와 공유하기 위함이었습니 다. 인근 학교 및 지역에 컨퍼런스 참가 공문을 발송하여 참가자를 모집 하였습니다. 컨버런스 활동은 'A' 학교 전문적학습공동체를 개괄적으로 설명하는 1부 행사와 참가자들이 현장으로 돌아가 바로 적용할 수 있는 체험 부스 2부 행사로 진행하였습니다. 2부 행사는 진로 인문학, 진로 학급경영 프로그램, 미래교육, 진로수업, 진로 상담 5개의 주제 부스를 만들고 각 전문적학습공동체 구성원이 리더가 되어 참가자들에게 직접 연구한 내용을 전달하였습니다. 진로 상담 부스에서는 NVC 비폭력 대화 기법과 미덕 을 활용한 공동 수업안을 작성하도록 하였습니다. 미래 교육에서는 교육용 프로그래밍 언어 교육과 로봇을 활용한 SW교육을 소개하였습니다. 진로 수업에서는 각 학년 수준에 적합한 그림책을 선정하여 그림책과 진로 교육 활동을 연계하는 방법에 대한 안내를 하였습니다. 진로 학급경영에서는 SEC 진로 학급경영 프로그램을 소개하며 나라 만들기, 화폐 만들기를 체험하도록 했습니다. 마지막으로 진로 인문학에서는 비경쟁 독서토론 방법을 소개하였습니다. 지역 및 인근 학교 교사들과 다양한 내용을 나눈 전문적학습공동체 컨퍼런스는 학교 안 전문적학습공동체가 학교 밖 전문적학습공동체로까지 발전할 가능성을 엿볼 기회였습니다.

제9장 전문적학습공동체 우수사례 2~3개 (테마형 소규모 학교)

1.
학교 규모의 정의와 분류

한국교육개발원 교육통계연구센터[06]에 따르면, 2021.04.01 기준 전국 초등학교당 평균 학급수는 약 20학급입니다. 그리고 이호진(2008)은 적정 학교 규모 혹은 적정학급수 기준은 일반적으로 18학급~30학급 내외로 규정합니다. 이러한 자료를 바탕으로 여기에서는 17학급까지는 소규모, 18~30학급은 적정규모, 31학급 이상은 대규모 학교로 분류하였습니다.

06   한국교육개발원 교육통계서비스, 2021.4.1 자료

2.
소규모 학교의 특징과
전문적학습공동체 구성 방법

1. 소규모 학교의 특징

소규모 학교는 교사, 학부모, 지역사회의 밀접한 연계를 통한 맞춤형 지역 연계 교육과정 운영이 가능하다는 장점이 있습니다. 이로 인해 소규모 학교에서의 학습경험은 학급수와 학생 수가 적음에도 불구하고 만족도가 높게 나타나는 경향이 있습니다. 예를 들어, 경기 광주의 N 초등학교는 전교생이 백 여명에 불과한 작은 학교입니다. 이 학교는 지난 2001년에 학생 수가 26명까지 줄어 폐교 결정이 났지만, 학부모와 지역사회, 교사가 힘을 모아 학교를 개혁하였고 모두가 오고 싶어하는 학교를 만들어내어 학생 수가 99명에까지 이르는 결실을 낳았습니다.

또 다른 예로 창의적인 교육과정을 운영하고 있는 경기 용인의 A초등학교를 들 수 있습니다. 15학급 내외의 A학교는 근처에 있는 지역사회 자원을 활용하여 가정, 지역사회

와 함께하는 교육과정을 운영하고 있습니다. 또한 학급 수가 적은 학교의 특징을 살려 무학년제 동아리 운영, 6학년 선배와 1학년 신입생을 짝을 지어 학교생활 적응을 도와 주는 의형제 활동 등 소규모 학교에 적용하기 쉬운 활동들을 실천하며 교사, 학부모, 학생이 모두 행복한 교육과정을 위한 맞춤형 지역연계 교육과정 운영을 위해 노력하고 있습니다.

2. 전문적학습공동체 구성 방법

앞서 이야기했던 것과 같이 학교 안 전문적학습공동체의 일반적인 구성 형태에는 학년 단위, 교과 단위, 학년 군 단위, 주제 중심 단위, 학교 단위 공동체로 총 5가지 경우를 들 수 있습니다. 하지만 학년당 2-3개 학급 내외의 소규모 학교에서는 학년 단위나 교과 단위 공동체보다는 학교 단위 공동체, 주제 중심 혹은 학년군 단위 공동체를 구성하는 경우가 가장 많습니다. 학교 단위 공동체를 구성하는 경우, 업무 담당자를 중심으로 하나의 공동체를 구성하여 모든 구성원이 포함된 전문적학습공동체를 구성합니다. 이 경우 같은 주제로 다양한 학년에서 주제를 탐구하고 공동실천한 연구결과를 모든 학년과 함께 공유할 수 있습니다. 물론, 공동체 구성원들 모두의 관심 분야를 고려하여 주제를 선정하기 위한 충분한 대화와 이해가 요구됩니다. 또한 전문적학습공동체의 취지와 다르게 교직원 협의회나 친목활동으로 변하지 않도록 공동체의 성격을 유지하려는 세심한 주의가 필요합니다.

공동체 구성원들 모두가 관심 있는 분야를 선정하기 어려운 경우, 관심 분야가 비슷한 구성원들끼리 주제를 중심으로 학년과 관계없이 모이는 주제 중심 공동체나, 학년군별로 관심 분야를 선정하는 학년군 단위 공동체를 구성할 수 있습니다. 다만 이때에는 학교 안 전문적학습공동체 직무연수를 운영하기 위해서 소속 교직원 2~3인 이상으로 공동체를 구성해야 합니다.

이렇게 구성된 공동체는 비슷한 관심 분야의 구성원이 모였기 때문에 활발한 주제 탐구와 공동연구 및 연구결과를 공유할 수 있는 장점이 있습니다. 다만 공동체별로 계획서를 작성하고 직무연수 이수에 필요한 행정 처리를 담당할 담당자가 각각 필요하므로 업무 부담으로 다가올 수 있는 단점이 존재합니다.

지금까지 소규모 학교의 특징과 전문적학습공동체 구성 방법에 대해 알아보았습니다. 다음으로 실제로 소규모 학교에서 운영되는 전문적학습공동체는 어떤 것이 있는지 사례를 통해 알아보겠습니다.

3. 소규모 학교의 전문적학습공동체 실제 운영 사례

아래 운영사례들은 2019학년도 경기도 내 교육지원청별 단위 학교에서 운영한 학교 안 전문적학습공동체의 일반적인 실천사례이며, 모범적인 기준으로 제시하는 우수 운영 사례가 아닙니다. 학교 안 전문적학습공동체는 각 학교의 환경과 여건에 맞게 다양하게 운영될 수 있습니다.

가. A 학교 – 학교 단위 전문적학습공동체 운영 사례

1) 운영 개요

학습공동체명	○○초 전문적학습공동체		
연수 주제	함께 성장하는 행복한 책 읽기		
연수 기간	2019. 3. 25.~2019. 12. 6.	연수 시간	30시간
연수 대상	전체교원(관리자 포함)	연수 인원	11명

학습조직화	동료성 기반 실행학습	집단지성의 교직문화
. 학습공동체의 날 운영 (매주 월요일) . 6학급의 동학년 단위 학습조직의 어려움을 극복하기 위해 학교 단위 학습공동체 운영 (연구조직화) . 행정조직을 학습조직으로 개편 . 행정업무 경감 . 협업 작업공간 및 회의 공간 제공	**공동의 문제 인식** . 상황, 주제 탐구 . 문헌, 사례 발굴 **자기 성찰** . 수업성찰 수업개방 . 수업문화 바꾸기 **공동연구, 공동실천** . 교육과정 재구성, 평가, 수업 개발 . 본보기 수업, 수업 나눔 **연구결과 공유** . 공동연구결과 발표회, 교육과정 교사 워크숍 . 교육과정 대토론회	. 개인주의, 교실주의 문화 극복 . 개방과 공유, 협력의 교직 문화 . 수강 중심에서 문제 해결을 위한 연구, 토론 문화 . 모방, 모형 연구방식 개선 . 집단효능감과 역동적 문화

창의적 교육활동

A 학교는 관리자를 포함한 전체 교원이 11명인 학교입니다. 총 6학급인 A 학교는 학년 단위 학습조직에 어려움을 인지하고 학교 단위 전문적학습공동체를 구성하여 연간 30시간을 운영하였습니다.

또한, 학교의 학습조직화를 위해 매주 월요일을 전문적학습공동체의 날로 운영하였습니다. 그리고 행정조직의 학습조직으로의 개편 및 행정업무 경감, 전문적학습공동체 활동을 위한 공간을 제공하는 등의 방안을 통해 전문적학습공동체 활동을 지원하였습니다.

이 학교의 전문적학습공동체는 연수 주제를 **'함께 성장하는 행복한 책 읽기'**로 결정하였습니다. 정보화 및 산업 사회에 적응할 수 있는 교육자로서의 자질 함양을 위해 교사 연수, 학생 중심 수업 나눔, 공동연구 및 공동실천을 통해 학생 중심 교육과정 운영을 실천하였으며 공동연구결과 발표회와 교육과정 교사 워크숍, 교육과정 대토론회를 통하여 연구 결과를 함께 공유하였습니다.

이러한 전문적학습공동체 운영을 통해 학교의 개인주의와 교실주의 문화를 극복하고 개방적이고 협력 중심의 교직 문화를 만들었으며, 수동적인 수강 중심의 학교 연수를 문제 해결을 위한 적극적인 연구, 토론 문화로 바꾸어 나갔습니다.

2) 전문적학습공동체 운영

차시	일정	영역	활동내용	시간
1-2	4.3.(수)	주제탐구	교육 관련 도서 읽고 이야기 나누기	2
3-4	4.17(수)	주제탐구	<수업 중 15분 행복한 책읽기> 함께 읽기 Ⅰ	2
5-6	4.24(수)	주제탐구	<수업 중 15분 행복한 책읽기> 함께 읽기 Ⅱ	2
7-8	5.22(수)	공동연구	그림책 함께 읽기	2
9	6.12(수)	공동실천	공개수업 사전협의회	1
10-11	6.19(수)	공동실천	학생중심 수업공개 및 사후협의회	2
12-13	6.26(수)	공동연구	독서교육 사례 나눔	2
14-15	7.3.(수)	연구결과 공유	1학기 교육과정 평가회	2
16-17	7.11(목)	연구결과 공유	1학기 교육과정 대토론회	2
18-19	9.4(수)	공동연구	학년별 권장도서 함께 읽기	2
20-21	9.9(월)	공동실천	<행복한 책읽기> 공개수업 사전협의회	2
22	9.19(목)	공동실천	<행복한 책읽기> 공개수업 사후 협의회	1
23-24	10.16(수)	공동연구	학년별 권장도서 함께 읽기	2
25-26	10.30(수)	공동연구	주제별 행복한 책읽기 목록 정하기	2
27-28	11.30(수)	공동연구	○○초 행복한 책읽기 학년별 목록 작성	2
29-30	12.4(수)	연구결과 공유	2학기 교육과정 평가회	2
			연수시간 계	30

A 학교의 전문적학습공동체는 연수 주제인 '함께 성장하는 행복한 책 읽기'에 맞게 독서 활동이 주로 이루어졌음을 알 수 있습니다.

먼저, 주제탐구에서는 교육 관련 주제 독서 활동과 전문적학습공동체에서 선정한 도서를 함께 탐구하는 활동을 운영하였습니다.

그리고 공동연구의 과정에서는 그림책 함께 읽기, 독서교육 사례 나누기, 학년별 권장 도서 함께 읽기, 행복한 책읽기 목록 작성 등의 과정을 통해 독서교육을 적용한 교육과정 및 수업 재구성 과정을 운영하였습니다.

다음으로 공동실천의 과정을 살펴보면, 공개수업 사전협의회가 한 번씩 있으며 수업공개 사후협의회도 있는 것을 알 수 있습니다. 소규모 학교에서 하나의 공동체를 구성하는 경우 다양한 학년의 선생님이 수업 의견 및 가치를 공유할 수 있는 점이 특징이라 할 수 있습니다.

그리고 이러한 공동연구 및 공동실천의 과정과 결과를 교육과정 평가회와 교육과정 대토론회를 통하여 공유하였음을 알 수 있습니다.

A 학교의 '함께 성장하는 행복한 책 읽기' 공동체 활동의 사례처럼 연수 주제를 독서교육으로 선정한 경우, 독서를 중심으로 수업을 함께 계획하고 독서교육 사례 나눔을 실천하면 학년별로 적용할 수 있는 독서교육의 다양한 방법과 개선점을 찾을 수 있어서 교사의 역량 강화에 도움이 될 수 있습니다.

3) 운영의 시사점

A 학교는 6학급으로 이루어진 소규모 학교에서 하나의 공동체로 구성하여 운영하였습니다. 소규모 학교의 경우 하나의 전문적학습공동체를 구성하여 운영하여도 의견의 공유와 상호협력이 잘 이루어질 수 있어 구성원들의 수업에 대한 가치와 규범의 공유가 용이합니다. 또한 교사가 부족한 소규모 학교에서 다양한 의견을 교환할 수 있는 효율적인 운영 방법이 될 수 있습니다. 하나의 공동체 활동을 통해 독서교육을 각 학년에서 실천하고 함께 사례 나눔을 하며 공동연구 및 공동실천이 잘 이뤄졌습니다. 다만, 하나의 공동체로 운영할 때는 학습공동체 리더의 역할이 매우 중요하며, 공동연구 및 공동실천을 함께 계획, 실천하고 공유할 때 학년별 교육과정에 대한 이해와 공감이 학년 단위 공동체 운영에 비해 부족할 수 있으므로 학교 단위 전문적학습공동체 운영에 있어 이 점을 유의해야 합니다.

나. B 학교 - 학교 단위 전문적학습공동체 운영 사례

1) 운영 개요

학습공동체명	○○초 전문적학습공동체		
연수 주제	교육과정 속에서의 학생중심 교육 실현		
연수 기간	2019. 3. 25.~2019. 12. 6.	연수 시간	30시간
연수 대상	교원	연수 인원	17명

구분	학급수	3년 미만 신규교사	20년 미만 경력교사	※ 3년 미만 신규 교사 비율
수	10학급	10명	2명	83%

B 학교는 관리자 포함 전체 교원이 17명인 학교입니다. B 학교는 경력 3년 미만의 신규 교사가 83%로 높은 비중을 차지하여 신규 교사의 교수 · 학습 지도능력 향상에 대한 필요성을 깊게 공감하고 있는 상황이었습니다. 이에 B 학교는 교사들의 전문성을 발달 및 교수학습 방법 개선 등을 통해 모든 교원의 자질을 향상하고 학생 중심 교육과정을 정착 · 운영을 실천하기 위해 연수 주제를 '교육과정 속에서의 학생 중심 교육 실현'으로 정하였습니다. 특히, 높은 비중의 신규 교사들의 필요와 요구를 반영하고 구성원들의 창의지성을 촉진하기 위해 민주적인 협의 문화를 조성하였으며, 이러한 민주적 의사결정을 바탕으로 학교 단위 전문적학습공동체를 구성하여 연간 30시간을 운영하였습니다.

B 학교는 전문적학습공동체의 운영을 위해 학습공동체 구축과 운영의 장애 요인을 구성원 워크숍을 통해 함께 점검하여 학교의 교육활동과 업무 중 불필요한 일들을 걷어 내는 작업을 실시하였고 관행적인 업무 축소 등을 통한 업무 경감을 실천하였습니다. 또한, 전문적학습공동체 공동수업 연구를 '수업포럼'으로 이름 짓고 월 2회 운영하여 수업에 대한 깊이 있는 성찰의 시간으로 만들기 위해 노력하였습니다.

2) 전문적학습공동체 운영

차시	일정	영역	활동내용	시간
1	4.3.(수)14:00~16:00	주제탐구	학교교육의 이해와 방향	2
2	4.10.(수)14:00~16:00	주제탐구	교·수·평 일체화 이해	2
3	4.17.(수)14:00~16:00	공동연구	놀이수업의 실제(1)	2
4	5.1.(수)14:00~16:00	주제탐구	참여와 소통의 자치공동체(토론)	2
5	5.15.(수)14:00~16:00	주제탐구	창의적 교육과정 운영(토론)	2
6	6.5.(수)15:00~16:00	공동연구	공개수업 사전협의	1
7	6.12.(수)13:00~14:00	공동실천	학생중심 공개수업	1
8	6.12.(수)15:00~16:00	공동실천	공개수업 반성 및 나눔	1
9	6.26.(수)14:00~16:00	연구결과공유	1차 컨퍼런스데이 운영	2
10	9.4.(수)14:00~16:00	주제탐구	존중과 배려의 생활공동체(토론)	2
11	9.18.(수)15:00~16:00	공동연구	공개수업 사전협의	1
12	9.25.(수)13:00~14:00	공동실천	학생중심 공개수업	1
13	9.25.(수)15:00~16:00	공동실천	공개수업 반성 및 나눔	1
14	10.2.(수)14:00~16:00	주제탐구	함께 성장하는 전문적학습공동체(토론)	2
15	10.16.(수)15:00~16:00	공동연구	공개수업 사전협의	1
16	10.23.(수)13:00~14:00	공동실천	학생중심 공개수업	1
17	10.23.(수)15:00~16:00	공동실천	공개수업 반성 및 나눔	1
18	11.6.(수)14:00~16:00	전문가초빙 연수	놀이수업의 실제(2)	2
19	11.20.(수)14:00~17:00	연구결과공유	2차 컨퍼런스데이 운영	3
연수시간 계				30

B 학교는 학교 교육의 이해를 위한 주제 탐구 활동을 연중에 걸쳐 지속적으로 계획하여 총 14시간을 실천하였습니다. 또한 주제 탐구가 보다 깊이 있는 논의가 될 수 있도록 독서 토론회와 연계하여 협의와 토론 활동을 중심으로 주제 탐구 과정을 계획하고 실천하였습

니다. 이처럼 전문적학습공동체를 운영할 때 구성원들과 주제 탐구 과정을 강화하여 운영하는 경우, 공동의 문제와 필요성을 인식하고 구성원들과 탐구할 수 있어 공동연구 및 공동실천 과정에서 공통의 주제 의식을 강하게 형성할 수 있습니다.

그리고 B 학교는 '수업포럼'이라 명명한 공동연구 · 실천 과정을 편성하여 1년 동안 총 3회에 걸쳐 사전 공동수업 구상 및 수업 후 협의를 진행하여 교과 간, 학년 간 소통과 교류가 활발히 이루어지도록 하였습니다. 또한, 학기당 1회씩 연구결과를 공유할 수 있는 컨퍼런스 데이를 운영하여 한 학기의 공동연구 및 공동실천을 전 학년과 함께 공유하였습니다.

3) 운영의 시사점

B 학교는 학교 단위 전문적학습공동체를 구성하여 운영하였습니다. 또한, 전문적학습공 동체 정착을 위해 교직원 워크숍을 실시하고, 포스트잇 활용 업무 빼내기를 통해 학교의 교육활동 및 업무들을 함께 점검하면서 구성원들의 민주적인 의사결정에 따라 비본질적인 활동과 업무를 축소하고 학습조직으로 거듭나기 위해 실질적으로 노력해나갔다는 점이 특징입니다.

B 학교의 사례처럼 소규모 학교에서 불필요한 업무를 축소하고 민주적 협의 문화 아래 전문적학습공동체 활동이 이루어지는 경우 공동의 연구와 협력 활동이 중요하다는 것을 구성원들이 인식하여 일상적으로 교실을 개방하고 함께 모여 연구하는 분위기가 조성될 수 있어 구성원들과 학교가 함께 성장하는 데 도움이 될 수 있습니다.

나. C 학교 – 학년군 단위 전문적학습공동체 운영 사례

1) 운영 개요

학습공동체명	리더십 함양/ 프로젝트 수업/ 5.6학년군 전문적학습공동체(총 3팀)		
연수 주제	주제 통합 프로젝트 수업으로 교육과정 운영의 내실화 아이의 마음을 움직이는 대화로 교사 리더십 향양 5.6학년군 협의와 성찰을 통한 교육과정 내실화		
연수 기간	2019. 3. 25.~2019. 12. 6.	연수 시간	30/46/30(시간)
연수 대상	신규교사 및 멘토교사, 희망교사/ 1.2학년군교사/ 5,6학년군교사	연수 인원	7/11/6 전체(23명)

연수 주제	주제 통합 프로젝트 수업을 통한 교육과정 운영의 내실화		
연수 장소	1,2학년군 연구실	연수 기간	2019.3.25.~2019.12.6
연수 종별	직무연수	연수 시간	30시간
연수 대상	1,2학년군 교사	연수 인원	7명
연수 목적	· 학생 수준에 맞는 프로젝트 수업으로 교육과정 내실화 및 수업 전문성 신장 · 주제중심 통합 프로젝트 운영으로 학생의 행복한 배움 실현 . 자율장학과 연계함		

연수 주제	아이의 마음을 움직이는 대화로 교사 리더십 함양		
연수 장소	수석실	연수 기간	2019.3.25.~2019.12.6
연수 종별	직무연수	연수 시간	46시간
연수 대상	신규교사 및 멘토교사, 3-,4학년군교사	연수 인원	11명
연수 목적	· 아이들의 마음을 움직이는 대화법 실행학습으로 교사의 리더십 함양 · 아이를 이해하는 방법을 교사가 몸으로 익히고, 아이에게 맞는 교육방법을 스스로 찾아 나가는 과정을 통하여 교사 자신의 성장과 발전을 도모, 이를 통해 생활지도 및 수업지도에 관한 교사 역량 강화 방법 모색 · 학교 수업 협의회의 내용과 형식을 실제적이고 교육적인 의미가 있도록 개선 ※ 신규교사의 교직에 대한 적응력과 전문성을 높이기 위해 자율장학(멘토링 장학)과 연계 운영.		

연수 주제	5,6학년군 협의와 성찰을 통한 교육과정 내실화		
연수 장소	학년군 연구실 등	연수 기간	2019.3.25.~2019.12.6
연수 종별	직무연수	연수 시간	30시간
연수 대상	5-6 학년군 교사	연수 인원	6명
연수 목적	·5.6학년군 교육과정 협의와 성찰을 통한 교사 역량 신장을 도모함. ·자율장학, 교육연극, 온작품 읽기, 진로프로젝트 등과 연계함		

C 학교는 17학급으로 소규모 학교입니다. C 학교는 총 3가지의 전문적학습공동체를 조직하기로 하고 신규교사 및 멘토교사 공동체와 1,2학년군 교사, 5,6학년군 교사 공동체를 조직하였습니다. 신규 교사의 교직에 대한 적응과 전문성을 함양하기 위해 신규교사 멘토링 및 자율장학과 연계할 수 있는 전문적학습공동체를 조직하였으며 학교 교육과정 속

에서 함께 수업을 고민하며 체험하고 연구하며, 컨퍼런스 데이를 통해 각 공동체별 연구 결과를 나누는 시간을 운영한 점이 인상 깊은 전문적학습공동체입니다.

C 학교는 구성원들의 자발적인 참여를 위해 전년도 교육과정 워크샵에서 전년도의 공동체 운영사례를 검토하고, 2월 전입 교사 및 전체 교사 워크숍을 통해 전문적학습공동체 워크숍을 운영하였습니다.

3개의 공동체 중에서 3, 4학년군 전문적학습공동체인 리더십 함양 전문적학습공동체의 운영 계획서를 통해 C학교의 운영 사례를 살펴보겠습니다.

리더십 함양 공동체는 3-4학년군 교사 11명으로 이루어져 있으며, 아이들의 마음을 이해하고 아이들의 마음을 움직이는 대화법을 연구하고 실천하며 아이들에게 맞는 교육방법 연구를 통해 생활지도와 수업 지도에 대한 교사 역량 강화를 위해 '아이의 마음을 움직이는 대화로 교사 리더십 함양'을 연수 주제로 결정하였습니다.

2) 전문적학습공동체 운영

차시	일시	영역	활동내용	시간
1	4.3.(수)	주제탐구(공통과정)	전문적학습공동체와 학교 교육과정	2
2	4.11.(목)	주제탐구	교사 리더쉽 함양 대화법 멘토링	2
3	4.17.(수)	주제탐구	학부모 공개 수업 지도안 작성 멘토링	2
4	4.29.(월)	주제탐구	선진지 견학(○○ 중앙도서관)	2
5	5.8.(수)	공동연구	학년 프로젝트 재구성 (학년군별)	2
6	5.13.(월)	공동실천(공통과정)	학교안 다모임 협의(학교내 현안 문제 협의)	2
7	5.15.(수)	공동실천	선진지 견학(타샤의 정원)	2
8	5.22.(수)	공동연구	동료장학 수업공개 공통수업안 작성 (수석교사와 수업협의)	2
9	6.5(수)	주제탐구	교사 리더쉽 관련 도서 질문·대화·토의	2
10	6.12.(수)	공동실천	학년군별 수업 나눔	2
11	6.19.(수)	공동실천	수업 성찰 나눔 협의회	2
12	7.3.(수)	공동연구	교사 리더쉽 관련 도서 질문·대화·토의	2
13	7.17.(수)	연구결과공유(공통과정)	1학기 교육과정 운영 결과 및 2학기 교육과정 운영 협의(컨퍼런스 데이)	2
14	8.28(수)	공동연구(공통과정)	2학기 학년 프로젝트 융합 재구성 계획 수립	2
15	9.4(수)	주제탐구(공통과정)	멘토링 장학<아이 눈으로 수업보기> 수업 참관	2
16	9.11.(수)	공동연구	다문화 협력 수업 협의	2
17	9.25(수)	공동실천(공통과정)	교육활동 공개의 날 공동 수업안 작성	2
18	10.16.(수)	공동실천	견학(한국학 중앙연구소)말레이시아 교사와 함께	2
19	10.23.(수)	공동실천	견학 및 체험(○○천 생태이야기관)말레이시아 교사와 함께	2
20	11.6(수)	공동실천(공통과정)	교육활동 공개의 날 수업나눔협의회	2
21	11.13.(수)	공동실천	멘토링 장학<아이 눈으로 수업보기> 수업성찰 나눔협의	2
22	11.27(수)	공동실천(공통과정)	학교 공동체 대 토론회	2
23	12.4(수)	연구결과공유(공통과정)	성과 나눔 컨퍼런스데이	2
			연수시간 계	46

C 학교는 3개의 공동체를 조직하고 연수과정을 공통과정과 공동체별 주제 연수 과정
으로 구성한 점이 특징입니다. 소규모 학교의 특성을 살려 학교 비전, 학교 행사와 관련 있
는 교육활동을 공통과정으로 편성하였습니다. 이를 통해 학교 구성원이 학교 교육과정이
라는 공동의 목표를 인식할 수 있도록 하였습니다. 이처럼 학교 안에서 여러 개의 전문적

학습공동체를 운영하는 경우, 개별 공동체의 주제 의식과 함께 학교 공동의 주제 의식을 함께 나눌 수 있는 주제 탐구 과정이 포함되면 각각의 공동체가 학교 교육과정의 목표와 일치하는 연구 방향을 설정하여 공동연구 및 공동실천을 할 수 있습니다.

리더십 함양 공동체는 공동체 연구과정으로 리더십 함양을 위해 1학기에는 리더십 관련 연수 및 독서활동 및 토론을 진행하였고, 2학기에는 <아이 눈으로 수업보기> 수업을 참관한 후 수업성찰 나눔을 진행하였습니다.

특히 주제 탐구 과정 중 리더십 관련한 같은 책을 읽고 독서토론을 진행한 활동의 경우, 교사의 리더십을 함양하고 다양한 생각을 수용하는 다양성을 키워 전문성을 신장하는 효과가 있습니다. 이렇게 향상된 교사의 리더십을 수업에 적용하며 학생들이 재미있게 참여하는 의미있는 수업을 실천할 수 있는 긍정적인 면도 찾아볼 수 있습니다.

그리고 리더십 함양 공동체는 학부모 공개수업, 동료장학 공개수업, 교육활동 성과 나눔 공개수업으로 총 3회에 걸쳐 함께 공개 수업을 실천하였으며 이 과정에서 수업 전·중·후 협의를 통해 공동연구 및 공동실천을 진행하였습니다. 그리고 학기당 컨퍼런스 데이를 개최하여 3개 팀의 공동연구 및 공동실천 결과를 공유하였습니다.

3) 운영의 시사점

C 학교는 17학급의 특성을 살려 경력별, 학년군 별로 3개 팀을 구성하였습니다. 이러한 점은 학습공동체가 내실있게 운영될 수 있고, 구성원의 자발적인 참여를 유도할 수 있습니다. 특히 학년군별로 조직된 공동체의 경우 학년 교육과정의 목표와 부합하는 전문적 학습공동체 활동을 운영할 수 있는 높은 자율성을 가지고 있어 교육과정 운영에 실질적인 도움이 되는 방향으로 공동체를 운영할 수 있을 것입니다.

C 학교의 전문적학습공동체 운영에서 특히 주목할 점은 리더를 정하지 않고 구성원 모두가 협력적 리더가 되도록 진행하였다는 점입니다. 앞서 이야기한 첫 번째 사례에서와 같이 공동체에서 리더의 역할이 중요하지만, 전문적학습공동체의 목표는 결국 모두가 함께 자발적이고 협력적인 리더가 되어 함께 전문적학습공동체를 이끌어나가는 것입니 다. C 학교의 경우처럼 모두가 협력적 리더로서 활동한다면 구성원들이 지금의 공동체 활동뿐만 아니라 이후의 공동체 활동 역시 주도적으로 운영할 수 있는 역량을 기를 수 있습니다.

C 학교는 교육과정 협의회를 통한 학교의 교육 비전·목표의 공유와 컨퍼런스 데이를 통한 평가 및 공유 과정이 체계적으로 운영되었습니다. 또한 이러한 과정들이 차기년도 전문적학습공동체 운영을 위한 검토자료로써 활용되어 효율적인 전문적학습공동체 운영을 할 수 있었습니다.

또한, C 학교의 전문적학습공동체는 수업 공개, 교육활동 공개의 날 등 학교 행사들을 전문적학습공동체와 연계하여 교육과정 운영의 질을 높일 수 있었습니다. 이처럼 전문적학습공동체 운영을 교육과정과 밀접하게 연계하여 운영한다면 그만큼 구성원들의 추가적인 부담을 줄이고 내실 있는 공동체를 운영할 수 있을 것입니다.

제10장 전문적학습공동체 우수사례 2~3개 (테마형 중규모학교)

1.
편성 학급수에 따른 학교 규모의 정의와 분류

학교 규모를 나눈다면 어느 정도를 소규모 학교라고 할 수 있을까요? 이러한 기준은 기존 연구마다 학급 수에 따라 또는 학생 인원에 따라 분류를 하며 조금씩 차이가 있습니다. 기존의 연구와 실제 현장에서 교사들이 체감하는 적정규모 학교의 수는 18~30학급으로 정의를 내릴 수 있습니다. 1개 학년에 3~5학급으로 편성이 됩니다. 그렇다면 적정규모 학교의 특징은 어떤 점이 있을까요? 적정규모 학교의 특징과 전문적학습공동체 구성 방법을 보겠습니다.

2.
적정규모 학교의 특징과
전문적학습공동체 구성 방법

1. 적정규모 학교의 특징

가. 교사의 학교 업무 부담 감소

학교는 규모와 상관없이 모두 같은 업무를 소화해야 합니다. 같은 양의 업무를 학교 교원의 인원수에 따라 나누게 됩니다. 따라서 소규모 학교 교사 업무 비중이 그 이상 규모의 학교 교사 업무 비중보다 높을 수밖에 없습니다. 예를 들어 30개 분야의 업무가 있다고 가정하면 소규모 학교 교사 6명은 각각 5개의 업무를 맡아야 합니다. 반면에 30명의 교사가 있는 학교에서는 각각 1개의 업무를 맡으면 됩니다. 절대적인 업무량이 감소하게 됩니다. 업무 부담에 대한 감소는 정규 수업 시간이 끝나고 난 뒤의 시간을 유연하게 사용할 수 있습니다. 이를 전문적학습공동체 구성의 시각에서 바라보면 교사들이 전문적학습공동체를 만들어 활동할 수 있는 시간 확보가 된다고 볼 수 있습니다.

나. 학교 구성원의 유대감 증가

앞에서 18~30학급이 적정규모 학교라고 설명하였습니다. 적정규모 학교에 배치되는 교사의 수를 환산하여보면 대략 22명에서 36명까지 가능합니다. 대규모 학교에서는 많게는 100명이 넘는 교직원이 학교에서 근무합니다. 따라서 구성원의 유대감이 상대적으로 약하며, 학년 간의 교류보다는 학년 내의 교류가 이루어집니다. 반면에 적정규모 학교 구성원은 말 그대로 적정 인원이 모여 있어 교사 간의 교류도 대규모 학교와 비교해 상대적으로 많습니다. 따라서 학교 구성원 대부분이 교류하고 서로 소통할 기회가 많습니다. 이는 학년별 전문적 학습공동체 운영뿐만 아니라 주제별 전문적학습공동체를 운영하기에도 심리적인 부담이 적게 느껴집니다. 따라서 개별 학교 특색에 맞게 다양한 형태의 전문적학습공동체를 만들 수 있습니다.

다. 다양한 교육 프로그램 운영 가능

학교에서 교육 프로그램을 계획하면 학생 수라는 절대적인 기준에 진행할 수 없는 프로그램이 있습니다. 학급이나 학생 수가 적으면 체육대회, 학습 발표회 등이 간소화되거나 하지 못하는 경우가 있으며 대규모 학교의 경우 시간적, 공간적 제약으로 인해 모든 학생이 교육 프로그램에 참여할 수 없는 일이 생기기도 합니다. 반면에 적정규모 학교의 경우에서는 소규모 학교의 장점과 대규모 학교의 장점을 모두 취할 수 있습니다. 전교생이 참여할 수 있는 프로그램을 운영할 수도 있으며, 입학에서부터 졸업까지 만나는 친구들이 다양합니다. 전담 교사가 4명 이상 배치되어 보다 전문적인 교육과정 운영이 가능하며, 전담 시간 확보를 통해 담임 교사 수업시수가 감소하게 됩니다. 담임 교사의 수업시수 감소는 수업 준비에 대한 부담감을 덜어줄 뿐만 아니라 수업 준비 시간을 늘려 양질의 수업을 만들 수 있습니다.

2. 전문적학습공동체 구성 방법

앞에서 적정규모 학교의 특징을 확인하였습니다. 다음으로 적정규모 학교의 전문적학습공동체 구성 방법입니다. 적정규모 학교에서 가장 일반적으로 전문적학습공동체를 구성하는 방법으로는 학년(군) 공동체로 구성하는 방법과 주제형 공동체를 구성하는 방법이 있습니다.

가. 학년교육형 공동체 구성하기

적정규모 학교는 한 학년당 3~5학급으로 구성되어 있습니다. 따라서 학년 교육형 공동체로 구성을 하게 되면 교과전담 교사와 비교과 교사를 포함하여 한 공동체당 4명에서 7명으로 구성할 수 있습니다. 또한 적정규모 학교 중에서 학급수가 비교적 적은 18~21학급 같은 경우에는 1~2학년, 3~4학년, 5~6학년을 학년 군으로 묶어서 3개의 공동체를 구성하기도 합니다. 학년 교육형 공동체를 구성하면 전문적학습공동체에서 공감대를 형성하기 쉽고, 주제 중심 교육과정 재구성과 수업 나눔, 성찰에 효과적입니다. 다만 이처럼 학년 교육형 공동체를 구성할 때는 친목을 목적으로 하는 학년 모임과 구분할 필요가 있습니다. 학년 교육형 전문적학습공동체는 학년의 교육활동을 중심으로 교육과정, 수업, 평가, 생활교육 등에 대한 학습과 정보를 공유하는 공동체이기 때문입니다.

나. 주제형 공동체 구성하기

또 다른 공동체 구성 방법으로는 주제형 공동체를 구성하는 것입니다. 주제형 공동체란 교육과 관련된 동일한 관한 주제를 중심으로 함께 학습, 실천, 공유하는 학교 문화를 만드는 공동체를 말합니다. 이러한 주제로는 독서 및 글쓰기교육, 토론, 교육혁신, 예술·감성교육, 기술·정보교육, 진로교육, 민주시민교육 등이 있습니다. 이러한 주제형 공동체를 구성할 때에는 공통된 주제를 어떻게 설정하는지가 중요합니다. 학년말 또는 학년초에 진행하는 학교 교육과정 워크숍에서 논의한 주제를 바탕으로 공동체 구성원이 마음을 서로 열어가며 주제를 결정한다면 많은 사람들의 자발적인 참여를 이끌어 낼 수 있을 것입니다.

공동체의 주제를 정하였다면 주제탐구시간을 통해 각 학년에서 어떠한 실행연구를 진행할지 교육과정을 분석하고 재구성합니다. 이 과정에서 주제와 관련된 특강이나 외부 초청 강연을 진행하여 교사의 역량을 강화할 수 있습니다. 학년별로 정해진 날짜에 모여 공동 연구를 진행한 후 돌아가며 수업에 적용하고 성찰하는 공동실천을 진행하게 되는데 일반적으로 한 학기에 2~3번의 공동수업을 진행할 수 있습니다. 이러한 연구 및 실천 결과를 다른 학년과 공유하는 컨퍼런스를 학기말, 학년말에 진행하며 연구 결과를 공유하는 시간을 가지며 주제형 공동체를 운영합니다.

주제형 공동체는 학교 단위로 공통의 주제를 정하여 학교의 비전을 함께 달성할 수 있는 장점이 있습니다. 이를 위해서는 학교 구성원이 비전을 함께 세우고 공유하는 노력이 필요하며 학년별로 교육과정 재구성에 있어 일회성 행사가 아니라 체계적으로 이루어질 수 있도록 교사의 협의과 지속적인 연구가 필요합니다.

3.
적정규모 학교의 전문적학습공동체
실제 운영 사례

소규모 학교의 전문적 학습공동체 실제 운영사례와 마찬가지로 적정규모 학교의 전문적학습공동체 실제 운영사례는 2019학년도 경기도 내 교육지원청별 단위학교에서 운영한 학교 안 전문적학습공동체의 일반적인 실천사례이며, 모범적인 기준으로 제시하는 우수 운영사례가 아님을 알려드립니다.[06]

1. A 학교 사례

가. 운영 개요

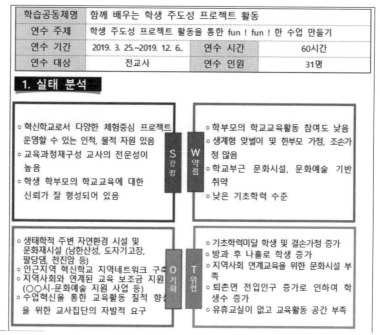

학습공동체명	함께 배우는 학생 주도성 프로젝트 활동		
연수 주제	학생 주도성 프로젝트 활동을 통한 fun ! fun ! 한 수업 만들기		
연수 기간	2019. 3. 25.~2019. 12. 6.	연수 시간	60시간
연수 대상	전교사	연수 인원	31명

1. 실태 분석

S 강점
- 혁신학교로서 다양한 체험중심 프로젝트 운영할 수 있는 인적, 물적 자원 있음
- 교육과정재구성 교사의 전문성이 높음
- 학생 학부모의 학교교육에 대한 신뢰가 잘 형성되어 있음

W 약점
- 학부모의 학교교육활동 참여도 낮음
- 생계형 맞벌이 및 한부모 가정, 조손가정 많음
- 학교부근 문화시설, 문화예술 기반 취약
- 낮은 기초학력 수준

O 기회
- 생태학적 주변 자연환경 시설 및 문화재시설 (남한산성, 도자기고장, 팔당댐, 천진암 등)
- 인근지역 혁신학교 지역네트워크 구축
- 지역사회와 연계된 교육 보조금 지원 (○○시-문화예술 지원 사업 등)
- 수업혁신을 통한 교육활동 질적 향상을 위한 교사집단의 자발적 요구

T 위협
- 기초학력미달 학생 및 결손가정 증가
- 방과 후 나홀로 학생 증가
- 지역사회 연계교육을 위한 문화시설 부족
- 퇴촌면 전입인구 증가로 인하여 학생수 증가
- 유휴교실이 없고 교육활동 공간 부족

---

06 2019 학교 안 전문적학습공동체 운영사례집, 경기도교육청, 2020.01.

2. 추진 방향

1) 교육과정 재구성을 통해 자기 주도적, 협력적 문제 해결 역량을 기를 수 있는 학생 중심 주제 통합 프로젝트를 계획 및 운영한다.
2) 학생의 경험과 흥미를 반영한 체험중심, 실천중심의 주제통합 교육과정을 운영한다.
3) 학생의 실제 삶과 연계된 교육과정 재구성을 운영한다.
4) 학부모 및 지역사회의 다양한 문제에 관심을 갖고, 해결을 위해 계획부터 실행까지 스스로 수행할 수 있는 기회를 제공한다.

적정규모 학교의 전문적학습공동체 첫 번째 운영 사례입니다. A 학교는 31명의 교사가 함께 참여하는 주제형 전문적학습공동체를 구성하였습니다. A 학교의 연수 주제는 학생 주도성 프로젝트이며 주제 중심 수업을 학생의 삶과 연계된 교육과정 재구성을 통해 학생이 주도적으로 배움활동에 참여하는 것을 목표로 전문적학습공동체를 운영하였습니다.

나. 전문적학습공동체 운영 계획서

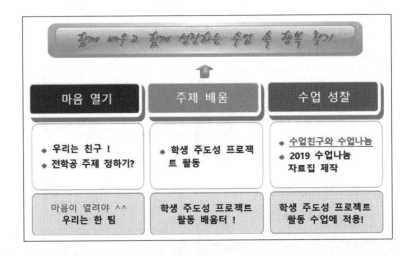

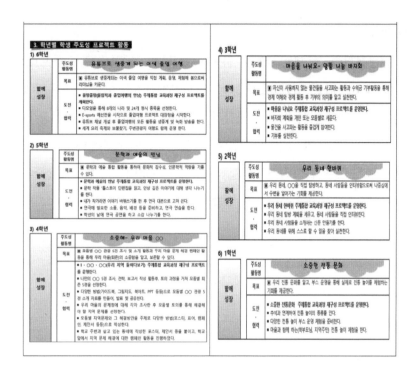

A 학교 전문적학습공동체는 마음 열기, 주제 배움, 수업 성찰의 과정으로 운영하였습니다. 마음 열기에서는 전체 모임과 소모임을 통해 마음을 열고 전문적학습공동체 주제를 정하였습니다. 주제 배움에서는 학생 주도성 프로젝트를 학년 소모임에서 교육과정을 재구성하며 어떻게 적용할 것인지 탐구하는 시간입니다. 여기에서 결정한 학생 주도성 프로젝트를 학년 교육과정에 반영하여 수업 나눔과 수업 성찰을 거쳐 학생 주도성 프로젝트를 학년별로 진행하였습니다. 학년별로 진행한 학생 주도성 프로젝트 활동은 6학년 '유튜브로 생중계 되는 이색 졸업 여행', 5학년 '문학과 예술의 만남', 4학년 '소중해~ 우리 마을 OO', 3학년 '마음을 나눠요~ 알뜰 나눔 바자회', 2학년 '우리 동네 한바퀴', 1학년 '소중한 전통 문화'입니다.

다. 적용할 점

A 학교 전문적학습공동체는 주제형 공동체로 구성하여 '학생 주도성 프로젝트'를 주제로 학년별 학생 주도성 프로젝트 활동을 진행하였습니다. A 학교 공동체에서 적용할 수 있는 점은 전문적학습공동체를 운영하기 위해 학년 초 마음 열기 활동을 진행하여 공동체 구성원이 연수 주제에 대해 관심 있게 생각할 수 있게 한 것이 많은 교사의 자발적인 참여를 끌어냈다고 생각합니다. 또한 지역사회와 연계하여 학생이 주도성을 함양할 수 있도록 교육과정을 재구성한 점이 의미 있습니다.

2. B 학교 사례

가. 운영 개요

학습공동체명	○○초 학년별 전문적 학습공동체		
연수 주제	2015 개정교육과정과 학년별 교육과정 이해와 나눔		
연수 기간	2019. 3. 25.~2019. 12. 6.	연수 시간	30시간 이상
연수 대상	교사	연수 인원	38명

함께 배우고 나누며 진화하는 전문적 학습공동체

필요성 및 목적

2015 개정 교육과정이 전 학년에 적용되는 2019학년도에는 전체 워크숍을 통해 학년별 필요를 반영한 주제와 활동으로 학년별 전문적 학습공동체를 운영하기로 의견을 모았다.

- 2015 개정 교육과정 문해력을 기르고 연구-실행-나눔의 학교문화를 형성한다.
- 전학년 공통으로 필요한 연수를 공통으로 계획하여 공동역량을 기른다.
- 학년별 구성원의 필요와 학년 교육과정 분석으로 필요한 역량을 기른다.

적정규모 학교의 전문적학습공동체 두 번째 운영 사례입니다. B학교는 38명의 교원이 연수에 참여하였고, 전체 워크숍을 통해 학년별 전문적학습공동체를 운영하기로 결정하였습니다. 앞서 말씀드린 것처럼 이렇게 공동체를 구성하는 방법은 '학년교육형 공동체' 입니다. 학년별 전문적학습공동체를 운영하지만 전학년 공통으로 필요한 연수를 기획하여 운영하는 점이 눈에 띕니다. 이렇게 학년별로 운영하여도 모든 공동체가 함께 모이는 연수 시간을 운영할 수 있습니다.

나. 전문적학습공동체 세부 추진 내용

▌ 방법 및 절차

가. 전문적 학습공동체의 방향과 구성 결정

2월 교육과정을 계획하면서 전체 구성원의 협의를 통해 학년별 전문적 학습공동체로 구성하되 공통과정으로 학생생활지도 역량 강화 연수(8차시)와 전체 나눔의 날(2차시)을 포함하기로 결정하였다.

나. 학년별 주제 설정 및 계획수립

2015 개정 교육과정에 대한 이해와 실천을 기반으로 구성원의 필요와 학년 교육과정에서 필요한 교사 역량을 추출하여 학년별 주제를 설정하고 그에 따른 세부 계획을 수립하였다. 학년별 주제는 다음과 같다.
- -1학년: 주제 중심 창의적 교육과정 나누기
- -2학년: 감성과 인성교육 향상을 위한 기초 소양 교육
- -3학년: 2015 개정 교육과정과 3학년 교과교육 프로젝트 연구
- -5학년: 2015 개정 교육과정과 5학년 교과교육 프로젝트 연구
- -6학년: SW 교육 활성화를 위한 학습공동체

다. 공동체별 공동연구, 공동실천

학년별 공동체 연수는 월 1회 이상, 총 30시간 이상으로 계획하였다. 1학기에는 공통연수인 생활지도 역량 강화 연수(8차시)와 학부모 공개수업을 중심으로 한 학년별 공동지도안 작성 및 나눔을, 2학기에는 학년별 주제에 따른 수업 나눔을 1회 이상 포함하여 운영하였다.

라. ○○초 전문적학습공동체 나눔의 날 운영(2019.12.06.)

학년별 공동체별로 1학기 활동 나눔을 통해 활동을 정리하였으며, 2학기에는 전체 공동체 나눔의 날을 운영할 예정이다. 전체 나눔의 날은 3년째 해마다 다른 방법으로 운영되고 있으며, 올해에는 학년별 전학공 연수 결과를 작은 강의로 나눌 예정이다.

B 학교 전문적학습공동체는 총 6개 학년별로 구성되었으며 각각의 주제는 다음과 같습니다. 1학년 '주제 중심 창의적 교육과정 나누기', 2학년 '감성과 인성교육 향상을 위한 기초 소양 교육', 3학년 '2015 개정 교육과정과 3학년 교과교육 프로젝트 연구', 5학년 '2015 개정 교육과정과 5학년 교과교육 프로젝트 연구', 6학년 'SW 교육 활성화를 위한 학습공동체'입니다. B 학교는 1학기에는 공통연수로 생활 지도 역량 강화 연수를 8차시 운영하고 학부모 공개수업을 위한 학년별 공동 수업 지도안 작성 및 나눔 활동을 진행 하였고, 2학기에는 학년별 주제에 따른 수업 나눔을 진행하였습니다. 1학기에는 학년 공동체별로 활동 나눔을 하였고, 2학기에는 전체 공동체 나눔의 날을 운영하였습니다. 학년별로 진행한 학습공동체 연수 내용은 다음과 같습니다.

다. 적용할 점

B 학교 전문적학습공동체는 학년 교육형 공동체로 구성하여 학년별 필요를 반영한 주제와 활동을 진행하였습니다. B 학교 전문적학습공동체에서 눈 여겨볼 점은 전 학년 공통으로 필요한 생활 지도 역량 강화 연수를 8차시 운영하여 공동역량을 기른 점입니다. 공동체 구성원의 논의를 거쳐 학기 초에 필요한 연수 주제를 선정하여 공통과정으로 운영한다면 많은 구성원에게 도움이 될 것입니다. 또 다른 점은 학년 교육형 공동체의 취지를 살려 월 1회 이상 정기적인 학습과 수업 나눔 시간을 공식적으로 계획하여 학년 협의체가 의미 있는 내용을 채워질 수 있었다는 점입니다. 이러한 분위기가 학교 전체로 확산하여 학년별 전문적학습공동체의 운영 계획을 존중하며 학교 행사 일정을 수립하는 학교 문화가 조성될 수 있습니다.

III 연수 내용 및 교육과정 편성

1학년	주제 중심 창의적 교육과정 나누기
▶주제탐구활동 <뮤직비디오제작> <공판화 표현>	→여름 주제탐구활동 -여름 통합교과 교육과정연구 -에너지 절약 관련 뮤직비디오제작 방법에 대해 공유 -음악 감상 후 물감으로 공판화 표현-> 1학년 학생 수준에 맞는 활동내용으로 표현방법 나누기
▶공동지도안 작성 및 수업 나눔 활동	-1학년 수준의 교육 활동 탐색 -교육과정 분석 후 관련 그림책 수집 및 자료 제작 -학생 수준의 다양한 활동 나눔, 지도안 작성 -수업 후 학생들의 반응 및 평가 및 피드백 공유
2학년	감성과 인성교육 향상을 위한 기초 소양 교육
▶미술 공예 활동을 통한 감성 체험 활동	→ OOO 미술관에서 감상 체험학습의 방법 연구 → 금속 공예의 제작 체험을 통해 교과에서 찾을 수 있는 교육방법 연구 (대체 재료 및 교육방법 연구)
▶한옥의 미술학적 탐구 및 고미술품 감상 방법 연구	→ '대목수'의 작업장을 찾다 : 대목수의 작업장을 견학하며 한옥에 숨겨진 동양의 선과 자연과의 조화를 경험함. 우리나라의 건축물을 소개하는 저학년 교육자료 제작 방법 연구 → 고미술품 감상 : 유럽의 고미술품 감상을 통해 미술품의 발전 영역과 모습을 확인함. 저학년 학생들에게 고미술품의 아름다움을 소개할 자료 개발 연구.
3학년	2015 개정 교육과정과 3학년 교과교육 프로젝트 연구
▶OOO 수학체험	→3학년 2학기 OOO 수학체험학습 체험을 통한 활동내용 선정 및 답사 활동 -OOO의 구조와 소요시간 확인을 통한 동선 계획 -OOO 내 다양한 학습장소 및 학습 내용 탐색
▶SW 교육 프로젝트	→3학년 수준의 SW 교육 활동 연구 -인터넷 윤리교육 교재 탐색 -언플러그드 코딩 활동(코드 앤 고 로봇 마우스, 레츠고 코드) 체험, 학습 차시 계획 -외부 강사 SW 교육을 통한 오조봇 체험학습
5학년	2015 개정 교육과정과 5학년 교과교육 프로젝트 연구
▶디지털 교과서 활용	→외부 강사 연수를 통한 디지털 교과서 활용방안 연구 -EBS 이솝사이트 활용방법 및 디지털 교과서 개발 방향 -출판사별 교사용 '수업방' 활용방안 안내 -학년별 디지털 교과서 활용방안 공유
▶발명과 SW 교육의 이해	→발명과 SW 연계 교육 활동 사례 공유 및 지도방법 연구 -발명의 아이디어 발상 기법 -언플러그드 활동체험, 학습 차시 계획 -SW 교육을 통한 오조봇 체험학습
6학년	SW 교육 활성화를 위한 학교 안 전문적 학습공동체
▶SW 교육 연수	→외부 강사 연수를 통한 디지털 교과서 활용방안 연구 - 체계적인 이론과 실천 연수를 통해 SW 교육에 관해 막연하게 가지고 있던 두려움을 없앨 수 있는 계기가 됨. - 교과와 SW를 연계한 즐거운 활동들을 직접 구상하며 유의미한 시간을 보냄.
▶SW 언플러그드 활동	→보드게임 활용 및 교과와 연계한 언플러그드 활동 연구: 교과와의 연계에 중점 - 2015 개정 교육과정 실과에서 SW 교육을 강조하는 만큼, 교사들도 실제로 엔트리와 언플러그드 활동을 체험해보고 수업 적용 방안을 연구함.

제11장 전문적학습공동체 우수사례 2~3개 (테마형 대규모학교)

1.
대규모 학교의 정의

한국교육개발원 교육통계연구센터[06]에 따르면 2021년 4월 1일 기준 편성된 전국의 초등학교당 평균 학급수는 약 20학급입니다. 이호진(2008)에 따르면 적정 학교규모 혹은 적정학급수 기준은 일반적으로 18학급~30학급 내외로 규정합니다. 그 이하 혹은 이상이 될 경우 소규모 학교와 대규모 학교로 지칭하는것이 일반적입니다. 이러한 자료를 바탕으로 본 내용에서는 18~30학급 학교를 적정규모 학교로 정의하며, 17학급 이하로 편성된 학교를 소규모 학교, 31학급 이상 편성된 학교를 대규모 학교로 정의하였습니다.

2.
대규모 학교의 특징과
전문적학습공동체 구성 방법

1. 대규모 학교의 특징

가. 교사의 행정업무 부담 경감

대규모 학교는 31학급 이상으로 편성되어 있어 소규모 학교나 적정규모 학교에 비해 많은 수의 교사가 있습니다. 학교의 특성상 교사가 한 학교의 행정업무를 1/N로 나누어 맡고 있는 형태로 운영되기 때문에 대규모 학교에서는 소규모 학교나 적정규모 학교에 비해 교사 1인당 행정업무 부담이 덜하게 됩니다. 이는 교사의 행정업무 처리로 인한 시간과 에너지를 수업 준비, 프로젝트 학습 운영 등과 같은 학생들의 교육활동에 투입할 수 있게 하여 양질의 교육과정이 운영될 수 있는 환경을 마련해 줍니다.

---

06   한국교육개발원 교육통계서비스, 2021.4.1. 자료

나. 다양한 형태의 교육과정 운영 가능

대규모 학교에서는 한 학년에 5~6학급 이상으로 편성되어 있어 학급 자체 교육과정 운영 뿐 아니라 학급 간 연계를 통한 학년 교육과정 운영 등 다양한 형태의 교육과정 운영이 가능합니다.

또한 소규모 학교에서는 대규모 학교에서 실시되는 여러 교육활동을 추진할 때, 소수의 인원으로 인해 원하는 형태의 프로그램 운영이 어렵거나 다수 학년을 통합 운영해야하는 경우가 있는데, 대규모 학교에서는 운동회, 현장학습, 학예발표회 등의 교육활동 운영 시 학급별, 학년별, 학교 전체 운영 등 상황에 적합한 다양한 형태로 교육활동을 진행할 수 있습니다.

2. 전문적학습공동체 구성 방법

대규모 학교에서 일반적으로 전문적학습공동체를 구성하는 방법으로는 학년교육형, 주제형, 교과형, 혼합형으로 구성하는 방법이 있습니다.

가. 학년교육형 공동체 구성하기

대규모 학교는 한 학년당 5~6학급 이상으로 구성되어 있습니다. 따라서 학년교육형 공동체로 구성을 하게 될 경우 교과전담 교사와 비교과 교사를 포함하여 한 공동체당 6~7명 이상으로 구성할 수 있습니다. 그래서 적정규모 학교에 비해 주로 학년 단위의 전문적학습공동체로 운영되는 경우가 많고, 대규모 학교 중에서 학급수가 비교적 적은 학급 같은 경우에는 1~2학년, 3~4학년, 5~6학년을 학년군으로 묶어서 3개의 공동체를 구성하기도 합니다. 학년교육형 공동체를 구성할 경우 전문적학습공동체에서 공감대를 형성하기 쉽고, 주제중심 교육과정 재구성과 수업 나눔, 성찰에 효과적입니다. 특히 학년 단위의 전문적학습공동체로 운영할 경우 학년 단위 인원만으로도 공동수업지도안 작성, 수업 나눔, 수업 성찰 등의 공동연구, 공동실천이 가능한 장점이 있습니다.

나. 주제형 공동체 구성하기

대규모 학교에서는 적정규모의 학교에서와 마찬가지로 주제형 공동체를 구성하여 운영할 수 있습니다. 적정규모 학교의 공동체 운영과 다른 점은 적정규모 학교에 비해 교사의 인원 수가 많기 때문에 보다 다양한 주제형 공동체를 구성하여 운영할 수 있습니다. 이는 교사가 원하는 주제의 공동체를 더 많이 구성할 수 있어 보다 자발적인 공동체 참여를 이끌어 낼 수 있습니다. 또한 워크숍, 컨퍼런스 등을 통해 각 공동체에서 운영한 연구 및 실천 결과를 다른 공동체와 공유하면서 다양한 주제를 경험하고, 주제에 따른 효과적인 공동체 운영방법을 배울 수 있습니다.

다. 교과형 공동체 구성하기

대규모 학교에서는 학년교육형, 주제형 공동체 이외에 교과형 공동체를 구성하여 운영할 수 있습니다. 교과형 공동체는 국어, 수학, 미술, 체육, 음악 등 교사가 관심 있는 교과를 선택하여 공동체를 구성하고 참여하는 형태입니다. 교과형 공동체에 참여하는 교사는 해당 교과의 주제탐구, 공동연구, 공동실천 등을 통해 수업 전문성을 향상할 수 있습니다. 또한 다양한 학년 공동체 구성원들과의 교과 연구를 통해 자신이 속한 학년뿐 아니라 다른 학년과의 교과 연계성, 계열성 등을 경험할 수 있습니다.

라. 혼합형 공동체 구성하기

대규모 학교는 소규모 학교나 적정규모 학교보다 많은 교사의 수를 바탕으로 학년교육형, 주제형, 교과형 등 다양한 형태의 전문적학습공동체 운영이 가능합니다. 그리고 위

세 가지 형태를 혼합한 형태의 전문적학습공동체 운영도 가능합니다. 학교에서 학년교육형, 주제형, 교과형 중 하나의 형태만 선택하여 운영하는 것이 아니라 학년교육형+주제형, 주제형+교과형, 학년교육형+주제형+교과형 등 교사의 요구와 학교의 실정에 맞게 혼합형의 형태로도 운영이 가능합니다.

3.
대규모 학교의 전문적학습공동체
실제 운영 사례

소규모 학교, 적정규모 학교의 전문적학습공동체 실제 운영 사례와 마찬가지로 대규모 학교의 전문적학습공동체 실제 운영 사례는 2019학년도 경기도 내 교육지원청별 단위 학교에서 운영한 학교 안 전문적학습공동체의 일반적인 실천사례이며, 모범적인 기준으 로 제시하는 우수 운영사례가 아님을 알려드립니다.[06]

1. A 학교 사례

가. 운영 개요

□ 운영 개요			
소속기관명	○○초등학교		
학습공동체명	○○共感TALK		
연수 주제	○○공감톡 운영으로 혁신교육 시스템 지속가능성 ON		
연수 기간	2019. 3. 25.~2019. 12. 6.	연수 시간	7개 전문적 학습공동체 담임교사 평균 52시간 전담교사 포함 평균 48시간
연수 대상	○○초 교원 44명	연수 인원	44명

○○공감톡 운영으로 혁신교육 시스템의 지속가능성 작동하기

💡 **○○공감톡이란?**
- 2013학년도부터 시작된 ○○초 전 교원 전문적 학습공동체명
- 함께 모여 ○○초가 안고 있는 교육문제와 주제에 대해 함께 고민하며 발전적인 방향을 모색하는 민주적 소통의 장
- 민주적인 ○○초 학교문화를 이끌어 가는 원동력
- ○○초 전문적 학습공동체=○○공감톡(전체 전학공)+학년 전학공

---

06 2019 학교 안 전문적학습공동체 운영사례집, 경기도교육청, 2020.01.

대규모 학교의 전문적학습공동체 첫 번째 운영 사례입니다. A 학교는 44명의 교사가 함께 참여하는 학년교육형 전문적학습공동체를 구성하였습니다. 학년 단위의 1~6학년, 전담교사로 이루어진 7개의 학년교육형 전문적학습공동체를 조직하여 <○○공감톡 운영으로 혁신교육 시스템의 지속가능성 ON>라는 주제로 학교가 안고 있는 교육문제와 주제에 대해 함께 고민하며 민주적인 학교문화를 만드는 것을 목표로 전문적학습공동체를 운영하였습니다.

나. 전문적학습공동체 세부 추진 내용

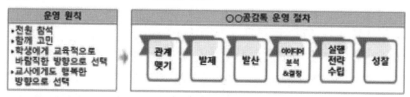

- 매월 마지막 수요일에 전 교원이 모두 모이기
- 함께 고민할 가치가 있는 교육적 주제 선정하기
- 선정된 주제는 미리 공지하여 구성원 모두 고민하며 준비하기
- 적극적인 토의·토론의 장이 되도록 ○○공감톡 디자인하기
- 학년 중심의 전문적 학습공동체 직무연수와 연계하여 운영
- ○○공감톡에서 결정된 의견은 교육과정위원회의 협의를 거쳐 정선하여 실천

연수 내용 및 교육과정 편성

영역	순	날짜	○○공감톡 주제	담당/강사
공동 사고	1	3.27 (수)	○○초 혁신 교육 8년 톺아보기 ○○초 교사가 지켜야 할 약속 정하기	전교원
	2	4.24 (수)	빛깔 있는 교육과정, 주간학습 안내에 담아내기	전교원
	3	5.29 (수)	실내놀잇감 사용설명 & 학급 사용규칙 만들기	전교원
	4	9.25 (수)	우리 학급 학급경영 아이디어 나눔 Day	전교원
	5	10.23 (수)	혁신학교 종합평가교 컨퍼런스 혁신학교 운영에도 꼭 생각해야 할 과제 - 우리 학교 학생들의 학력은 안전한가? - 학습 태도는 바람직하게 형성되었는가? - 학생들이 꼭 지켜야 할 기초·기본 생활습관과 예절, 어떻게 지원할 수 있을까?	전교원
	6	11.27 (수)	학생의 꿈과 상상력을 키우는 학교 디자인하기	전교원
공동실천 공유	1	7.10 (수)	우리 학교 1학기 교육과정 되돌아보기	전교원
	2	7.17 (수)	교육 주체별 교육과정 설문 결과에서 시사점 찾기 2학기 교육과정에 반영할 내용 알아보기	전교원
	3	12.11 (수)	우리 학교 2학기 교육과정 되돌아보기	전교원
전체 연수	1	3.20 (수)	성장중심평가의 이해와 실제	○○초 민○○
	2	4월 3, 4주	모두의 성장을 지원하는 '성장중심평가' 만들기	○○초 한○○ ○○초 김○○ ○○초 김○○
	3	5.8 (수)	교육과정 재구성으로 학생의 문화예술 감수성 터뜨리기	○○초 윤○○ 수석
	4	9.4 (수)	좋은 수업으로 이끄는 127가지 특별한 방법	서울 영○○ 김○○
	5	12.18 (수)	전 교직원 심폐소생술	한국라이프세이빙 소사이어티

제 3 부 전문적학습공동체 운영 주제별 사례

학년	학년 교육과정 주제	연간 프로젝트 수업 주제
1	다 함께 자라는 따뜻한 첫걸음 (1년 성장 프로젝트)	○ 여름 프로젝트(6~7월), 한가위 축제(9월) ◎ 전통문화 축제(11월)
2	함께할 수 있어요	○ 나는 소중해요 ○ 가족을 사랑해요 ○ 우리 마을이 궁금해요 ◎ 세계여행을 떠나요(4, 6학년 연계)
3	'삶이 있는' 프로젝트	◎ 삶이 있는 삶 「이야기 TALK! 마음 동동動!!」 ○ 삶이 있는 땅 「내 사랑 ○○」 ○ 희망이 있는 삶 「함께 사는 세상」 ○ 주제 글쓰기(연중)
4	함께하는 즐거움을 아는 우리	○ 평화로운 교실 만들기 「우리 만남은 우연이 아니야」 ○ 글쓰기 프로젝트 「와글~, 와글~, 소리 질러 운동장」 ○ 지역사회 프로젝트 「아이 러브 경기도」 ○ 독서 토론 프로젝트 「Book積」 북적~」 ◎ 환경 프로젝트 「자연과 함께」 ○ 존중 프로젝트 「우린 서로 달라요」
5	함께 배우고 나눔으로 성장해요	○ 학급 세우기 「알아가는 기쁨, 함께하는 기쁨」 ○ 독도 프로젝트 「독도는 우리 땅」 ○ 진로 프로젝트 「나를 찾아가는 드림 프로젝트」 ◎ 역사 프로젝트 「역사 속에서 나를 만나고 함께 성장해 가는 우리」 ○ 언어 프로젝트 「○○ 고운말」
6	다 함께 만들어요	○ 학급 세우기 「너+나=우리」 ○ 독서 프로젝트 「책으로 놀아요」 ◎ 세계 문화 프로젝트 「걸어서 세계 속으로」 ○ 졸업 프로젝트 「아디오스」

※ 꿈마당 어울마당 주제 프로젝트
(프로젝트 수업 발표회)

교사 전문적 학습공동체 운영	선생님들의 전문적 학습공동체 주제
	1학년 : 실내 놀이를 활용한 재미있는 학교 수업 2학년 : 우리 모두 소중해요 (평생 배움의 기초를 닦는 자존감 향상 교육 활동 연구 프로그램) 3학년 : '삶을 디자인하는 프로젝트' 연구를 통한 수업 개선과 실천적 교수학습 방법 적용 4학년 : 학생의 배움과 성장을 위한 프로젝트 수업 5학년 : 느릿느릿하지만 깊이 있는 독서 수업 6학년 : 다독다독 소통과 나눔의 협력 수업 연구 전담교사 : 협동 학습 수업 디자인으로 가르치는 일에 자신감 더하기

A 학교 전문적학습공동체는 관계 맺기, 발제, 발산, 아이디어 분석과 결정, 실행전략 수립, 성찰의 과정으로 운영하였습니다. 이를 위해 공동사고, 공동실천 공유, 전체 연수의 세 가지 영역으로 나누어 교육과정을 편성하였습니다. 공동사고 영역에서는 학생의 혁신학교 운영에 꼭 생각해야 할 과제, 학생의 꿈과 상상력을 키우는 학교 디자인하기 등과 같이 함께 고민하고 생각해 볼 주제를 선정하여 진행하였습니다. 공동실천 공유 영역에서는 교육과정 실천을 되돌아보고, 다음 교육과정에 반영할 점을 같이 공유하였습니다. 전체 연수 영역에서는 교육과정 재구성으로 학생의 문화예술 감수성 터뜨리기와 같은 교사의 전문성을 신장할 수 있는 주제로 구성하여 운영하였습니다.

이를 적용한 학년별 실천내용은 1학년 '다 함께 자라는 따뜻한 첫걸음(1년 성장 프로젝트)', 2학년 '함께할 수 있어요', 3학년 '삶이 있는 프로젝트', 4학년 '함께하는 즐거움을 아는 우리', 5학년 '함께 배우고 나눔으로 성장해요', 6학년 '다 함께 만들어요'로 학년별 주제를 선정하여 전문적학습공동체를 운영하였습니다. 1학년에서는 실내 놀이를 활용한 수업, 2학년에서는 자존감 향상 교육활동 연구 프로그램, 3학년에서는 삶을 디자인하는 프로젝트 연구를 통한 수업개선과 실천적 교수학습방법 적용, 4학년에서는 학생의 배움과 성장을 위한 프로젝트 수업, 5학년에서는 깊이 있는 독서수업, 6학년에서는 소통과 나눔의 협력수업 연구, 전담교사에서는 협동학습 수업 디자인의 내용으로 전문적학습공동체 활동을 실천하였습니다.

다. 운영의 시사점

A 학교는 <○○공감톡 운영으로 혁신교육 시스템의 지속가능성 ON>라는 주제로 학년교육형 전문적학습공동체로 구성하여 운영하였습니다. 혁신교육 시스템의 지속이라는 하나의 주제를 학년 단위의 전문적학습공동체를 기본으로 하여 실천하되, 학교의 전체 구성원이 참여할 수 있는 기회를 정기적으로 마련함으로써 본 전문적학습공동체가 추

구하고 있는 민주적인 학교문화 만들기의 목표를 달성할 수 있도록 구성하였습니다. 이는 대규모 학교에서 학교 단위의 하나의 큰 주제를 실천하고자 할 때, 학년에서 전체로의 확장을 통해 학년 단위의 전문적학습공동체 운영에서 그칠 수 있는 문제를 해결할 수 있는 방안을 제시하고 있다는 점에서 시사점을 찾을 수 있습니다.

2. B 학교 사례

가. 운영 개요

<table>
<tr><td colspan="4">☐ 운영 개요</td></tr>
<tr><td>소속기관명</td><td colspan="3">○○초등학교</td></tr>
<tr><td>학습공동체명</td><td colspan="3">통합교과과, 4학년, 5학년, 1학년 창체, 생활지도교육, SW교육 전문적 학습공동체</td></tr>
<tr><td rowspan="6">연수 주제</td><td colspan="3">통합교과과: 놀이수업 연수를 통한 재미있는 교실 활동</td></tr>
<tr><td colspan="3">4학년: 교육연극으로 살아있는 교실 만들기</td></tr>
<tr><td colspan="3">5학년: 알아두면 쓸모 있는 신기한 잡(JOB)이야기</td></tr>
<tr><td colspan="3">1학년 창체: 문화 예술 활동을 통한 행복한 감성 기르기</td></tr>
<tr><td colspan="3">생활지도교육: 회복적 생활지도</td></tr>
<tr><td colspan="3">SW교육: SW교육 활성화</td></tr>
<tr><td>연수 기간</td><td>2019. 3. 25.~2019. 12. 6.</td><td>연수 시간</td><td>15~20시간</td></tr>
<tr><td>연수 대상</td><td>전학년 희망교사</td><td>연수 인원</td><td>42명</td></tr>
</table>

■ 구성 현황

☐ 본교는 교육공동체가 모두 행복한 참(CHARM) 좋은 교육과정을 만들어가기 위한 과정의 일환으로 사계절 행복학교를 운영하고 있다. 교사의 전문성 신장에서 나아가 교실 안에 스며들 수 있도록 전문적 학습공동체를 기획하고 구상하였다. 이에 교과, 학년, 주제 단위로 6개의 전문적 학습공동체를 조직하였으며 각 공동체마다 창의적인 교육과정 운영을 위하여 구성원들의 철저한 협의를 거쳐 6개의 공동체로 운영을 하였음

순	전문적 학습공동체명	구성단위	인원
1	통합교과과 전문적 학습공동체	교과	6
2	4학년 전문적 학습공동체	학년	7
3	5학년 전문적 학습공동체	학년	6
4	1학년 창체 전문적 학습공동체	주제	7
5	생활지도교육 전문적 학습공동체	주제	7
6	SW교육 전문적 학습공동체	주제	9
계	전체 학습공동체 수 (6)개		총 인원 (42)명

대규모 학교의 전문적학습공동체 두 번째 운영 사례입니다. B 학교는 교육공동체가 모두 행복한 참(CHARM) 좋은 교육과정 만들기의 일환으로 <사계절 행복학교>라는 주제로 전문적학습공동체를 운영하였습니다. 학년교육형, 주제형, 교과형 중에 하나의 형태를 선택하여 운영하지 않고 세 가지를 모두 운영하는 학년교육형+주제형+교과형의 혼합형 전문적학습공동체를 구성하였습니다. 학년교육형으로는 '1학년', '4학년', '5학년' 전문적학습공동체, 주제형으로는 '생활지도교육', 'SW교육' 전문적학습공동체, 교과형으로는 '통합교과' 전문적학습공동체로 구성하여 운영하였습니다.

나. 전문적학습공동체 세부 추진 내용

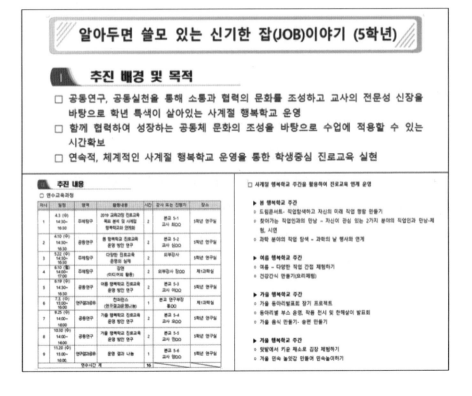

<학년교육형 '5학년 전문적학습공동체' 예시>

B 학교 전문적학습공동체 중 학년교육형 '5학년 전문적학습공동체' 예시입니다. '5학년 전문적학습공동체'는 <알아두면 쓸모 있는 신기한 잡(JOB) 이야기>라는 주제를 가지고 연속적이고 체계적인 사계절 행복학교 운영을 통해 학생중심의 진로교육을 실현하고자 하였습니다. 사계절 행복학교 주간을 통해 학생들이 1년간 계절에 연관된 다양한 진로 체험을 할 수 있도록 운영하였습니다. 봄 행복학교 주간에는 드림콘서트, 찾아가는 직업인과의 만남, 과학의 날 행사와 연계한 과학 분야의 직업탐색 활동을 운영하였고, 여름 행복학교 주간에는 다양한 직업을 간접 체험하고, 건강간식 만들기와 같은 요리체험 활동을 진행하였습니다. 또한 가을 행복학교 주간에는 가을 동아리 발표회, 동아리별 부스 운영, 작품 전시 및 한해살이 발표회, 가을 음식 만들기를 실시하였고, 겨울 행복학교 주간에는 김장 체험, 민속놀이와 같은 활동으로 운영하여 사계절을 주제로 학생이 다양한 진로 경험을 할 수 있도록 구성하여 운영하였습니다.

다. 운영의 시사점

B 학교는 교육공동체가 모두 행복한 참(CHARM) 좋은 교육과정 만들기라는 목표를 <사계절 행복학교>라는 주제로 학년교육형+주제형+교과형의 혼합형 전문적학습공동체로 구성하여 운영하였습니다. 하나의 큰 주제에 대해 하나의 전문적학습공동체 형태로만 운영하는 것이 아니라 각각 운영에 적합한 전문적학습공동체의 형태를 선택함으로써 유연한 전문적학습공동체 운영이 가능함을 제시하고 있다는 점에서 시사점을 찾을 수 있습니다.

3. C 학교 사례

가. 운영 개요

□ 운영 개요

소속기관명	○○초등학교		
학습공동체명	○○초등학교 전문적학습공동체		
연수 주제	개방과 협력의 학습공동체(학년군단위 운영)		
연수 기간	2019. 3. 25.~2019. 12. 6.	연수 시간	15~17시간
연수 대상	○○초 교원	연수 인원	40명

개방과 협력의 학습공동체
-학년군 단위 학습공동체 조직 사례-

 목적

-1,2학년군: 저학년 아이들의 특성을 반영하여 즐거운 놀이와 교실 수업의 효과적인 연계를 위한 수업방법을 찾을 수 있다.
-3,4학년군: 온작품의 수업 적용 연구 사례를 통하여 우리 학교 3~4학년 학생들에게 적용할 수 있는 교육과정을 재구성하고 수업에 적용할 수 있다.
-5,6학년군: 소프트웨어교육에 대한 전문성 신장을 통한 코딩교육에 실질적인 도움을 받을 수 있는 연수를 통하여 실제 수업에 반영될 수 있도록 한다.

대규모 학교의 전문적학습공동체 세 번째 운영 사례입니다. C 학교는 40명의 교사가 함께 참여하는 학년교육형 전문적학습공동체를 구성하였습니다. 학년군 단위의 1~2학년, 3~4학년, 5~6학년으로 이루어진 3개의 학년교육형 전문적학습공동체를 조직하여 <개방과 협력의 학습공동체>라는 주제로 변화하는 교육현장의 현실을 반영하여 교실 현장 중심의 실제적인 수업 개선을 위한 기회를 제공하고 우리 학급, 우리 학년에 맞는 수업 방법을 찾아 실천하는 것을 목표로 전문적학습공동체를 운영하였습니다.

나. 전문적학습공동체 세부 추진 내용

Ⅲ 연수 내용

1. 1-2학년군: 즐거운 놀이, 행복한 아이들 전문적학습 공동체 프로그램

차시	일정	영역	활동내용	시간	강사 또는 진행자(소속기관)	장소
1	5.13.(월) 15:30-16:30	주제탐구	놀이를 활용한 수업의 이해	1	진행자 이○○ (○○초 교사)	연구실
2	5.22.(수) 14:30-16:30	주제탐구	어떻게 놀게 할까	2	강사 공○○ (○○초 수석교사)	과학실
3	5.28.(수) 14:30-16:30	공동연구	심성놀이의 이해와 실제	2	진행자 최○○ (○○초 교사)	연구실
4	6.12.(수) 14:30-16:30	공동실천	실내체육놀이의 유형과 실제	2	진행자 이○○ (○○초 교사)	연구실
5	6.19.(수) 14:30-16:30	공동연구	연극놀이의 이해와 실제	2	진행자 최○○ (○○초 교사)	연구실
6	6.26.(수) 14:30-16:30	공동실천	전래놀이의 유형와 실제	2	진행자 이○○ (○○초 교사)	연구실
7	7.3(수) 14:30-16:30	연구결과 공유	학년군 교육과정 컨퍼런스	2	진행자 이○○ (○○초 교사)	연구실
8	7.10.(수) 15:30-16:30	공동실천	2학기 교육과정 재구성	2	진행자 최○○ (○○초 교사)	연구실
연수시간 계				15		

2. 3-4학년군: 온작품읽기 전문적 학습공동체 프로그램

차시	일정	영역	활동내용	시간	강사 또는 진행자(소속기관)	장소
1	4.3.(수) 14:30-16:30	주제탐구	온 책들 읽기 월확 세우기	2	진행자 장○○ (○○초 교사)	연구실
2	4.11.(목) 15:30-16:30	공동연구	학년 수준에 맞는 Text 선정 및 함께 읽기	2	진행자 조○○ (○○초 교사)	연구실
3	4.18.(목) 14:30-16:30	공동실천	가르칠 내용과 방법 추출	2	진행자 김○○ (○○초 교사)	연구실
4	4.24.(수) 14:30-16:30	연구결과 공유	학급별 수업 적용 사례 나눔	2	진행자 장○○ (○○초 교사)	연구실
5	5.08.(수) 14:30-16:30	공동연구	공동 수업안 개발 및 수업자료 만들기	2	진행자 김○○ (○○초 교사)	연구실
6	6.19.(수) 14:30-16:30	주제탐구	수업공개 전후 교육과정운영 나눔	2	진행자 장○○ (○○초 교사)	연구실
7	7.3(수) 14:30-16:30	연구결과 공유	교육과정 컨퍼런스	2	진행자 윤○○ (○○초 교사)	과학실
8	7.10.(수) 15:30-16:30	공동실천	2학기 교육과정 재구성	2	진행자 윤○○ (○○초 교사)	과학실
연수시간 계				15		

3. 5-6학년군 소프트웨어교육 전문적 학습공동체 프로그램

차시	일정	영역	활동내용	시간	강사 또는 진행자(소속기관)	장소
1	5월(수) 14:00-16:00	주제탐구	2015개정교육과정 소프트웨어교육 이해	2	진행자 윤○○ (○○초 교사)	과학실
2	5월(수) 19:00-20:00	공동연구	소프트웨어교육 수업을 위한 사전 협의 및 아이디어 공유	1	진행자 김○○ (○○초 교사)	학년 연구실
3	5월2(수) 19:00-20:00	공동연구	소프트웨어교육 공동수업안 개발 및 작성	2	진행자 최○○ (○○초 교사)	학년 연구실
4	5월2(수) 19:00-20:00	공동연구	소프트웨어교육 공동수업안 수업실행 및 협의	2	진행자 박○○ (○○초 교사)	학년 연구실
5	5월(금) 16:00-18:00	공동연구	교실에서 적용 가능한 소프트웨어교육 관련된 도서 읽고 의견 나누기	1	진행자 최○○ (○○초 교사)	학년 연구실
6	6월(수) 19:00-20:00	공동연구	5-6학년군 수업에 적용가능한 소프트웨어교육 1. 언플러그드 배우는 코딩교육	2	윤○○(파생○○초)	컴퓨터실
7	6월2(수) 19:00-20:00	공동연구	5-6학년군 수업에 적용가능한 소프트웨어교육 2. 엔트리 교육	2	윤○○(파생○○초)	컴퓨터실
8	6월2(수) 19:00-20:00	공동연구	5-6학년군 수업에 적용가능한 소프트웨어교육 3. code.org	2	윤○○(파생○○초)	컴퓨터실
9	7.3(수) 14:30-16:30	연구결과 공유	소프트웨어교육 수업 컨퍼런스	2	진행자 김○○ (○○초 교사)	과학실
10	7.10.(수) 14:30-16:30	공동실천	소프트웨어교육을 활용한 2학기 교육과정 재구성	2	진행자 김○○ (○○초 교사)	과학실
연수시간 계				17		

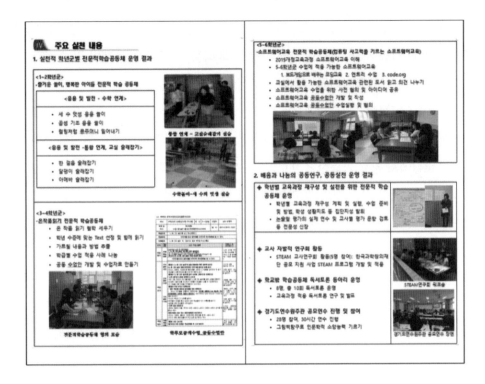

C 학교 전문적학습공동체는 1~2학년군에서는 '즐거운 놀이, 행복한 아이들 전문적학습공동체 프로그램', 3~4학년군에서는 '온작품읽기 전문적학습공동체 프로그램', 5~6학년군에서는 '소프트웨어교육 전문적학습공동체 프로그램'의 학년군별 주제를 선정하여 전문적학습공동체를 운영하였습니다.

1~2학년군 전문적학습공동체에서는 놀이를 주제로 심성놀이, 실내체육놀이, 연극놀이, 전래놀이를 수업과 연계하여 운영하였습니다. 수학 교과와 연계하여 세 수 덧셈 응용놀이, 곱셈 기초 응용 놀이, 컬링처럼 콩주머니 밀어내기 등의 수학 교과 놀이, 통합 교과와 연계하여 한 걸음 술래잡기, 달팽이 술래잡기, 아메바 술래잡기와 같은 통합 교과 놀이를 구성하여 적용하였습니다.

3~4학년 전문적학습공동체에서는 온작품읽기를 주제로 전문적학습공동체 프로그램

을 진행하였습니다. 온작품읽기 철학 세우기, 학년 수준에 맞는 text 선정 및 함께 읽기, 가르칠 내용과 방법 추출, 학급별 수업 적용 사례 나눔, 공동 수업안 개발 및 수업자료 만들기의 과정으로 온작품읽기를 수업과 연계하여 운영하였습니다.

5~6학년 전문적학습공동체에서는 컴퓨팅 사고력을 기르는 소프트웨어교육을 주제로 2015 개정교육과정 소프트웨어교육의 이해, 5~6학년군 수업에 적용 가능한 소프트웨어 교육, 교실에서 활용 가능한 소프트웨어교육 관련 도서를 읽고 의견 나누기, 소프트웨어교육 수업을 위한 사전 협의 및 아이디어 공유, 공동수업안 개발 및 작성, 수업실행 및 협의의 과정으로 전문적학습공동체를 운영하였습니다.

다. 운영의 시사점

C 학교는 <개방과 협력의 학습공동체>라는 주제로 학년교육형 전문적학습공동체로 구성하여 운영하였습니다. 개방과 협력의 학습공동체라는 하나의 주제를 학년군 단위의 전문적학습공동체를 기본으로하여 놀이, 온작품읽기, 소프트웨어라는 학년군의 요구와 교육과정에 적합한 내용으로 구성하여 운영하였습니다. 이는 교실 현장에서 필요로 하는 내용을 교사가 직접 주도하여 연구하고 적용함으로써 실제적인 수업개선이 이루어 지도록 하는데 의의를 찾을 수 있습니다. 또한 학교 안 전문적학습공동체 활동이 안에서만 그치는 것이 아니라 자발적 연구회 활동 참여, 학교 밖 학습공동체 독서토론 동아리 운영, 공모연수 운영 등 학교 밖 전문적학습공동체로 확장이 가능하다는 것을 보여줌으로써 학교 안과 학교 밖 전문적학습공동체의 연계 방안을 제시하고 있다는 점에서 시사점을 찾을 수 있습니다.

4부

전문적학습공동체 운영의 발전방향

제1장 교사교육과정과 관련된
전문적학습공동체

1.
교사교육과정과 학교자율과정

1. 교사교육과정

　교사교육과정은 '학생의 삶을 중심으로 국가, 지역, 학교 수준 교육과정을 공동체성에 기반하여 교사가 맥락적으로 해석하고 개발하여 학생의 성장 발달을 촉진하는 교육과정' 입니다. 따라서 교사교육과정은 학생의 삶과 맞닿아 있는 교사의 교육과정 편성·운영 권한과 자료 개발권을 확대함으로써 학생 개개인의 삶의 역량을 기르는 교육과정, 수업, 평가를 내실화할 수 있습니다. 교사는 학생이 배움의 주체가 되는 교육과정을 운영하기 위해서 학생 개개인이 자신의 특성에 맞게 배움을 스스로 선택할 수 있는 충분한 과정을 제공할 수 있으며, 교사 자신이 교육과정의 실행자를 넘어 교육과정의 개발자이자 개별 학생의 학습 경로에 대해 조언하고 피드백을 제공하는 학습촉진자의 역할을 담당합니다.

2. 학교자율과정

　학교자율과정은 교사가 학교교육공동체의 요구와 필요를 반영하여 시수감축 및 연계를 통해 자율적으로 편성·운영하는 교육과정으로 기존의 교과 프로젝트나 창의적 체험활동과는 다른 별개의 개념이 아닌, 이를 포괄하고 확장 지원하는 개념입니다. 즉, 기존 교과 프로젝트나 창의적 체험활동 운영에 있어 시수, 진도, 성취기준 등으로 인한 제약으로 인해 다양하고 창의적인 운영에 한계를 느끼는 경우 이를 극복하도록 지원하고 보장해 주는 장치라 할 수 있습니다. 학교자율과정은 교육과정 자율성을 바탕으로 자유롭게 긴 호흡의 시수를 확보하거나 무학년제 성취기준 운영, 학생주도 성취기준 개발, 창의적 체험활동의 자율적 확장 운영 등 다양하고 창의적인 교육과정 개발을 지원하고, 이를 개발하는 교사의 자율성을 보장해 준다는 데 큰 의의가 있습니다.

3. 교사교육과정과 학교자율과정과의 관계

2021 경기도교육과정은 학생의 행복한 배움과 성장을 지향하기 위해 학생 개개인의 고유성과 다양성을 존중하여 교사가 교육과정 자율성을 발휘하는 '교사교육과정'을 제도적으로 고시하였습니다. 하지만 교사교육과정은 시수, 진도, 성취기준 등의 제약으로 인해 다양하고 창의적인 개발·운영에 한계를 보이고 있어 이를 극복하기 위해 교사교육과정 자율권을 실질적으로 보장시키고자 학교자율과정을 제시하였습니다.

즉, 학교자율과정은 시수감축 및 연계를 통해 실질적인 교육과정 자율성을 확보하여 교사교육과정을 지원하는 교육과정 정책으로 볼 수 있습니다.

2.
교사교육과정(학교자율과정) 실현을 위한 전문적학습공동체의 역할

1. 교사교육과정(학교자율과정) 편성·운영 절차

학교자율과정은 국가교육과정과 지역교육과정의 이해 → 학교자율과정 기초작업 → 학교자율과정 주제(목표) 설정 → 학교자율과정 편제 → 성취기준 활용·재구조화·개발 → 교수·학습과 평가 설계 → 학교자율과정 운영 평가와 환류의 7가지 단계를 거쳐 편성·운영됩니다.

🏫 학교자율과정 편성·운영 절차 한눈에 알아보기

Ⅰ. 국가교육과정과 지역교육과정의 이해
• 국가교육과정 • 경기도교육과정

Ⅱ. 학교자율과정 기초작업
• 학교 환경 및 교육자원 파악 • 학교교육과정 공유 • 학교자율과정 설계 수준 논의

Ⅳ. 학교자율과정 편제
• 교과(군) 20% 범위 내 감축 활용 • 체육 및 예술교과, 창의적 체험활동 연계 활용

Ⅲ. 학교자율과정 주제(목표) 설정
• 교육공동체 배움 요구진단 • 지속가능한 주제(목표) 선정 • 학교자율과정의 시기와 방법

Ⅴ. 성취기준 활용·재구조화·개발
• 성취기준 활용 • 성취기준 재구조화 • 성취기준 개발

Ⅵ. 교수·학습과 평가 설계
• 학교자율과정의 배움중심수업 • 학교자율과정의 성장중심평가

Ⅶ. 학교자율과정 운영 평가와 환류
• 학교자율과정 운영 결과 공유 • 학교자율과정 성찰 질문을 통한 평가와 환류

<2022학년도 초등학교 교육과정 편성 안내(2021), 경기도교육청>

2. 교사교육과정(학교자율과정) 편성·운영 단계별 전문적학습공동체의 역할

학교자율과정 편성·운영 단계별 전문적학습공동체의 역할에 대해 살펴보겠습니다.

가. 국가교육과정과 지역교육과정의 이해 단계

국가교육과정과 지역교육과정의 이해 단계에서 전문적학습공동체는 구성원들이 국가교육과정과 지역교육과정의 내용을 이해하고 공유할 수 있도록 합니다.

첫째, 구성원들이 학교와 교사의 역할 변화를 이해하는 것이 중요합니다. 교사의 역할이 종래 교육과정 실행자, 사용자, 교수자에만 한정되지 않고 교육과정에 대한 의사 결정자로 확대되며, 교육과정의 최종적 실천자인 교사가 바로 교육과정의 최종 결정자이자 개발자를 의미한다는 사실을 인식할 수 있게 합니다. 그리고 국가교육과정 기준과 시·도교육청 지침을 자세히 분석하는 동시에 학교의 학생·교원 실태, 교육 시설·설비, 교육 자료 등을 잘 파악할 수 있도록 합니다. 그 이유는 학생들에게 실천 가능한 교육 설계도를 마련하고 특색을 구현할 수 있는 운영 계획 및 세부 실천 계획을 수립하는 것이 중요하기 때문입니다. 따라서 교사가 자신이 교육과정 실행자로서 뿐만 아니라 개발자로서의 역할을 수행하게 되는 것이며, 이에 필요한 전문성 신장이 지속적으로 요구될 것이라는 사실을 인지할 수 있도록 할 필요가 있습니다.

둘째, 학교와 교사의 교육과정 자율성이 존중될 수 있는 환경이 중요함을 인식할 수 있도록 합니다. 학교와 교사가 교육과정 상상력을 바탕으로 자율적이고 창의적인 교육과정을 개발·운영할 수 있는 제도적 울타리가 마련되어야 하며, 학교교육과정 운영의 자율권을 제한하는 지침과 규정을 최소화하여 학교와 교사가 학생의 삶을 반영하는 유연한 교육과정을 편성·운영할 수 있는 환경 조성이 중요함을 알 수 있도록 합니다.

셋째, 학교자율과정은 학교교육과정의 자율화를 구현하는 것임을 인식할 수 있도록 합니다. 학교는 학생의 학습 선택권을 확대하고 학습 경험의 질과 폭을 심화하기 위해 자율적이고 창의적인 교육과정을 개발할 수 있으며, 학교의 교육 주체들은 교과융합과정, 마을과 연계한 교육과정, 학생이 주도하는 주제별 프로젝트 등 교육비전과 가치를 공동으로 공유하여 학교자율과정을 편성·운영할 수 있다는 사실을 알 수 있도록 합니다.

나. 교사교육과정(학교자율과정) 기초작업 단계

학교자율과정 기초 작업단계에서 전문적학습공동체는 학교의 환경 및 교육자원을 파악하고, 학교교육과정을 공유하며, 학교자율과정 설계수준을 논의해야 합니다.

학교 환경 및 교육자원은 학급 수, 학생의 특성 등의 학교 환경을 고려하고, 학교 문화, 지역시설, 교사 지원 등 학교 안팎의 교육자원을 파악합니다. 또한 학교교육과정의 공유를 통해 학교와 학년의 비전(목표), 중장기계획 등을 공유합니다. 그리고 마지막으로 학교자율과정을 학교 수준, 학년(군) 수준, 교사 수준 중 어떤 수준에서 설계할 것인지를 논의합니다.

다. 교사교육과정(학교자율과정) 주제(목표) 설정 단계

학교자율과정 주제(목표) 설정 단계에서 전문적학습공동체는 학교비전, 학년 목표 등을 기반하여 교육공동체 배움 요구를 진단해야 합니다. 먼저 학교 비전을 바탕으로 교육공동체의 배움 요구를 진단하고, 학교 안팎의 교육자원을 파악하여 학교의 환경, 학생 특성을 고려하여 학교자율과정 주제(목표)를 설정합니다. 이 때 학교자율과정을 원활하게 편성·운영하기 위해서는 학생의 요구와 필요를 반영하여 학생들의 미래역량 함양을 위한 교육적 당위성을 기반으로 대토론회, 전체 교직원회의 등 민주적인 절차를 통해 교육공동체의 합의를 이끌어내는 과정이 매우 중요합니다. 또한 학생의 배움 요구를 진단하고 분석하여 교육과정위원회, 교과협의회 등을 통해 학교 교육 비전과 연계된 학교자율과정의 주제를 함께 설정하고, 이 주제로 학교자율과정 구현이 가능한지 교육과정 편제표를 분석하여 감축하거나 활용할 교과, 창체 시수를 확보합니다.

그리고 중장기적 학교교육계획 수립으로 교육활동의 예측 가능성과 지속성을 강화하여 안정적인 학생성장을 지원하는 맥락에서 지속 가능한 주제(목표)를 선정하고, 지역 및 학교 여건, 학생 특성 및 학교자율과정 주제의 성격 등을 생각하여 학교자율과정의 다양한 운영 시기와 방법을 고려하는 것도 중요합니다.

라. 교사교육과정(학교자율과정) 편제 단계

학교자율과정은 편성범위 내에서 학교교육공동체가 자율적으로 편성 시간을 정하여 운영할 수 있습니다. 학교자율과정 편제 단계에서 전문적학습공동체는 교사와 학교가 전문성과 자율성을 발휘할 수 있는 교육과정의 여백을 통해 단위학교 시간 배당의 융통성과 탄력성을 강화할 수 있도록 운영합니다.

학교의 특성, 학생·교사·학부모의 요구를 반영하여 필요에 따라 자율적으로 교과(군)별 기준 수업 시수의 20% 범위 내에서 감축한 시수를 활용하여 창의적으로 편성·운영할 수 있습니다. 다만 이 때, 체육, 예술(음악/미술) 교과는 기준 수업 시수를 감축하여 편성·운영이 불가합니다. 그리고 교과(군) 감축 시수는 각 교과 성취기준에 구애받지 않고 여러 교과(군)의 일반목표와 연계한 융·복합적이고 창의적인 활동으로 구성할 수 있도록 합니다.

마. 성취기준 활용·재구조화·개발 단계

성취기준 활용·재구조화·개발 단계에서 전문적학습공동체는 다음의 사항을 고려하여 운영하여야 합니다.

첫째, 성취기준이란 교육과정에 명기된 학년별, 교과별 성취기준을 단원별로 상세하게 세분한 지도 목표를 의미합니다. 성취기준 활용 단계에서 전문적학습공동체는 학년별, 교과별 성취기준을 설정하기 위해서 교과협의회 등을 통하여 교육과정 내용과 교과서 내용

분석을 활용합니다.

둘째, 성취기준 재구조화는 교육과정 성취기준을 실제 평가의 상황에서 준거로 사용하기에 적합하도록 보다 구체적이고 명료하게 하는 것을 말합니다. 성취기준 재구조화 단계에서는 성취기준을 통합하거나 일부 내용을 압축할 경우, 성취 기준의 내용요소 일부가 임의로 삭제되지 않도록 유의해야 합니다. 또한 일부 내용요소를 추가해야 하는 경우에는 학생의 학습 및 평가 부담이 가중되지 않도록 학년(군), 학교급 및 교과(군) 간의 연계성을 충분히 고려해야 합니다.

셋째, 2021 경기도교육과정 총론에는 교사가 교사교육과정 및 학교자율과정의 편성·운영을 위하여 성취기준을 개발할 수 있도록 명시하고 있습니다. 즉, 성취기준 개발 단계에서 교사는 학생의 특성·학교의 여건 등에 따라 성취기준을 재구조화하거나 개발할 수 있습니다.

성취기준의 개발 방법은 먼저 학교교육공동체의 필요와 요구 중 가장 핵심적인 내용을 선정하여 핵심개념으로 준용합니다. 이 때, 핵심개념은 학생의 삶(탈교과)에서 추출하되, 학년(군) 간 위계성, 교과(군) 간 연계성 등을 고려하고, 수업과 평가 시 준거가 적합하도록 구체적이고 명료하게 서술해야 합니다. 이 핵심개념을 중심으로 성취기준의 구조를 개발하는데, 개발한 성취기준의 코드는 학교의 자율적 판단과 편의에 따라 성취기준 코드를 생략하거나 임의 성취기준 코드를 만들어 사용할 수 있습니다.

전문적학습공동체는 성취기준 개발 단계에서 다음의 사항에 유의하여야 합니다. 성취기준은 학교자율과정을 통해 학생들이 성취할 것으로 기대되는 내용을 명시한 것으로 교과협의회나 학년(군)별 협의회를 통해 학생의 특성, 학교여건 등에 따라 성취기준을 개발해야 합니다. 또한 학생의 학습 및 평가 부담이 가중되지 않도록 학년(군), 학교급 및 교과(군) 간의 연계성을 충분히 고려해야 하며, 교과/창의적 체험활동에서 경험할 수 없는 다양하고 창의적인 교육활동이 이루어지도록 개발해야 합니다. 그리고 학교교육공동체의 의견 수렴 과정(대토론회, 워크숍, 교육과정TF, 교육과정위원회, 학생 자치회 등)을 거치며, 학생이 주도적으로 교사와 함께 성취기준을 개발할 수도 있다는 사실을 인식해야 합니다.

바. 교수·학습과 평가 설계 단계

학교자율과정 주제(목표)와 설정한 성취기준을 구현하기 위한 배움중심수업은 학생이 배움의 주체가 되는 학습경험 설계의 과정입니다. 이를 위해 전문적학습공동체는 공감과 배려를 기반으로 배움중심수업이 학생의 삶과 연계가 되고 학생주도의 자발적 배움, 교육공동체 모두가 함께 성장하는 협력적 배움의 과정이 되도록 해야 합니다.

전문적학습공동체는 학교자율과정의 설계와 실천을 위해 학교자율과정의 의미, 주제와 성취 기준에 부합하는 수업 관점을 먼저 정하고, 학교자율과정 속 단계별 배움중심수업을 실천합니다. 각 단계별 전문적학습공동체에서 고려해야 할 사항은 다음과 같습니다.

설 계	전 개	평 가	성찰 나눔
• 학생이 배움의 주체가 되는 배움중심수업 설계 • 학교자율과정 주제와 성취 기준에 따른 다양한 수업방법과 배움활동 구안 • 학생의 배움 요구를 고려한 학생 중심의 주제 선정	• 공감과 배려의 협력적 관계 속에서 학생 개개인의 배움과 성장이 일어나는 활동 전개 • 학생 선택, 학생 주도의 배움과 나눔 활동 전개 • 학생의 사회 참여, 마을 연계 등을 고려한 활동 전개	• 성취기준 도달 여부를 확인하고 개개인의 성장을 지원하는 평가 • 학습 선택권을 보장하며 수업의 과정으로서의 평가 • 평가의 결과는 수업 설계, 교육과정으로 환류	• 학생 자신의 배움과 수업, 평가에 대한 성찰과 나눔 • 성찰 나눔의 결과는 수업, 평가, 교육과정으로 환류

<2022학년도 초등학교 교육과정 편성 안내(2021), 경기도교육청>

특히 전문적학습공동체에서는 다음과 같은 질문을 통해 학교자율과정의 배움중심수업을 성찰할 수 있도록 해야 합니다.

  1) 배움의 주체인 학생이 경험을 다양화하는 배움중심수업은 어떠해야 하는가?

   ① 학생의 배움 요구에 부합하고, 학습 선택권을 제공하는 수업을 하고 있는가?

   ② 삶, 교과(창체 포함)들과 연계, 통합을 지향하는 수업인가?

   ③ 주도적인 성찰과 탐구를 통한 배움이 있는 수업인가?

   ④ 학생들의 사회 참여, 마을 연계 과정 등을 고려하는 수업인가?

   ⑤ 공동의 실천과 문제해결 과정, 프로젝트와 연계되어 이루어지는 수업인가?

   ⑥ 학생의 주도적인 수업 참여를 지원하는 수업인가?

  2) 학교자율과정과 연계한 배움중심수업 실천 과제는 무엇인가?

  3) 학교 자율장학을 통한 학교자율과정 내 배움중심수업 실행은 어떠한가?

  4) 다양한 배움중심수업을 함께 연구하고 실천하고 있는가?

  5) 우리 학교 학교자율과정 내 배움중심수업의 발전 방향은 무엇인가?

학교자율과정 성장중심평가는 평가계획에 반영할 성취기준을 선정하는 과정부터 평가기록, 통지의 과정까지 자율성과 성찰의 과정을 토대로 학생과 교사 모두의 성장을 지원하는 평가입니다. 전문적학습공동체에서는 학교자율과정의 교육과정-수업-평가를 하나로 보는 관점을 가지고, 학습의 과정과 결과에 대한 피드백, 학습으로서의 평가, 학습을 위한 평가, 다양한 배움을 위한 평가 등을 고려해야 합니다.

먼저 학교자율과정의 성장중심평가 운영과 실천 과정에서는 학교자율과정의 성장중심평가를 이해하고, 학교자율과정-수업-평가의 일관성, 연계성을 고려한 성장중심평가를 운영합니다. 또한 학교자율과정의 성취기준, 평가기준 등 용어의 의미를 이해하고 실천하며, 실제적 삶의 맥락 반영과 주도적 성찰과 탐구, 협력적 배움 등을 고려하여 수행평가를 실천합니다.

그리고 전문적학습공동체에서는 다음과 같은 질문을 통해 학교자율과정의 성장중심평가를 성찰할 수 있도록 해야 합니다.

1) 학교자율과정의 성장중심평가는 어떻게 학생의 성장과 발달을 지원하는가?

① 학생이 배움의 주체가 되는 학습경험으로서의 평가인가?

② 다양한 학습 선택권을 보장하고 학생들의 참여를 지원하는 평가인가?

③ 주도적인 성찰과 탐구를 지원하는 평가인가?

④ 교육과정-수업-평가의 일관성, 연계성을 고려한 평가인가?

2) 동료 간 협력하여 학교자율과정의 성장중심평가를 실천하였는가?

3) 학교자율과정의 학생의 성장과 발달 기록은 어떠해야 하는가?

사. 교사교육과정(학교자율과정) 운영 평가와 환류 단계

마지막으로 학교자율과정 운영 평가와 환류 단계에서 전문적학습공동체는 학교자율과정 운영 평가 성찰 질문의 내용을 활용, 선택하여 학교교육과정평가 안에서 이루어지도록 합니다. 성찰 질문을 통해 수집한 자료를 분석하여, 올해 운영한 학교자율과정의 의미를 찾고, 차기년도 학교자율과정을 운영하고자 할 때 무엇을 가져가고, 더하고 뺄 것 인지에 대해 교육공동체가 지속적으로 논의하는 과정을 거칠 수 있도록 합니다. 이 때, 교육공동체가 함께하는 학교자율과정 운영 평가와 환류를 통해 차기년도 학교자율과정에 반영될 수 있도록 합니다. 평가와 환류를 통한 순환적이고 자생적인 학교자율과정의 질 관리는 학교와 교사의 교육과정 자율성을 강화하며, 학교의 중장기 발전 계획에 발 맞춰 지속가능한 학교자율과정을 편성·운영할 수 있게 함을 인식하도록 합니다.

3.
교사교육과정(학교자율과정) 실현을 위한 전문적학습공동체의 사례

○○초등학교 6학년 1학기 학년교육과정

꿈꾸는 사람들 - [6학년 1학기] 공정한 세상 만들기

1 프로젝트 운영 방향

주제	편견 없는 '나' 만들기					
프로젝트 제안 이유	현재 우리나라는 압축적인 근대화의 부작용에 따른 배려 없는 사회의 연장이다. 이주민, 노인, 성소수자, 장애인 등 그들에 대한 복지는 늘 부족한 상황이었으나 최근 사회적 관심이 이들에 대한 배려로 모아지고 있는 상황이다. 그러나 깊은 성찰 없이 시혜적 복지의 시각이 강해져 '친절한 차별주의자'들이 늘어나고 있으며, 학생들 역시 이런 사회분위기에 영향을 받아 가치관을 형성해 가고 있다. 따라서 장애에 대한 인식, 그 동안 우리가 갖고 있던 편견을 알아보고 이를 바로잡기 위한 학습이 필요하며, 이를 계기로 사회의 다양한 소수자를 편견 없이 바라볼 수 있는 시각을 키워주기 위한 계기를 마련하고자 한다.					
프로젝트 목표	학생들에게 장애에 대한 잘못된 개념이나 이해를 바로잡아주고, 학생들의 일상생활에서 은연중 드러나는 다양한 편견에 대해 같이 생각해보고 차별없는 세상을 위해 노력하는 자세를 키울 수 있다.					
성취 기준	[6국05-05] 작품에 대한 이해와 감상을 바탕으로 하여 다른 사람과 적극적으로 소통한다. [6국05-06] 작품에서 얻은 깨달음을 바탕으로 하여 바람직한 삶의 가치를 내면화하는 태도를 지닌다. [6도03-01] 공정함의 의미와 공정한 사회의 필요성을 이해하고, 일상생활에서 공정하게 생활하려는 실천 의지를 기른다. [6음01-03] 제재곡의 노랫말을 바꾸거나 노랫말에 맞는 말붙임새로 만든다. [6미02-03] 다양한 자료를 활용하여 아이디어와 관련된 표현 내용을 구체화할 수 있다.					
국가수준 핵심 역량	자기관리	지식정보처리	창의적사고	심미적감성	의사소통	공동체
	○	○	○		○	○

문화다양성 목표	글로벌 시민으로 살아가기 위한 시민정신과 인성 함양 경계 간 문화 해독력 함양을 통한 문화적 공존의 실천									
문화 다양성 핵심가치	인권 및 평등	대화	시민성	문화적 민감성	존중	관용 및 포용	상호 의존성	사회적 정의	차이	공존
	○	○	○	○	○	○			○	○
문화다양성 요인	세대		민족		성별		소수자			
							○			
문화다양성 교육주제	언어		예술		문화 콘텐츠		취향			
	○		○							
교육 단계별 목표	인지	온책 읽기를 통해 장애, 공정, 공평의 개념을 정확히 이해하기								
	사회정서	작품 속 인물의 삶을 통해 자신의 삶과 생각 바라보기								
	실천	자신의 삶을 반성하고 '편견을 줄이기 위한 나의 다짐' 만들어 생각 나누기								
	표현	작품의 내용을 이용해 '장애에 대한 편견 없는 세상'노래와 '공익 광고' 만들기								

3 프로젝트 수업 구상

1. 학생 실태를 반영한 프로젝트 운영

	교육 내용 관련 학생 상황 분석	적용할 학습 전략
학습 설계 근거	○○초 6학년 학생들은 통상의 학생들과 다르지 않게 장애에 관한 일반적인 사실들을 알고 있는 수준이며, 직접 장애인과 생활해 본 경험이 없는 상황이다. 다만, 학교의 장애이해교육 혹은 장애인을 다룬 문학, 영상 등 각종 매체를 통해 장애인에 대한 배려, 사회적 복지 상황 등 기초 지식을 갖추고 있다. 그러나 깊은 성찰 없이 시혜적 복지의 시각에 영향을 받아 오히려 장애인에 대한 편견을 강화하고 있는 추세이다.	※ 온책 읽기 ※ 가치 탐구 학습 ※ 가치 명료화 학습 ※ 다문화 미술 교육 ※ 시각 문화 교육(미디어 리터러시) ※ 융합미술활동 - 교과 간 융합과 협력을 추구하여 다양한 재조합으로 창의적 대안을 이끌어 냄.

프로젝트 흐름	<국어>과 독서 단원에서 '장애란 뭘까?', '내게는 소리를 듣지 못하는 여동생이 있습니다.' 두 권의 책을 읽고 장애에 관한 이해를 정확히 하고, 장애에 대한 자신의 인식을 알아본다. 이후 영화 '어른이 되면'(영상 상영 불가시 동명의 책으로 대체)을 감상하고 영화 속 인물의 삶을 살펴보고 인물이 추구하는 가치와 자신의 삶을 비교하는 과정에서 바람직하다고 생각하는 가치를 내면화 할 수 있도록 한다. <도덕>과에서 삶의 다양한 모습을 이해하고 내가 장애에 대해 갖고 있었던 편견 혹은 일방적인 생각들을 보다 객관적인 시각에서 성찰하도록 한다. <음악>과에서는 장애에 대한 차별과 편견이 없는 세상을 만들기 위한 방법을 생각해 보고 이를 바탕으로 편견 없는 세상을 그리는 노래 가사를 만들어 본다. 마지막으로 <미술>과를 활용하여 광고로 서로 공감하고 장애를 비롯한 소수자에 대한 편견을 알아보고 이를 개선하기 위한 공익광고를 만들어 자신의 생각을 표현해 본다.

핵심 질문	• 어떻게 하면 우리 사회가 보다 공정해질 수 있을까?	탐구 질문	• 장애란 무엇인가? • 나와 다름을 인정하는 방법은 무엇이 있을까? • 책 속 인물이 추구하는 삶의 방향을 파악하기 위한 방법은 무엇일까? • 우리 생활에 '공정'이 꼭 필요할까? • 장애에 대하여 내가 가지고 있는 편견은 무엇인가? • 내 생각을 다른 사람에게 표현할 수 있는 방법에는 어떤 것이 있을까? • 소수자의 의미와 우리가 갖고 있는 소수자에 대한 편견은 무엇이 있을까?

질문 설정 취지	학생들이 소수자에 대해 갖고 있는 다양한 편견을 확인시키고 이를 올바로 생각할 수 있는 계기를 만들어 보다 공정한 민주 시민으로 자랄 수 있도록 하기 위한 질문이다. 이를 위해 소수자 중 학생들이 생각하기 쉬운 '장애'에 관한 생각을 계기로 우리가 갖고 있는 장애에 관한 편견과 이를 개선하기 위한 학습에 주안점을 둔다. 이후 생각을 점차 확장시켜 소수자 전반에 관해 생각해보고 사회의 '공정'에 관한 생각을 할 수 있도록 한다.

2. 프로젝트 평가 준거 설정

프로젝트 수행과제 제시

제 1회 ○○ 공익광고 콘테스트 개최!!!! (G목표)
보다 공정하고 다양한 사회를 만들기 위해 여러분의 재능을 마음껏 펼쳐주세요!
우리는 사회의 다양한 사람들에 대해 얼마나 알고 있나요? 특히 장애인에 대해 생각해 본 적이 있나요? 장애인의 생활, 그들을 배려하는 우리의 자세. 여러 상황 속의 우리 행동은 정말 그들에 대한 배려일까요? 실제 장애인이나 같이 생활하시는 분들은 우리가 무의식중에 '친절한 차별주의자'가 될 수 있다고 합니다. (S상황) 이를 개선하기 위해 우리의 생각을 바꾸고, 더 나가 다른 사람들의 생각을 바꿔줄 수 있는 공익광고를 만들어 봅시다.(P수행)
○○초 6학년 여러분들이(A대상) 광고 기획자가 되어 장애인의 생활을 편견없이 바라보고 배려할 수 있도록 우리들의 생각을 깨워줄 수 있는 광고를 만들어 보세요.(R역할)
심사결과 우수 광고를 선정하여 소정의 상품을 드립니다!!!!

프로젝트 수행과제 기준

▶제작양식: 뮤직비디오, UCC 등 1분 ~ 3분 내외의 동영상 공익 광고
▶내용: ① 장애를 바라보는 우리의 시선, 생각을 살펴보고 그 속의 편견을 살펴볼 것
　　　　② 우리들의 생각과 편견을 바로 잡을 수 있는 생각을 담을 것.
▶제출일: 2020.○○.○○.

	교과/단원	평가 내용	평가 역량
프 로 젝 트 평 가 계 획	국어/8. 인물의 삶을 찾아서	책을 읽고 인물의 삶이 추구하는 바를 파악하기	정보활용능력 비판적 창의적 사고
	도덕/4. 공정한 생활	공정함의 의미와 공정한 사회의 필요성을 타당한 근거를 들어 설명할 수 있고, 공정하게 생활하려는 의지를 갖고 생활 속에서 실천하기	자기관리 능력 의사결정 능력
	음악/3. 신나게 - 별 똥별	노랫말의 의미를 살려 자연스럽게 노랫말을 바꿔 노래 부르기	비판적 창의적 사고
	미술/2. 마음을 움직이는 광고	우리 주변의 문제점을 찾아 다양한 자료를 활용하여 광고 아이디어와 관련된 표현 방법을 창의적으로 구체화 하여 메시지 전달하기	의사소통 능력 창의융합 능력
	창체	정보통신기기(스마트폰/태블릿)를 활용하여 원하는 목적에 따라 애플리케이션으로 짧은 영상 만들기	창의융합 능력
	창체	소집단 학습 간 집단 구성원과 원활한 의사소통을 바탕으로 과제 해결하기	협업능력
	프로젝트 종합	장애에 관한 알지 못했던 내 안의 편견을 생각해보고 경계를 확대하여 소수자에 대한 생각과 배려를 바탕으로 공정한 사회를 만들기 위한 내 생각을 정리하여 발표해보기	자기관리 능력 공동체 능력 비판적 창의적 사고

평가 요소 척도	책 속의 인물이 추구하는 가치를 파악하고 자신의 삶과 관련지어 글로 표현할 수 있는가? (국어)		공정함의 의미와 필요성을 이해하여 의지를 가지고 생활 속에서 실천할 수 있는가 (도덕)		우리 주변의 문제점을 찾고 개선의 의지를 담아 노래 가사를 만들고 이를 담은 공익광고영상을 만들어 메시지를 전달 할 수 있는가? (미술 / 음악)	
매우 잘함	책 속의 인물이 장애에 관해 추구하는 가치를 인물의 말과 행동을 통해 파악하고 자신의 삶과 비교하여 느낀 점을 구체적인 사례를 들어 글을 쓸 수 있음.		공정함의 의미와 공정한 사회의 필요성을 타당한 근거를 들어 설명할 수 있고, 공정하게 생활하려는 의지를 갖고 생활 속에서 꾸준히 실천할 수 있음.		노래 가사를 주제에 맞게 창의적으로 바꿔 부를 수 있음. 우리 주변의 문제점을 찾아 다양한 자료를 활용하여 광고 아이디어와 관련된 표현 방법을 창의적으로 구체화하여 메시지를 전달할 수 있음.	
	나	선생님	나	선생님	나	선생님
잘함	책 속의 인물이 장애에 관해 추구하는 가치를 파악하고 자신의 삶과 비교하여 구체적인 자신의 생각을 쓸 수 있음.		공정함의 의미와 필요성을 이해하며 공정하게 생활하려는 의지를 갖고 생활 속에서 실천할 수 있음.		노래 가사를 주제에 맞게 바꿔 부를 수 있음. 우리 주변의 문제점을 찾아 다양한 자료를 활용하여 구체화하고 메시지를 전달할 수 있음.	
	나	선생님	나	선생님	나	선생님
보통	책 속의 인물이 장애에 관해 추구하는 가치를 파악하려고 노력하며 자신의 삶과 비교하여 느낀점을 대략적으로 쓸 수 있음.		공정함의 의미와 필요성을 알고 생활 속에서 꾸준히 실천하려 노력함.		노래 가사를 바꿔 부를 수 있음. 우리 주변의 문제점을 찾아 광고를 표현할 수 있음.	
	나	선생님	나	선생님	나	선생님
노력 요함	책 속의 인물이 장애에 관해 추구하는 가치를 대략적으로 파악할 수 있으나 자신의 삶과 관련지어 글쓰기를 어려워 함.		공정함의 의미와 필요성은 알려고 노력하나 생활 속에서 꾸준히 실천하는 데 어려움이 있음.		노래 가사를 주제에 맞게 바꿔 부르는 것을 어려워 함. 우리 주변의 문제점은 찾으나 광고 아이디어와 관련된 표현 방법을 구체화 하는데 어려움이 있음.	
	나	선생님	나	선생님	나	선생님

평가요소 / 척도	정보통신 기기를 활용하여 메시지를 담은 짧은 영상 만들기를 할 수 있는가? (창체)		소집단 학습 간 집단 구성원과 원활한 의사소통을 바탕으로 과제를 해결할 수 있는가? (창체)		장애를 비롯한 소수자에 대한 생각과 배려를 바탕으로 공정한 사회를 만들기 위한 내 생각을 정리하여 말할 수 있는가? (프로젝트 종합)	
매우 잘함	공공 영역 문제점을 개선하기 위한 자신들만의 의견을 담아 동영상 편집 애플리케이션을 활용하여 음악과 영상이 어울리는 개성있고 창의적인 결과물을 만들 수 있음.		소집단 학습 진행 과정에서 친구들과 원활하게 소통하고 집단 구성원의 의견을 존중하며 학습의 결과를 이끌어내는 역할을 함.		우리 사회에 장애를 비롯한 다양한 소수자가 있음을 알고 이들과 함께 살기 위해서 다양한 시각의 배려가 필요함을 이해하고 있음. 또한 그것이 소수자나 다른 사람에 대한 배려가 아닌 함께 살아가는 공정한 사회를 만들기 위한 과정임을 이해하고 자신의 생각을 말로 표현할 수 있음.	
	나	선생님	나	선생님	나	선생님
잘함	공공 영역 문제점을 개선하기 위한 자신들만의 의견을 담아 동영상 편집 애플리케이션을 활용하여 음악과 영상이 어울리는 결과물을 만들 수 있음.		소집단 학습 진행 과정에서 친구들과 원활하게 소통하고 집단 구성원의 의견을 존중하며 활동함.		우리 사회에 장애를 비롯한 다양한 소수자가 있음을 알고 함께 살아가기 위해 다양한 시각의 배려가 필요함을 설명할 수 있음.	
	나	선생님	나	선생님	나	선생님
보통	공공 영역 문제점을 개선하기 위한 의견을 담아 동영상 편집 애플리케이션을 활용하여 영상 결과물을 만들 수 있음.		소집단 학습 진행 과정에서 친구들과 소통하고 문제 해결 과정에서 구성원의 의견을 참고함.		우리 사회에 장애를 비롯한 다양한 소수자가 있음을 알고 함께 살아가기 위해 배려가 필요함을 설명할 수 있음.	
	나	선생님	나	선생님	나	선생님
노력 요함	공공 영역 문제점을 개선하기 위한 의견을 담아 동영상 편집 애플리케이션을 활용하여 결과물을 만들지 못함.		소집단 학습 진행 과정에서 친구들과 소통이 어렵고 집단 구성원의 의견을 존중하지 않음.		우리 사회에 장애를 비롯한 다양한 소수자가 있음을 알고 이들을 위한 배려에 대해 이야기 할 수 있음.	
	나	선생님	나	선생님	나	선생님

제2장 미래교육과 관련된 전문적학습공동체 실제 구성해서 제시

1.
미래교육의 필요성

　미래교육은 앞으로 인공지능이 더 발전하여 로봇이 학생들과 함께 교실에서 수업을 하고, 딥러닝(Deep Learning) 수준의 인공지능을 가진 기계가 우리와 같이 살게 될 것이라는 조금은 막연한 기대 정도 뿐입니다. 미래교육이 구체적으로 어느것인지 누구도 확신하진 못하지만 그 이전에 현재와 미래를 구분하는 시점은 더욱더 확실하지 않습니다. 현재에 살지만 미래와 경계가 정확하지 않기 때문입니다. 언제부터 미래일까요? 요즘을 보면 이미 우리 교육 현장이 바로 미래교육 또는 미래교실이라고 해도 과언은 아닌 것 같습니다. 완벽한 모습은 아니겠지만, 코로나19로 인해 미래교육은 우리 앞으로 성큼 다가왔습니다.

　<4차 산업혁명 교육이 희망이다>라는 책에서 저자는 주장합니다. 사물인터넷과 인공 지능, 머신러닝(Machine Learnig), 가상현실과 증강현실, 3D프린팅, 융복합 생명공학과 바이오 등 과학 기술이 우리 삶 곳곳에 들어와 쓰이게 되는 4차 산업혁명 시대는 언뜻 과학이 인간의 삶에 더욱 깊이 들어와 관여하는 '기술 지배적' 사회로 보입니다. 하지만 이 시대는 오히려 사람들이 더욱 긴밀히 연결되고 비판적 사고와 창의력으로 복합 문제를 해결해 나가는 '사람 지배적'인 사회라 할 수 있습니다. 바로 사람과 기술, 과학과 인문학이 함께 조화를 이루는 융복합 시대인 것입니다. 이 시대에 걸맞은 능력을 가진 인재를 양성하기 위해서는 무엇보다 교육의 변화가 필요합니다(류태호, 2017).

2.
미래교육에 대한 주제탐구

A 초등학교에서는 미래교육에 대한 주제로 전문적학습공동체를 운영했습니다. 이 구성원들은 미래교육에 대해 관심은 있지만 자세히 알지 못하기 때문에 서로 성장하기 위해 전문적학습공동체를 시작하게 되었습니다. 우선 구성원들은 미래교육에 대한 것들을 알아보기로 합니다.

1. 미래교육 주요내용

가. 미래 변화

미래 사회의 주요 키워드는 무엇일까요? 미래의 기준에 따라 미래사회의 내용은 달라지겠습니다. 그렇지만 미래는 '4차 산업혁명'의 시대로 초연결성(Hyper-connected), 초지능화(Hyper-Intelligent)의 특징을 지닙니다. 또한 사물인터넷(IoT), 인공지능(AI), 클라우드(Cloud) 등 다양한 정보통신기술을 통해 인간과 사물이 다중적으로 상호 연결되고 보다 지능화된 사회로 변화합니다.

나. 미래 교육의 방향

교육도 또한 이러한 미래 사회와 변화에 적극적으로 대응할 수 있도록 미래핵심역량을 기르는 교육으로 전환해야 합니다. 디지털 기술의 발전과 4차 산업혁명은 국가교육과정의 중심 목표를 '생산성 향상'에서 '삶의 질 향상'으로 변화를 요구하고 있습니다. 따라서 기존의 경직화된 집단주의적 교육체제에서 학습자의 개별성과 다양성을 존중하는 학습자 맞춤형 학습체제로의 전환이 필요합니다.[06]

---

06 전라남도교육연구정보원 교육정책연구소, 학령인구감소시대 전남 미래교육의 방향, 2020.

다. 미래핵심역량

이러한 미래핵심역량에는 자기관리 역량, 지식정보처리 역량, 창의적사고 역량, 심미적 감성 역량, 의사소통 역량, 공동체 역량이 있습니다. 이들이 각각 어떤 역량을 의미하는지 간단히 살펴보겠습니다.

1) 자기관리 역량

자아정체성과 자신감을 가지고 자신의 삶과 진로에 필요한 기초능력과 자질을 갖추어 자기주도적으로 살아갈 수 있는 자기관리 역량

2) 지식정보처리 역량

문제를 합리적으로 해결하기 위하여 다양한 영역의 지식과 정보를 처리하고 활용할 수 있는 지식정보처리 역량

3) 창의적 사고 역량

폭넓은 기초 지식을 바탕으로 다양한 전문 분야의 지식, 기술, 경험을 융합적으로 활용하여 새로운 것을 창출하는 창의적 사고 역량

4) 심미적 감성 역량

인간에 대한 공감적 이해와 문화적 감수성을 바탕으로 삶의 의미와 가치를 발견하고 향유하는 심미적 감성 역량

5) 의사소통 역량

다양한 상황에서 자신의 생각과 감정을 효과적으로 표현하고 다른 사람의 의견을 경청하여 존중하는 의사소통 역량

6) 공동체 역량

지역-국가-세계 공동체의 구성원에게 요구되는 가치와 태도를 가지고 공동체 발전에 적극적으로 참여하는 공동체 역량

라. 미래사회에 대한 교육적 대응

미래사회라고 해서 교육의 모든 것을 바꾸어야 하는 것은 아닙니다. 교육의 방식이나 강조점이 달라질 뿐 교육의 본질이 변하는 것은 아닙니다. 교육은 당연히 인간 중심이어야 하고 학생들의 성장·발달을 최우선으로 해야 합니다. 새로운 직업의 가능성에 주목해서 최첨단 정보통신기술이 주목받는 사회일수록 인간 본연의 인간다움을 고양할 수 있도록 인문학적 소양 교육도 강화해야 합니다. 공동체 의식, 타인에 대한 배려와 공감 그리고 사회 정의에 대한 각성을 소홀히 하는 일이 없도록 민주시민 교육을 충실하게 해야 합니다.

2. 공동연구

A 초등학교 미래교육 전문적학습공동체는 미래교육에 대한 개념과 방향을 탐구하고 그 다음 공동연구 절차에 들어갑니다. 이 학교의 전문적학습공동체는 주로 4차 산업혁명 핵심 기술 관련 교구 사용법을 위주로 탐구하고 실습하며 교실에 적용할 수 있도록 내용을 짰습니다. 또한 그와 관련하여 소프트웨어 기반의 다양한 수업 방법을 사용할 수 있도록 재구성을 시작했습니다. 관련된 교과와 창체 시간을 분석해 수업에 사용할 수 있는 것은 어떤 내용인지, 그에 맞는 주제는 더 잘 어울리는 것이 있는지 함께 연구했습니다. 그리고 크게 다음과 같이 네 가지 활동으로 체험하고 수업에 적용할 수 있도록 연구하고 실천했습니다.

가. 절차적 사고 및 언플러그드 활동

초등학교 소프트웨어 교육의 첫단추인 '언플러그드' 활동입니다. 소프트웨어 수업을 저학년이나 초등학생에게 어떻게 적용할까 고민할 때 가장 먼저 하는 수업입니다. '언플러그드' 활동은 컴퓨터 없이도 가능한 소프트웨어 교육입니다. 컴퓨터 없이 하는 활동이라서 '전원(plugged)이 뽑혀(un) 있다'라는 의미에서 '언플러그드' 활동이라고 불립니다. 이 활동으로는 소프트웨어가 어떤 구조로 일을 하는지 놀이를 통해 쉽게 이해할 수 있습니다.

특히 다양한 놀이와 보드게임 등을 손쉽게 찾아서 적용할 수 있습니다. 이 전문적학습공동체에서는 관련된 활동으로 보드게임과 샌드위치 만들기를 함께 계획했습니다. 다양한 보드게임이 있으나 여기에서는 '스택버거'라는 게임을 소개합니다. 이 게임은 햄버거 재료를 순서대로 보여주어서 햄버거를 완성하는 게임입니다. 이러한 게임은 순차, 반복, 선택의 프로그래밍 구조를 쉽게 익힐 수 있습니다. 이 게임은 카드를 자신이 고르는 과정에서 '선택'을 배웁니다. 조건에 맞게 순서대로 카드를 뒤집는 과정과 차례가 돌아가는 부분에서는 '순차'를 배울 수 있습니다. 또한 햄버거를 완성하고 또 다른 버거를 만드는 과정에서는 '반복'을 경험할 수 있습니다. 이와 관련지어 6학년에서는 실과 6학년 교과(밥을 이용한 한 그릇 음식 만들기)를 연계하여 샌드위치 만들기 실습을 계획하였습니다. 보드게임을 통해 소프트웨어 기본 구조를 익히고, 직접 샌드위치 만들기를 통해 프로그래밍의 기본을 경험할 수 있습니다. 실과의 성취기준도 달성하고 소프트웨어의 기본 구조도 함께 경험할 수 있으니 일석이조 수업입니다.

나. 코딩로봇 오조봇

언플러그드 활동과 연계하여 코딩을 쉽게 익힐 수 있는 '오조봇'이라는 작은 기계입니다. 코딩이란 컴퓨터가 이해할 수 있는 언어인 코드를 입력해 기계들이 작동할 수 있게 하는 과정입니다. 코딩의 프로그램은 상당히 다양하고 많지만, 그 중 하나인 '오조봇'이라는 작은 로봇으로 코딩을 체험할 수 있습니다. 이 로봇은 센서로 빛과 색깔을 인식해 따라갑니다. 또한 색상 코드에 따른 동작을 수행합니다. 색상에 맞는 명령이 입력되어 있어 색상을 만나면 수행합니다. 또한 오조코드를 입력해 직접 작성한 프로그램을 수행할 수 있습니다. 선과 색상만으로도 간단하게 코딩을 체험할 수 있는 로봇이라 초등학교에서 아주 많이 쓰입니다.

이와 관련지어 6학년 국어 교과(작품 속 인물의 삶 살펴보기)를 연계하여 오조봇을 이용해 코딩활동을 계획했습니다. 선과 색으로 코딩을 쉽게 체험해 볼 수 있으니 초등학교용으로 제격이라고 생각했습니다.

다. 3D 프린터와 3D 펜

4차 산업혁명을 대표하는 3D 프린팅 기술은 로봇, 의료 및 의료장비, 건축, 예술 등 다양한 산업분야에서 다방면으로 활용되고 있으며 우리 생활에서 없어서는 안될 중요한 기술 중 하나로 자리잡고 있습니다. 일단 3D 프린터와 펜에 대해 소개를 해보겠습니다. 3D 프린터는 3차원 도면 데이터를 이용하여 입체적인 물품을 생산합니다. 3D 프린터는 입체 형태의 인쇄물을 만드는 방식이기 때문에 보통 적층형을 사용합니다. 아주 얇은 2차원 면을 층층이 쌓아 올리는 방식으로 재료의 손실없이 인쇄물을 만들 수 있습니다. 보통 주재료는 플라스틱이며 산업분야에 따라 고무, 금속, 세라믹과 같은 다양한 소재가 이용되고 있습니다. 3D 프린터는 전통적으로 항공이나 자동차와 같은 제조업 분야에서 많이 사용되었지만 최근에는 그 활용 영역을 빠르게 넓혀가고 있습니다. 대표적으로 의료, 건설, 소매, 식품, 의류 산업입니다. 의료 분야에서는 특히 적극적으로 3D 프린터 기술을 도입하여 관절, 치아, 두개골, 의수 등 다양한 인공 의료품을 만들고 있습니다.

3D 펜은 선을 긋던 펜으로 면을 만들고, 그 면을 모아 입체 도형을 그릴 수 있습니다. 기존의 펜이 종이에서 활동을 한다면 3D 프린팅 펜의 활동 영역은 공간입니다. 허공에 물체를 그려내는 것만으로도 손으로 만질 수 있는 입체 물체를 뚝딱 완성할 수 있습니다. 요즘은 플라스틱이나 열을 사용하지 않아도 되는 안전한 3D 펜도 출시되었습니다. 초등학생들도 쉽게 다양한 입체를 만들 수 있습니다.

이 학교에서는 3D 프린터와 펜이 있었습니다. 장비를 활용해 구성원들이 체험하고 교육을 한 다음 그것을 배움에 활용할 수 있었습니다. 틴커캐드(3D 모델링 프로그램)의 기본 메뉴를 사용하고 다양한 학생 지도 방법을 배웠습니다. 또한 싱기버스를 활용해 다양한 STL 파일을 활용할 수 있었습니다. 6학년 과학 교과(전기회로를 이용한 창의적인 작품 만들기)를 연계하여 3D 프린터를 이용해 캐릭터를 출력하는 수업을 계획하였습니다. 또한 6학년 미술 교과(미래의 건축 모형 만들기)를 연계하여 3D 펜으로 입체 모형물을 만들기로 했습니다.

라. 아두이노

학교 현장에서 또 많이 쓰일 수 있는 소프트웨어 기반의 교구입니다. 아두이노는 기기 제어용 기판으로 오픈 소스 방식이라는 특징을 갖고 있으며, 센서나 부품 등의 장치를 연결 할 수 있는 구조로 되어 있습니다. 이것을 이용해 센서나 스위치 다양한 부품을 연결할 경우 로봇 등을 작동 시킬 수 있습니다. 또한 물리적 차원의 신호를 감지해 디지털로 변환 할 수 있기 때문에 장난감, 사운드 구현, 교육 프로그램 등 다양한 곳에서 적용하여 사용 가능합니다.

교실에서도 다양한 방식으로 사용할 수 있습니다. 6학년 실과 교과(아두이노를 활용한 나만의 신호등 만들기)를 연계하여 아두이노를 활용해 LED코딩을 할 수 있습니다. 특히 아주 대중적인 '엔트리' 프로그램을 활용해서 쉽게 아두이노와 연결해 코딩해 볼 수 있습니다. 또한 개념과 원리를 익힌 학생들이라면 응용하여 더욱 창의적으로 코딩할 수 있는 장점이 있습니다.

사진					
명칭	스택버거	오조봇	3d프린터	3d펜	아두이노
출처	다즐에듀	클레버메이트	네이버지식백과	creopop	네이버지식백과

3. 공동 실천

A초등학교 전문적학습공동체는 다양한 연수 및 연구를 통해 4차 산업혁명의 교구들을 활용할 수 있게 되었습니다. 그리고 공동연구를 통해 수업에 바로 적용할 수 있도록 재구성과 계획을 마친 상태였습니다. 3D 프린터를 활용한 캐릭터 출력하기 과학 수업, 아두이노를 활용한 LED 코딩 실과 수업, 언플러그드 소프트웨어 교육 실과 수업, 오조봇 코딩 활동 국어 수업, 3D 펜을 활용한 입체 모형물 만들기 미술 수업 등으로 교실 수업을 진행하였습니다. 수업 진행에서 학생들은 새로운 교구로 인한 신기함과 즐거움으로 적극적으로 수업에 참여하였습니다. 이 과정에서 교사들은 실습 위주의 연수로 실질적인 수업 역량이 강화되었음을 느꼈습니다. 또한 4차 산업혁명 관련 기술 수업에 대한 자신감이 매우 향상되었습니다.

4. 성찰과 나눔

구성원들은 연구와 실천을 실행하면서 느낀점들에 대해 서로 의견을 나누었습니다. 혼자가 아니라 함께 고민하는 교사공동체로 성장하면서 교육과정 중심으로 다양한 교육활동을 실시할 수 있게 되어서 좋았다는 의견이 있었습니다. 또한 학생 중심 교육으로 진행되면서 무엇보다 학생이 성장하고 즐거운 프로젝트라고 생각했습니다. 학생들은 미래교육으로 인해 새로운 직업과 기술에 대해서 고민하고 4차 산업혁명에 맞는 창의적 사고를 경험할 수 있어서 성공한 프로젝트였습니다. 또 구성원들은 미래교육에 대해서 깊게 생각해보며 더 적용할 수 있는 기술과 산업에 대해서 고민하게 되었습니다. 메타버스, AI 등 교육 분야에서 활용할 수 있는 기술들이 더욱 떠오르고 연구하고 싶은 동기가 생겼습니다. A초등학교에서는 이러한 결과를 연말에 나눔회를 통해 발표하여 서로 교류할 수 있고 나눌 수 있는 기회를 가졌습니다.

제3장 환경 교육과 생태환경 전문적학습공동체

1.
환경교육의 필요성

현재 전 세계는 환경 위기라는 큰 도전과제에 직면하였습니다. 기후 변화라는 말 대신 기후 위기라는 말을 사용하기 시작하고, 언론매체에서는 매년 이상 기후로 일어나는 지구촌 문제의 심각성을 알리고 있습니다. 지금 지구환경 변화는 내리막길을 구르는 눈덩이처럼 걷잡을 수 없이 빠르게 진행되고 있습니다. 우리나라 역시 이상 기온과 기후 변화 속에서 벗어날 수 없는 상황입니다.

여러 나라가 환경문제 극복을 위한 법·제도를 정비하고, 환경교육을 강화하고 있습니다. 이탈리아의 경우 기후 변화 교육을 의무화하고, 영국의 일부 주에서는 기후교육 교사 배치 의무화를 추진하고 있습니다. 우리나라에서도 인간과 자연이 조화를 이루어 지속적인 발전을 하며 살아갈 수 있도록 교육하기 위해 2013년 환경교육 진흥법을 제정하였습니다. 법의 세부 내용을 살펴보면 학교에서의 환경 관련 교과 또는 범교과 교육을 통한 환경교육을 활성하고, 다양한 환경교육프로그램을 개발·보급하도록 명시하였습니다. 학교 현장에서도 이에 맞는 환경교육이 이루어질 수 있도록 노력해야 합니다.

2.
환경의 개념과 정의

환경의 일반적인 개념은 '인간과 생물을 둘러싸고 있으며 생물이 살아가는데 직간접적으로 영향을 미치는 바깥의 것들'을 의미합니다. 더 간결하게는 '인간을 둘러싸고 있는 모든 것'으로 표현합니다. 이 의미가 지나치게 포괄적이라는 한계가 있으므로 환경 교육의 범위가 너무 넓어지고 체계적으로 자리 잡기 힘들게 됩니다. 따라서 환경을 생활환경과 자연환경, 지구환경과 환경문화로 범주화할 수 있습니다. (환경교육포털 환경 교육용어 사전)

3.
환경 범주

1. 생활환경

생활환경은 주로 사람들에 의해 만들어진 인공환경으로 구성됩니다. 따라서 생활환경 교육은 자연환경교육 또는 자연체험교육과 대비되는 성격이 있습니다. 생활환경교육은 집, 음식, 교통, 냉난방 등 사람들이 일상생활을 하는 가운데 경험하거나 원인을 제공하게 되는 환경문제를 중심으로 진행되는 교육입니다. 생활환경교육의 하위범주로는 소음, 폐기물 및 자연순환, 환경보건으로 나눌 수 있습니다.

① 소음 : 소음에 의해 사람이 심리적, 신체적으로 겪는 공해를 말하며, 소음도 환경을 파괴하는 공해 요소 중 하나입니다. 발생원에 따라 공장 소음·교통 소음·생활 소음· 항공기 소음으로 나뉩니다. 소음 공해 중 현대 사회에서 자주 접하는 것으로 층간 소음이 있습니다. 공동 주택에서 살아가는 사람들이 많아지면서 발생하는데 아이들이 뛰는 소리, 문을 닫는 소리, 애완견이 짖는 소리, 늦은 시간이나 이른 시간에 청소기나 운동 기구를 사용하는 소리 등으로 위, 아래층에 사람들에게 불편함을 주며 층간 소음도 소음 공해의 일종입니다. (사이언스올 제공)

② 폐기물 및 자원순환 : 폐기물이란 사람의 생활이나 사업활동에 필요하지 않게된 물질을 말합니다. 자원순환이란 폐기물 발생을 최대한 억제하고, 폐기물에 대해서는 재사용 또는 재생이용하며, 불가피하게 남은 폐기물은 환경에 미치는 영향을 최소화하여 처리하는 것을 의미합니다.

③ 환경보건 : 환경 보건에서는 환경오염과 유해화학물질 등이 국민건강 및 생태계에 끼치는 악영향에 알고 이를 예방할 수 있는 내용들을 구성할 수 있습니다. 의식주 생활이 환경

에 미치는 영향, 식품 첨가물 교육, 환경안전관리기준, 안전한 먹거리, 빛공해, 금연 등이 이에 해당합니다.

2. 자연환경

자연환경은 크게 물, 토양, 생태계로 구성되어 있습니다. 우리가 흔히 생각하는 환경 오염이 자연환경 오염에서 가장 큰 범주를 차지하고 있으며, 학교 환경교육에서도 가장 크게 강조하는 영역입니다. 자연 환경이 오염되면 인간을 비롯한 생물이 살아가기 어려우며 위험한 질병에 노출되기도 합니다.

3. 지구환경

지구환경에서는 기후 변화 및 탄소중립, 대기, 에너지와 관련한 내용을 다룹니다.

① 기후 변화 및 탄소중립 : 국제 기후 변화에 따른 피해 사례, 파리 기후협약, 해수면 상승, 열대야 현상, 탄소 중립 등의 내용을 넣을 수 있습니다. 기후 변화가 우리 삶에 끼치는 영향과 현재 지구가 얼마나 큰 위기에 처해 있는지 경각심을 갖고, 이를 해결하기 위한 방안을 논의할 수 있습니다.

② 대기 : 우리나라는 미세먼지로부터 자유롭지 못한 상황입니다. 미세먼지의 원인과 결과, 실내 공기질, 오존주의보 등 우리를 둘러싼 대기오염과 관련한 내용을 구성합니다.

③ 에너지 : 일상생활의 편리함뿐만 아니라 인간이 살아가기 위해서는 에너지가 반드시 필요합니다. 친환경 에너지, 에너지 절약법, 미래의 에너지 기술, 에너지 빈곤 문제 등의 해결을 내용으로 구성할 수 있습니다.

4. 환경문화

우리가 살고 있는 지구는 우리 삶의 터전이자 우리 후손들에게 물려주어야 하는 공간입니다. 지속 가능한 발전을 위해서 우리가 할 일, 인간으로서 지켜야 할 환경윤리에 무엇이 있는지 등을 바탕으로 전문적학습공동체 활동을 구성합니다. 친환경 도시, 순환 경제, 해외의 친환경 사례, 세계 자연 유산, 동물 보호 등이 이에 해당합니다.

4.
생태환경 전문적학습공동체 실제 운영 사례

1. 전문적학습공동체 구성

'A' 학교에서는 생태환경교육을 주제로 4개 영역(우리가 Green 학교, 자연아 놀자, 생태환경 살리기, 자연과 함께)의 전문적학습공동체를 운영하였습니다. 그리고 공동체 참여교원을 보면 학년 군으로 참여자를 구성하였습니다. 이는 초등학생 발단 단계를 고려하여 구성한 것이라 할 수 있습니다.

전문적 학습공동체명	운영 주제	공동체 참여 교원
우리가 Green 학교	생태환경교육 연구학교 운영 TF팀	부장교사
자연아 놀자	프로젝트 수업 연구 및 생태 미술, 생태 놀이 연구	1~2학년 교사 및 사서교사
생태환경 살리기	환경교육 문헌탐구 및 연구, 생태환경그림책 연구	3~4학년 교사 및 전담교사
자연과 함께	오일파스텔 생태미술 연구를 통한 프로젝트 적용 및 학생 자율 동아리 지도	5~6학년 교사 및 전담교사, 영양교사, 보건교사

눈 여겨 볼 점은 부장교사로 구성된 '우리가 Green 학교 전문적학습공동체'입니다. 효율적인 운영을 위하여 부장 교사 중심의 TF팀을 만든 점이 눈에 띕니다. 이는 다른 전문적학습공동체 활동을 지원하고, 전문적학습공동체 간의 프로그램 공유와 협업을 수월하게 진행할수 있다고 생각합니다. 전문적학습공동체를 구성할 때 이러한 방법을 생각해보는 것도 좋겠습니다. 다음으로 각 전문적학습공동체별 운영 내용을 살펴보도록 하겠습니다.

2. 전문적학습공동체 운영 실제

'A' 학교는 생태환경교육과 연계한 전문적학습공동체 운영을 통해 교사의 생태적 감수성을 증진하고 생태 놀이 및 체험, 탐사 활동 자료를 제작하였습니다. 'A' 학교의 전문적 학습공동체 활동은 크게 4 영역의 전문적학습공동체 연구와 모든 전문적학습공동체가 참여한 공통연구를 진행하였습니다.

가. 우리가 Green학교 전문적학습공동체

먼저, '우리가 Green 학교' 전문적학습공동체입니다. 전문적학습공동체의 효율성을 높이기 위하여 부장교사들로 이루어진 TF팀으로 꾸렸습니다. 전문적학습공동체는 학교 안전문적학습공동체를 총괄하고 지원하는 역할을 맡았습니다. 학교의 생태적 감수성을 증진할 수 있는 프로그램을 개발하고 생태 놀이 및 체험, 탐사 활동 자료를 제작합니다. 그리고 학교에서 이루어지는 환경 교육 활동을 학부모들에게 소개 및 홍보 하였습니다. 대표적인 활동으로는 전문적학습공동체 구성원을 대상으로 생태환경 자료 제작을 위한 미리캔버스 사용 방법 연수를 하였습니다. 이를 통해 미리 캔버스로 환경 교육자료 만드는 방법을 알려주고, 이를 이용하여 환경 카드 뉴스를 만들어 학교 환경 교육을 학부모들에게 홍보하였습니다.

나. 자연아, 놀자 전문적학습공동체

저학년 군 교사들로 이루어진 '자연아, 놀자' 전문적학습공동체에서는 프로젝트 수업

연구 및 생태 미술, 생태 놀이에 대한 연구를 하였습니다. 대표적인 활동으로는 자연에서 얻을 수 있는 자연물을 활용한 만들기 수업 아이디어를 구상하여 가을 계절의 생태 환경을 자연물로 표현하는 수업 계획을 세워 진행하였습니다. 그뿐만 아니라 저학년을 대상으로 학급 내 동아리 활동 운영 계획을 세우고 실행하였습니다. 저학년의 학생 발달 단계와 안전 사고를 고려하여 학급 담임 교사와 함께 동아리 활동을 운영할 수 있도록 했습니다. 생태 미술 및 생태 놀이를 중심으로 학년 및 학급 특색에 맞는 주제를 선정하여 전문적학습공동체 회의를 통해 동아리 활동을 진행하였습니다.

다. 생태환경 살리기 전문적학습공동체

중학년 군 교사들로 이루어진 '생태환경 살리기' 전문적학습공동체는 환경교육 문헌 탐구 및 연구, 생태환경 그림책을 통한 독서토론 활동을 하였습니다. 눈에 띄는 활동으로는 비경쟁 독서토론 활동이 있습니다. 학생이 살아가는 환경에 관심을 가지고 고민 해보는 시간을 마련, 아이들이 비경쟁 독서토론을 통해 환경의 소중함을 느낄 수 있는 시간을 만들기를 목적으로 진행한 연구입니다. 전문적학습공동체에서 생태환경 관련 독서를 선정하여 학습공동체 구성원이 비경쟁 독서토론을 해본 뒤, 학생 수준에 맞게 재구성하여 학생을 대상으로 생태환경 도서 비경쟁 독서토론을 진행하였습니다. 그리고 학교 인근 환경 자원을 활용한 활동을 하였습니다. 인근 지역 가드닝 페스티벌에 참가하여 생태환경 조사 방법에 대한 아이디어를 얻고, 학교 생태 환경 조성을 위한 정보를 공유하고 학생 체험 활동을 연계한 수업 방법을 연구하였습니다. 마지막으로 생태환경을 주제로 한 캘리그라피 활동을 통해 미술과 환경교육을 융합하는 방법을 연구하였습니다.

라. 자연과 함께 전문적학습공동체

고학년 군 교사들은 '자연과 함께' 전문적학습공동체를 운영하며 오일파스텔 생태미술 연구를 통한 프로젝트 적용 및 학생 자율 동아리 지도에 대한 연구를 하였습니다. 미술 드로잉과 환경을 연계한 생태 세밀화 그리기 활동을 하며 식물의 특징을 관찰할 수 있도록 하였습니다. 그리고 학교 3~6학년 학생을 대상으로 자율 동아리 활동을 지원하였습니다. 학교 인근 지역 생태 연구, 생태 공예, 오일파스텔 생태 미술, 생태 활동 카드뉴스 제작, 세계환경보호, 반려 동식물 그리기 등 생태 예술과 관련한 학생들의 다양한 동아리 활동을 인적·물적 자원을 제공하며 지원하고 보조하는 역할을 수행하였습니다.

마. 전문적학습공동체 공통 연구

앞에서는 각 전문적학습공동체별 연구를 살펴보았습니다. 이번에는 모든 전문적학습공동체가 공통으로 참여한 공통 연구를 살펴보도록 하겠습니다. 'A' 학교 전문적학습공동체는 교육과정 분석, 프로젝트 주제 및 내용 구성, 학년별 공유 내용을 바탕으로 전문적학습공동체를 통해 교과를 재구성하여 주제 중심 프로젝트 학습을 계획하고 실행하였습니다. 프로젝트의 내용은 다음과 같습니다.

1학기 주제중심 프로젝트		2학기 주제중심 프로젝트	
학년	주제	학년	주제
1	식물이 쑥쑥, 마음도 쑥쑥	1	우리가 만들었대요, 쓰레기 섬!
2	자연과 친구해요	2	자연아, 우리가 지켜줄게
3	출동! 지구 어벤져스	3	지구를 살리는 내 친구, 지렁이~
4	생명의 신비를 찾아서!	4	학교 숲 생태지도 만들기
5	나는 도시의 꿈꾸는 작은 농부	5	위기탈출, 녹색환경!
6	The Nature Republic	6	내셔널 그래픽
학년	주제	학년	주제
1	씨앗 + 사랑 = 생명	1	우리들의 생태환경 상상공방 이야기
2	아삭하고 통통하게 애완 콩나물 키우기	2	아홉 살에 만난 가을
3	슬기로운 에코생활	3	출동! 지렁이 구조대
4	지구별 살리기 프로젝트	4	생태 도시를 위한 첫발을 내딛다!
5	자세히 보니 참 아름답구나	5	우리학교 옆 숲은 왜 하얗지?
6	미.우.쓰 (미운 우리 쓰레기)	6	그린 Peace

1학년은 통합교과와 창의적 체험활동을 연계하여 생명의 소중함을 일깨우는 활동을 통해 자연에 관한 관심을 가지고 이해하며 생태환경을 보존하고자 하는 마음을 기를 수 있도록 하였습니다. 이를 통해 우리 마을의 생태환경을 훼손하는 사례를 살펴보고 환경을 보호하기 위해 자신이 할 수 있는 노력을 직접 실천해보고 알리는 활동을 실시하였습니다.

2학년은 통합교과와 창의적 체험활동을 연계하여 학교 주변 생태환경을 관찰하고 지역사회 생태환경에 관한 관심과 보존하고자 하는 마음을 키울 수 있도록 교육과정을 재구성하였습니다. 또한, 학교 안의 생태환경을 활용하여 직접 동물과 식물을 키우고, 동물과 식물이 잘 자랄 수 있는 환경을 만들기 활동을 구상하여 실행하였습니다.

3학년은 사회, 과학, 도덕, 창의적 체험활동을 연계한 프로젝트를 구상하였습니다. 3학년 사회에서는 우리 지역에 관한 내용을 배웁니다. 'A' 학교 인근은 도시화와 산업화 가운데 아파트 단지가 신설되었고, 인근에 쓰레기 매립지를 생태공원으로 조성하였습니다. 이러한 지역적 특징을 활용한 지역 사회의 환경 문제와 우리 지역 환경보호를 위해 실천할 수 있는 일을 계획하여 직접 실천에 옮길 수 있도록 하였습니다. 그리고 자연 관찰 및 탐구를 바탕으로 자연을 탐구하여 학생들이 자연스럽게 환경에 대한 관심을 높이도록 하였습니다.

4학년은 국어, 사회, 미술, 과학 교과를 재구성하여 생태 감수성을 함양할 수 있도록 이론과 체험이 어우러진 식물 키우기 프로젝트를 진행하였습니다. 식물 키우기 프로젝트를 통해 생태 감수성을 높이고, 학교 및 주변의 생태환경에 관심을 가질 수 있도록 하여 자연의 소중함과 자연과 더불어 살아가는 마음 가짐을 가질 수 있도록 하였습니다.

5학년은 국어, 실과, 미술을 재구성하여 학교 생태 환경 가꾸기 프로젝트를 하였습니다. 학교 화단의 다양한 수목과 꽃을 관찰하고, 생태 텃밭을 조성하여 식물을 직접 기르고 활용해보는 활동을 진행하였습니다. 또한, 우리 주변 생태 환경의 위기에 관심을 가질 수 있도록 학생들이 일상생활 경험에서 스스로 환경문제를 조사하고 관찰하고 이를 해결할 수 있는 해결 방안을 마련하도록 하였습니다.

6학년은 국어, 사회, 과학, 미술, 실과 교과를 연계하여 환경 관련 문제점들을 살펴보고 이를 토대로 자연의 중요성과 소중함을 알아볼 수 있도록 하였습니다. 보다 깊이 있는 이해를 위하여 자연보호와 개발이라는 대립 상황에서 다양한 사회적 이슈들을 살펴 보고 이를 토대로 올바른 가치 판단을 하여 생태적 감수성을 내면화할 수 있도록 하였습니다.

제4장 전문적학습공동체의
한계와 발전 방향

1.
전문적학습동동체의 한계와 발전 방향

교육의 전문성 향상 및 학교 교육 내실화를 위하여 가장 중요한 요인은 '교사'입니다. 교사의 전문성 향상을 이끄는 다양한 방법의 하나는 전문적학습공동체입니다. 현장에서도 교사의 전문성 향상 및 교육 내실화를 위해 전문적학습공동체 발전을 위한 다양한 연구와 정책을 시행합니다. 그러나 모든 연구와 정책이 학교 현장에 적용하기 어려운 환경입니다.

2.
전문적학습동동체의 한계

전문적학습공동체 운영에 부정적인 영향을 미치는 요인은 다양합니다. 과다한 교사의 행정 업무, 운영시간 확보의 어려움, 공동작업과 공동연구를 위한 공간 및 예산 부족, 학교 구성원 간의 비전 공유의 어려움 등 다양한 요인이 존재합니다.

경기도 교육연구원에서 발표한 학교 안 전문적학습공동체 실태조사에 따르면 전문적학습공동체에 비자발적으로 참여하는 이유로 '행정업무 과다', '학교 관리자들의 참여 강요', '연수학점 인정' 순으로 나타났습니다. 그 밖으로는 흥미롭지 못한 주제, 연수학점 인정, 학교 구성원 간의 친밀함 부족 등이 있었습니다.

1. 업무 부담 가중

전문적학습공동체 이전에도 교사는 학교 안에서 이루어지는 다양한 활동에 대한 의견을 나누었습니다. 교수 학습, 생활 지도, 진로진학, 교육과정 운영 등 다양한 주제를 가지고 동료 교사들과 문제점과 발전 방향에 관한 의견을 나눕니다. 전문적학습공동체는 이를 좀 더 체계화하고 학교 현장에 지원하기 위해 만들어진 제도입니다. 이에 따라, 제도적 정착에 따른 업무의 가중이 늘어납니다. 전문적학습공동체라는 업무가 생겨남과 동시에 계획서, 실행

보고서, 예산 사용 처리 등 필연적으로 따라오는 절차가 생깁니다. 새로운 정책이 시행되면 학교 현장에 반영되기는 쉬우나, 사라지기는 어려운 현실입니다. 이미 현장 속 다양한 업무 속에 전문적학습공동체라는 새로운 업무가 생겼다는 부담감을 느끼지 않을 수 없습니다.

2. 연수 학점 이수의 어려움

경기도 기준, 전문적학습공동체는 연수 학점 인정으로 운영합니다. 전문적학습공동체를 연수로 인정하고 노력에 대한 보상을 주는 혜택입니다. 전문적학습공동체 운영에 대한 혜택을 줌으로써 교사의 참여를 높일 수 있는 장점이 있습니다. 그러나 90% 이상 출석을 해야 연수 이수를 인정받을 수 있습니다. 30시간 기준으로 27시간 이상을 이수하여야 합니다. 조퇴, 출장, 연가, 공가 등의 사유로 2번 이상 전문적학습공동체 활동에 불참하게 되면 이수가 되지 않습니다. 그리고 교사는 가르치는 교육 활동 외의 각종 행정 업무와 민원 및 상담도 함께 처리 해야 합니다. 이 업무는 고정된 형태가 아닌 언제, 어떻게 발생할지 모르는 일입니다. 따라서 연수 학점 인정을 받지 못하는 교사의 경우 전문적학습공동체 활동의 동기부여가 크게 떨어지게 됩니다.

3. 전문적학습공동체 참여의 강제성

모든 학습은 학습자의 자발적인 참여가 이루어질 때 가장 큰 효과를 냅니다. 전문적학습공동체 역시 마찬가지입니다. 참여자들이 자발적으로 참여할 때, 전문적학습공동체의 진정한 효과를 낼 수 있습니다. 그러나 관리자의 참여 강요, 전문적학습공동체 활동의 성과급 반영, 고정된 시간 등 참여의 강제성을 띠게 되면 교사들의 참여 의욕은 저하되기 마련 입니다. 강제성을 띤 전문적학습공동체 활동은 교사의 사기를 떨어뜨릴 수 있습니다.

4. 흥미롭지 못한 주제

많은 전문적학습공동체의 운영은 큰 주제를 가지고 프로젝트 형식으로 진행합니다. 한 가지 주제를 가지고 일 년 동안의 전문적학습공동체를 운영합니다. 구성원의 공유 비전이 확실하고 목표가 일치한다면 원활한 전문적학습공동체가 운영되지만, 형식적인 주제와 방법으로 운영된다면 주제에 따라 교사들의 참여 동기가 높거나 낮을 수 있습니다. 전문적학습공동체의 구성방법에 따라 원하지 않는 주제를 선택할 수밖에 없는 상황이나 새롭지 못한 주제의 전문적학습공동체 운영이 되면 교사의 흥미가 낮아질 수 있습니다.

5. 교직 문화의 폐쇄성

교직 문화는 폐쇄적인 성격이 강합니다. 초등교사의 경우 교실이 주 생활 공간입니다. 학생들이 있는 경우 교실을 벗어나기 힘들고, 학생이 하교한 뒤에도 교실에 남아 업무처리를 합니다. 협업의 개념보다는 개인의 책임감이 강조되는 업무적 특성과 교실 공간을 책임져야 하는 환경적 특성의 교직 문화를 가지고 있습니다. 따라서 동료 교사나 동학년 교사들과의 교류가 많지 않은 경우가 많습니다. 중등교사의 경우에는 전 교과를 가르치는 초등교사와 달리 교과의 경계가 분명합니다. 따라서 교과 내용에 대한 교류가 이루어지기 어려운 실정입니다. 또한, 자기 일을 침해하거나 연관되어 있지 않은 경우, 다른 교사의 일에 간섭하지 않으려는 인식이 강합니다. 교사 개인의 교육관을 침해하거나 다른 반의 일에 개입하는 것은 월권행위로 생각하기도 합니다. 서로의 전문성을 존중해준다는 의미도 있으나 교사 간의 교류는 적어지게 됩니다.

정리하면, 업무 부담 가중, 연수 이수의 어려움, 전문적학습공동체 참여의 강제성, 흥미롭지 못한 주제, 교직 문화의 폐쇄성이 전문적학습공동체 발전을 저해하는 요인이 됩니다.

3.
전문적학습공동체의 발전 방향

전문적학습공동체의 한계를 바탕으로 앞으로 전문적공동체가 발전하기 위한 방향을 제시하고자 합니다.

1. 업무 경감의 지속적 지원

학교 안 전문적학습공동체에 비자발적으로 참여하는 이유 1순위가 '행정 업무 과다'로 인한 참여에 대한 부담입니다. 교사 8,153명을 대상으로 설문한 결과를 보면 전문적학습공동체 운영을 위해 경감된 학교 업무가 없다는 응답이 66.6%입니다. 그리고 학교 안 전문적학습공동체 활성화를 위해 가장 우선해야할 과제로 66.1%가 '교원업무 경감 지속적 추친'을 꼽았습니다.

먼저 전문적학습공동체를 운영하기 위한 최소한의 행정적인 요소를 제외한 부분은 과감히 줄일 수 있어야 합니다. 주무교사와 전문적학습공동체 활동에 참여하는 교사에게 부여할 수 있는 자율성을 최대한 보장하여 업무 부담을 경감하고, 실제 활동에 시간을 쓸 수 있도록 해야 합니다. 불필요한 행정 업무는 지속해서 줄여서 안정적인 전문적학습공동체를 운영할 수 있는 시간을 확보해야 합니다.

2. 전문적학습공동체 운영의 자율성 보장

전문적학습공동체의 정착을 위해서 많은 정책과 지원이 이루어지고 있습니다. 양질의 공동체 운영을 할 수 있도록 예산을 확보하고, 참여를 독려하고자 연수 학점제로 운영 합니다. 학교 안에서도 전문적학습공동체를 정착하기 위해 정기적인 시간을 확보하려고 노력하고 계획을 세웁니다. 이를 통해 전문적학습공동체를 빠르게 정착시킬 수 있었으나, 경직성을 갖게 되었습니다.

연수 이수 인정 기준에 따라 이수 기준이 전체 연수 운영 시간의 90% 이상 수강했을 경우 이수 인정을 합니다. 90% 이상을 충족하지 못했을 경우 연수가 인정이 되지 않아, 연수 시간 이수 조건을 충족하지 못한 교사의 경우 참여도가 낮아집니다. 원격 직무 연수의 경우, 시간과 장소에 구애받지 않고 정해진 기간 안에 연수를 이수하면 됩니다. 그러나 전문적학 습공동체의 경우에는 정해진 시간과 장소로 인해 참여에 대한 제한 폭이 많습니다. 이를 보완할 방법이 마련되어야 합니다. 연수 이수 시간 기준을 낮추거나 연수에 참여하지 못했을 때 보고서를 제출한 경우 연수 시간 인정 등과 같은 방법을 활용할 수 있도록 자율성을 높이도록 합니다.

학교 안에서 전문적학습공동체 운영시간에 유동성을 갖도록 합니다. 요일과 시간을 정확하게 정하기보다 구성원의 일정에 따라 유연하게 대처할 수 있도록 시간에 대한 자율성을 보장하는 것입니다. 그리고 대면 연수가 어려운 경우 온라인을 통한 비대면 연수를 활용하는 것도 좋은 방법입니다.

3. 교직 문화의 개발성 확대와 학교 비전 공유

앞의 한계에서 언급했듯이 교직 문화는 폐쇄적인 경향이 많습니다. 구성원 간의 친밀성은 높으나 교육과 교실에서 일어나는 일은 불가침 영역으로 생각하는 경우가 대다수입니다. 이는 서로의 전문성을 존중한다는 의미도 있으나, 새로운 영역에 대한 도전이나 교사 간의 전문성 교류를 제한하는 현상을 불러일으킵니다. 자신이 가르치는 교과나 생활 교육, 인성 교육, 진로 교육 등 학교 교육 전반에 걸쳐 구성원이 함께 고민하고 문제를 나눌 수 있는 분위기를 조성해야 합니다.

전문적학습공동체는 구성원의 학습 활동을 조장하거나 작동시키는 그 이상의 의미가 있습니다. 전문적학습공동체의 중요성을 강조하면서도 단순히 전문적학습공동체를 운영했는지, 하지 않았는지에 초점을 맞추는 경우가 많습니다. 흥미롭지 못한 주제로 인한 교사의 흥미 저하, 교육 목표의 부재 등으로 형식적인 전문적학습공동체을 운영하는 경우를 종종 볼 수 있습니다. 이를 막기 위해 학교 비전과 전문적학습공동체 목표를 구성원이 인식하고 공유해야 합니다. 구성원들이 학교 비전을 세우고, 전문적학습공동체 운영의 목표를 분명히 하여 실질적이고 발전적인 방향으로 나아가야 합니다.

4. 리더의 역할

성공적인 전문적학습공동체 운영의 성패 여부는 리더의 역할이 중요합니다. 모든 교사가 전문적학습공동체의 중요성을 알고, 전문성 성장의 욕구가 있으나 자발적이고 능동적으로 계속 참여하는 데는 한계가 있습니다. 모든 집단에는 모임을 이끌어나갈 리더가 필요합니다. 전문적학습공동체를 운영하다보면 많은 어려움을 겪게 됩니다. 이런 어려움을 극복하는 중추적인 역할을 하는 것이 리더입니다. 리더가 어떻게 대처하느냐에 따라 전문적학습공동체에 활력을 불어넣어 줄 수 있기 때문입니다. 따라서 전문적학습공동체를 이끌어나갈 수 있는 리더의 자질을 높이는 연수나 지역 커뮤니케이션 활동을 통해 전문적학습공동체를 이끌어갈 수 있는 리더를 양성해야 합니다.

학교장 역시 전문적학습공동체를 이끌어가는 중요한 역할을 합니다. 학교장이 전문적학습공동체를 독려하지만 업무를 경감시키려는 리더십을 함께 발휘하지 않는다면 오히려 자발적 참여 의지를 반감시킬 수 있습니다. 전문적학습공동체를 효과적으로 지원하기 위한 학교장의 리더십 연수 실시와 더불어 학교장들이 스스로 전문적학습공동체를 조직하여 참여하는 경험을 하는 것도 좋은 방법입니다. 학교장의 전문적학습공동체 실행에 대한 이해 촉진을 통해 행정업무 경감과 같은 지원적, 조장적 리더십 발휘를 용이하게 할 수 있을 것입니다.

5. 다양한 전문적학습공동체 운영과 전문성 성장에 대한 욕구 충족

교사 대부분은 성장에 대한 욕구가 있습니다. 동료 교사의 이야기를 들으며 교직 생활에 대해 성찰을 하기도 하고, 부족한 부분을 인식하고 채우기 위해 노력하고자 합니다. 이를 위해 활동 주제, 진행방법, 공동체 구성방법 등을 다양화하는 것이 좋습니다. 앞서 언급했듯이 흥미 없는 주제를 통한 전문적학습공동체 운영은 교사의 자발적 참여를 저해하는 요소입니다. 비슷한 흥미와 관심을 가진 구성원으로 공동체를 구성하거나, 다양한 연령대의 구성원이 모여 공동체를 만들어가는 것이 좋습니다. 선배 교사가 저 경력 교사를 이끌어주고, 저 경력 교사의 참신한 아이디어가 활력을 넣어줄 수 있습니다. 관심 분야가 같은 경우에는 교사의 내적 동기를 끌어낼 수 있습니다.

교사의 권위를 지탱할 힘은 교육의 전문성입니다. 그러나 요즘 학생이나 학부모는 교사를 평가의 대상으로 놓고 있으며, 전문가로서의 권위를 확실하게 인정하지 않는 경우가 있습니다. 이런 상황에서 교사가 자신의 전문성 제고를 위해 노력하지 않는다면 교사로서의 권위와 신뢰를 잃을 수 있습니다.

교사는 반성적 실천가로서 자신의 수업에 대해 반성적 사고할 수 있는 능력을 갖춘 사람입니다. 이 과정에서 지속해서 의문을 제기하며 자신의 전문성을 키워나갑니다. 이러한 전문성 신장은 개개인의 학습도 중요하지만, 공동체 내의 학습 조직 형태로 발전 시키는 것이 보다 현실적이고 실제적입니다. 교사들이 자발적으로 전문적학습공동체를 형성하고 유기적인 네트워크 속에서 상호 협력한다면 전문성 향상과 수업 성취에 있어서 더 큰 힘을 발휘할 수 있을 것입니다.

전문적학습공동체는 단순히 구성원의 정기적인 모임이 아닙니다. 전문적학습공동체 활동을 통해 구성원이 학교 비전과 목표를 공유하고, 교육과정을 발전시키며, 학교 개선을 위해 꾸준히 노력하여 교육 문화를 발전시키는 것입니다.

참고문헌

2022학년도 능원초등학교 6학년 1학기 교육과정(2022), 능원초등학교

2021 학교 안 전문적학습공동체 운영 계획(2021), 경기도교육청

학교 안 전문적학습공동체 운영 이해자료(2020), 경기도교육청

2019 학교 안 전문적학습공동체 운영 사례집(2020), 경기도교육청

전문적학습공동체의 변화 과정과 변화 동인에 대한 사례 연구(2019), 이종철

학교 밖 교사학습공동체 참여 경험이 초등교사의 수업전문성과 교사리더십에 미치는 효과(2018), 윤화영 전문적학습공동체 공동연구.연수 이야기(2017), 홍석희

전문적학습공동체 사례 연구를 통한 성공요인 분석(2016), 경기도교육연구원 교원의 능력개발을 위한 전문적학습공동체 운영방안(2015), 이석열 전문적학습공동체 사례 연구를 통한 성공요인 분석(2016), 조윤정 전문적학습공동체 Q&A(2020), 경기도교육청

경기도 '학교 안 전문적학습공동체' 정책의 효과 분석(2020), 이지영 학교장의 변혁적리더십이 학교조직역량에 미치는 영향(2018), 정미순 학교 안 전문적학습공동체 직무연수 운영 지침(2020), 경기도교육청 학교 안 전문적학습공동체 운영 안내서(2020), 울산광역시교육청

Art Buddy 물감 팔레트로 내 마음의 캔버스를 채워요(2017), 백영신 인문학 공감놀이 STAR로 감성별빛 밝히기(2017), 상정희

예둘샘의 SEC 학급경영 멘토링(2016), 즐거운학교, 홍석희

이호진, 한국 학교건축의 과거와 미래(2008), 한국 교육환경연구원

한국교육개발원 교육통계서비스(2021.04.01.)

4차 산업혁명 교육이 희망이다. 경희대학교출판문화원. 류태호(2017).

2019 학교 안 전문적학습공동체 운영 사례 모음. 경기도교육청(2019).

교원의 능력개발을 위한 전문적학습공동체 운영 방안. 한국교육개발원(2015)

학교 안 전문적학습공동체 실태 조사. 경기도교육연구원(2018)

2022학년도 초등학교 교육과정 편성 안내(2021), 경기도교육청

2015 개정 교육과정 총론 해설, 교육부 고시 제2018-162호(2018), 교육부

경기도 초·중·고등학교 교육과정 총론, 경기도교육청 고시 제2021-486(2021), 경기도교육청 (초)2015 개정 교육과정에 따른 평가기준 초등학교 학년별 묶음, 국가교육과정정보센터(NCIC) 학교생활기록 작성 및 관리 지침(교육부훈령 제365호)해설 및 기재요령, 교육부

교과 교육과정 재구성 예시 자료집 II: 성취기준 재구조화, 온·오프라인 연계 수업 및 평가기록 자료, 초등학교 3~4학년군 과학·체육·음악·미술(2021), 교육부

경기도교육청 학생중심교육과정 홈페이지(https://more.goe.go.kr/edu7)

경기도교육청 홈페이지(http://www.goe.go.kr)

교육부 홈페이지(www.moe.go.kr)

경기도교육연구회 홈페이지(https://more.goe.go.kr/teacher)

미래교육,
전문적학습공동체로 답하다

초판 1쇄 발행 2023년 09월 08일

지은이 **전우열, 강신혁, 강재원, 상정희, 장원경**
발행인 **송정현**
기　획 **신명희**
디자인 **신혜연**

펴낸곳 **(주)애니클래스**
주소 **서울 금천구 가산디지털1로 19 대륭테크노타운 18차 1803호**

등록 2015년 8월 31일 제2015-000072호
문의 070-4421-1070
값 16,000원

ISBN　979-11-89423-18-6(93370)
Copyright 2019 by anyclass Co.,Ltd.